하나님의 임재

Hosting the Presence

by Bill Johnson

Copyright ⓒ 2012 by Bill Johnson

Originally published in English under the title
Hosting the Presence by Destiny Image
P. O. Box 310, shippensburg, PA 17257-0310

Korean translation Copyright ⓒ 2013 by Pure Nard
2F 16, Eonju-ro 69-gil Gangnam-gu, Seoul

본 저작물의 한국어판 저작권은 Destiny Image와의 독점 계약으로 한국어 판권은 '순전한 나드'가 소유합니다.
저작권자의 허락 없이 이 책의 일부 또는 전체를 무단 복제, 전재, 발췌하면 저작권법에 의해 처벌을 받습니다.

하나님의 임재

초판발행| 2013년 5월 28일
5쇄발행| 2022년 8월 16일

지 은 이| 빌 존슨
옮 긴 이| 임정아

펴 낸 이| 허철
총　　괄| 허현숙
편　　집| 김혜진
디 자 인| 이보다나
제　　작| 김도훈
인 쇄 소| 예원프린팅

펴 낸 곳| 도서출판 순전한나드
등록번호| 제2010-000128
주　　소| 서울특별시 강남구 언주로69길 16, (역삼동) 2층
도서문의| 02) 574-6702
팩　　스| 02) 574-9704
홈페이지| www.purenard.co.kr

Printed in Korea

ISBN 978-89-6237-141-3 03230

Hosting 하나님의 임재
The Presence

빌 존슨 지음 | 임정아 옮김

 추천사

　　빌 존슨은 이 책을 통해 당신의 마음을 뒤흔들어 놓음으로써 주님 안으로 보다 더 깊이 들어가도록 촉구한다. 그는 새로운 깨달음을 통해 성령님을 삶 가운데 모시도록 당신의 생각에 도전해올 뿐 아니라, 당신의 영이 감미로운 주님의 임재를 열정적으로 추구하고 유지하는 일에 불타오르도록 만든다. 이 책은 영감이 넘치는 간증과 진리들로 가득 차 있다. 책을 읽는 동안 당신의 눈이 밝아져, 이제까지와는 전혀 다른 새로운 차원으로 성령님께 굴복하는 일에 관해 깨닫게 될 것이다. 《하나님의 임재》는 태초에 지음 받은 대로 주님을 사랑하고 경배하기 원하는 모든 신자들이 반드시 읽어야 할 책이다.

체 안(Ché Ahn)
하베스트락교회 담임목사, 국제하베스트선교회 대표
《강력한 능력 전도의 비결》,《당신은 치유받기 원하는가》의 저자 우리의 가장 높은 부르심 중 하나는 비둘기 같은 하나님의 임재를 잘 모시는 일이다. 하나님께서 임재하시고 편히 거하실 수 있는 처소가 되는 것이야말로, 살면서 경험할 수 있는 가장 큰 기쁨과 즐거움이다. 나는 주님의 임재가 머물러 계시고, 주님이 편히 거하실 수 있는 자리가 되어드리고 싶다. 지난 수년간, 나는 성령께서 수많은 교회와 집회, 도시와 나라들 위에 머물고 계신 모습을 지켜보는 영예를 누릴 수 있었다. 그러나 나는 어느 한 사람이나 장소 혹은 어떤 사역단체가 현존하시는 하나님이 거하시는 처소가 된 것을 본 적은 없다. 지금 하나님은 그분이 거주하실 만한 보금자리를 만들고 계신다. 단지 위에서 맴도시는 것이 아니라 자리를 잡고 머무실 수 있는 거처 말이다.

이 책은 수많은 교훈들로 가득 차 있다. 아울러 오늘날 빌 존슨이라는 온화한 하나님의 사람이 펼쳐가는 역사와 하나님의 임재를 추구하는 사람들에 관한 이야기가 담겨 있다. 나는 이들이 터득한 교훈이 담긴 책을 추천하게 되어 매우 영광스럽게 생각한다. 당신도 어서 그들과 함께 천상의 비둘기와도 같은 하나님의 임재를 모시는 무리에 합류하기 바란다.

짐 골(James W. Goll)
인카운터네트워크 설립자
《어둠의 영을 축사하라》,《초자연적 경험의 신비》의 저자

빌 존슨이 새롭게 쓴《하나님의 임재》는 더할 나위 없이 중대한 주제를 다루고 있는 매우 소중한 책이다. 나는 하나님을 경험하는 것에 관해 다루고 있는 이 책을 단숨에 읽어버리고는 완전히 매료되고 말았다. 빌의 깊이 있는 통찰은 나의 가슴을 설레게 했고, 위대한 하나님의 사람들이 주님을 경험한 이야기들은 크나큰 도전이 되었다.

철저한 재정비를 촉구하는 이 책은 우리로 하여금 첫사랑을 회복하도록 격려하며, 가장 중요한 것을 잃어버린 채 보다 덜 중요한 것들을 받아들이는 일이 없어야 한다고 경고한다. 한때 이전 세대를 풍미했던 앤드류 머레이의 저술들과도 같이, 나는 이 책이 오늘날 우리 시대를 위한 고전이 되리라고 확신한다. 당신은 이 책을 읽지 않고는 견딜 수 없는 심정이 될 것이다. 그리고 이 믿음의 장군이 제시하는 지혜를 몸소 실천에 옮김으로 주님을 경험하는 기회를 결코 놓치고 싶지 않을 것이다.

만약 천국에서도 독서가 허락된다면, 나는 이 책이야말로 천국의 베스트셀러 목록에 반드시 포함될 것이라고 믿는다. 천국에 있는 다른 세대의 신앙인들이 어쩌면 이 책에 대해 별 다섯 개를 줄지도 모른다. 또한 이 책은 새 예루살렘 시대에 대해서도 되새겨보는 책이 될 것이다.

랜디 클락(Randy Clark)
세계적대각성네트워크 창시자
《그 이상을 갈망하라》,《치유사역 훈련 지침서》의 저자 오늘날 지극히 소수의 사람들만이 빌 존슨처럼 하나님의 임재로 안내해주는 기름부으심을 지니고 있다. 이러한 은총으로 말미암아 나는 엄청난 기적들이 일어나는 모습을 수없이 많이 목격하였다. 따라서 그가 새롭게 펴낸 《하나님의 임재》는 첫 장부터 끝장까지 줄곧 나의 마음을 완전히 사로잡았다. 나는 이 책을 통해 깊은 은혜를 받았다. 이제까지 하나님의 임재에 관해 쓴 책들을 여러 권 읽어보았지만, 이 책만큼 나에게 큰 도움이 되었던 적은 없다. 책장을 넘길 때마다 매번 신선한 계시들이 나를 온통 매료시켰고, 하나님의 영광의 파도가 엄습해오는 것을 경험했다. 나는 지금까지 모세나 기드온, 다윗을 이런 식으로 보았던 적이 없다.

개인적으로 나는 이 책을 올해의 지침서로 삼으려고 한다. 내가 할 수 있는 말은 오직 이것뿐이다. "빌, 고맙소! 보물과도 같은 이 모든 계시들은 정말 경탄스럽기 그지없구려." 하나님의 기름부으심을 더욱 갈망하고 그것을 잘 관리하는 법에 관해 목마른 모든 신자들이여, 이 책은 그야말로 당신이 기다려왔던 바로 그 책이다. 이 책을 통해 분명 놀랍고 경이로운 삶의 변화를 경험하게 될 것이다!

마헤쉬 차브다(Mahesh Chavda)
국제차브다선교회 대표
《성령님 알기》,《십자가의 권능》의 저자

　이 책을 아이리스선교회의 하이디 베이커 박사에게 헌정합니다.
　서문을 써주신 분께 책을 바친다는 것이 그리 흔한 일이 아니라는 것을 저도 잘 알고 있습니다(물론 하이디는 제가 이 책을 자신에게 헌정한다는 사실을 전혀 알지 못한 상태에서 서문을 써주었습니다). 그러나 이번에는 그렇게 하지 않을 수가 없었습니다. 하이디 베이커는 이제까지 제가 만나본 이들 중 가장 놀라운 사람입니다. 사람들의 구미에 맞는 방법을 이용하여 떠들썩하게 성공을 외쳐대는 사역들이 판을 치는 중에, 극도로 빈곤하고 마음이 상한 사람들을 위해 자신을 내어주는 그녀의 능력과 중심은 참으로 존경심을 불러일으키기에 충분합니다.
　감사하게도, 하이디의 온전한 헌신과 모범에 도전을 받아 섬김을 실천하는 사람들의 수가 전 세계적으로 점점 늘어나고 있습니다. 그들은 우리의 사랑과 지지를 받기에 합당한 사람들입니다. 그러나 하이디의 또 다른 특별함은 부자들 중에서도 최고의 부자들을 섬길 줄 아는 능력에 있습니다. 그녀는 자신의 사역을 위해 그들의 소유를 탐하는 불순한 의도를 품고 있지 않습니다. 다만, 부요한 자들이 자신들의 성공을 수치스럽게 여기지 않도록 진심으로 축하하며, 그것을 선하고 가치 있는 일에 사용할 수 있도록 돕는 보기 드문 달란트를 가지고 있습니다.

하이디를 만나기 전, 이상적인 세상에는 마더 테레사와 캐서린 쿨만의 삶을 모두 구현하여 보여주는 사람이 살고 있을 것이라고 생각했습니다. 그런데 지난 수년간 하이디가 교회사 속의 이 두 거인들이 맺은 것과 동일한 열매를 맺고 있다는 사실을 확인할 수 있었습니다. 그녀는 마더 테레사나 캐서린 쿨만과 같은 열정과 능력으로 살아가고 있습니다. 이것은 제가 생각했던 가능성보다 훨씬 더 이상적인 모습임에 틀림없습니다.

그동안 저는 모잠비크를 비롯한 세계 전역에서 하이디와 롤랜드 베이커 부부와 함께 섬기는 엄청난 특권을 누려왔습니다(하이디와 롤랜드는 모잠비크에 거주하고 있으며, 전 세계 곳곳에 아이리스선교회 본부를 세워 활발하게 사역하고 있습니다). 그들로 인해 저는 매번 놀라곤 합니다. 오랜 세월을 함께했지만, 그들은 변함없이 공적인 자리나 사적인 자리 어디에서든 언제나 한결같습니다. 그들은 늘 겸손하고 열정적이고 예의가 바릅니다.

하이디의 삶에는 항상 하나님의 임재가 머물러 있습니다. 하나님의 임재에 대한 열정이야말로, 그녀에 대해 익히 알려진 모든 사역과 열매의 원동력이라고 할 수 있습니다. 그녀는 이 책의 핵심을 너무나도 심오한 방식으로 삶 가운데 빚어내고 있습니다. 이런 이유로 이 책을 그녀에게 헌정하는 바입니다.

감사의 글

이 책의 집필에 필요한 몇 가지 연구조사를 맡아준 메리 베르크와 미셸 밴 틴테렌에게 감사의 인사를 전합니다. 그들이 베풀어준 도움은 값을 헤아릴 수 없을 정도로 소중한 것이었습니다. 또한 크리스틴 스멜처와 샤라 프라드한에게 감사드립니다. 손으로 써 놓은 원고들을 체계적으로 잘 정리해준 두 사람의 노고가 얼마나 큰 도움이 되었는지 모릅니다. 마지막으로 이 책을 검토하고 편집하는 일에 수고를 아끼지 않은 주디 프랭클린, 팜 스피노시, 단 패럴리에게도 감사의 인사를 전합니다.

목차

추천사_ 4

헌정사_ 8

감사의 글_ 10

서문_ 12

머리말_ 17

Chapter 1	궁극적인 사명	18
Chapter 2	동산에서 동산으로	30
Chapter 3	무가치하다는 거짓말	58
Chapter 4	임재의 능력	84
Chapter 5	구약의 예시들	112
Chapter 6	오랜 울부짖음에 대한 응답	130
Chapter 7	궁극적인 원형	160
Chapter 8	하나님의 임재 모시기	188
Chapter 9	성령님을 풀어놓기	210
Chapter 10	임재의 실제적 측면	248
Chapter 11	불세례	268

참고도서_ 299

서문

빌 존슨이 쓴 《하나님의 임재》는 이제껏 내가 읽어본 것 중 최고로 강력한 책이다. 1장을 읽는 동안 어느새 나는 하나님의 가시적인 임재가 내 삶에 더욱더 강력하게 나타나시기를 간구하며 울부짖고 있었다. 하나님의 영광에 철저히 사로잡히기를 바라는 갈망이 이전보다 훨씬 더 강렬하게 솟아올랐고, 하나님의 임재로 뚜렷이 구별된 삶을 살고 싶다는 열망이 마음속을 가득 채웠다.

하나님과의 만남에 관한 빌의 간증을 읽는 동안, 이제껏 내가 몸소 경험했던 여러 가지 방문에 대한 기억이 새록새록 떠올랐다. 그것은 내 삶을 변화시켜준 경험들이었다. 그 중 캐나다 토론토에서 열렸던 한 집회에서의 특별한 경험이 생각난다. 유달리 강력했던 그 시간에 성령님은 완전히 나를 뒤덮고 계셨다. 마침 나의 친구 랜디 클락이 설교하고 있었다. 그가 선포하는 메시지에 대한 사모함이 얼마나 간절했던지, 심지어 강단초청이 있기도 전에 나는 이미 앞쪽으로 달려 나가서 예수님을 향해 두 손을 치켜들었다. 그때 랜디가 했던 말이 기억난다. 그는 하나님께서 과연 내가 모잠비크라는 나라를 진정으로 원하고 있는지를 알고 싶어 하신다고 말했다. 그 즉시 아주 큰 소리로 "예!"라고 외쳤을 때, 성령님이 나를 완전히 압도하셨다. 액체와도 같은 사랑이 나의 머리부터 발끝까지 진동시키는 것이 느껴졌다. 마치 감전이라도 된 듯한 느낌이었다. 어찌나 강렬한 경험이었던지, 그러다가 죽을 것만 같았다.

그날부터 꼬박 7일 밤낮을 움직일 수 없었고, 말조차 할 수 없었다. 무슨 일을 하든지 일일이 그리스도의 몸에 의지하여 도움을 받아야만 했다! 그 일을 통해 내가 그리스도께 뿐만 아니라 주님의 몸에 대해서도 철저히 의존되어 있는 존재임을 깨달았다. 당시 어떤 기름부으심이 넘치는 묵직한 손이 내 심장 위에 머물러 계신 것처럼 느껴졌고, 사랑의 강물이 끊임없이 내 위에서 일렁거리고 있었다. 이제껏 살아오면서 그 순간만큼 강력하게 주님의 사랑을 느낀 적은 없었다.

나중에 남편을 통해 들은 바로는, 내가 그러고 있는 동안 내 몸에 손을 얹은 사람은 아무도 없었다고 한다. 어느 누구도 아닌 하나님께서 열정적인 사랑으로 불타오르는 주님의 심장을 내 안에 넣어주고 계셨던 것이다. 이 특별한 체험은 나의 삶을 영원히 변화시켜 놓았다. 나는 예수님의 심장과 임재를 이 세상의 어둠 가운데로 가져가고 싶다는 일념에 사로잡혔다. 그날 이후로 나는 줄곧 주님의 임재를 풀어놓을 수 있는 열린 문들이 있는지를 늘 찾아다녔다.

이 책을 통하여, 주님은 우리가 그분과의 친밀한 사귐의 자리로 나아오도록 촉구하고 계신다. 그 자리에서 우리는 매일 주님의 영광을 운반해간다. 나는 당신이 이 책을 읽어 내려감에 따라, 하나님께서 당신을 보다 더 심오한 사랑과 복종의 자리로 인도하실 것을 확신한다. 주님은 당신의 마음이 성령님을 향해 활짝 열려질 뿐 아니라, 보다 더 놀라운 하나님과의 초자연적 만남을 경험할 수 있도록 이끌어주실 것이다. 또한 하나님이 당신을 위해 예비해두신 열린 문들이 무엇인지를 분별하게 되고, 나아가 주님의 권능과 임재가 당신의 삶을 통해 풀어질 것이다.

우리는 주님과의 친밀한 사귐을 위해 부름 받았다. 이러한 친밀한 사귐 속에서, 우리에게는 모든 것이 가능하다. 그것은 우리가 주님의 형상으로 지음 받았기 때문이다. 예수님께서 지상에서 베푸신 모든 기적들은 하늘의 아버지를 의지하는 한 인간으로서 행하신 일들이었다. 우리가 이러한 사실을 깨닫게 될 때, 보잘것없는 우리의 삶도 예수님과 동일한 방식으로 놀라운 하나님의 영광을 운반하는 일에 사용될 수 있을 것이다.

예수님이 십자가에서 죽으심으로 말미암아, 우리는 이전까지만 해도 감추어져 있던 자리로 들어갈 수 있게 되었다. 바로 그 자리에서 우리는 하나님의 임재를 운반할 수 있으며, 주님이 행하신 모든 일들을 행할 수 있다. 이 책을 읽는 동안, 내 삶 속에서도 예수님이 행하신 것과 동일한 일들이 일어날 때까지 계속해서 더욱 밀치고 들어가야겠다는 생각이 강하게 솟구쳤다.

나는 여러 해 동안 빌의 가르침에 귀 기울여왔다. 그러는 동안 열정적으로 새로운 가능성의 영역들 속으로 밀치고 들어가지 않을 수 없었다. 그와 동시에 성령의 능력을 통해 그동안 우리의 힘으로는 도저히 불가능하다고 여겼던 일들이 실현될 수 있다는 것을 믿게 되었다. 내가 처음으로 빌을 만난 것은 1997년이다. 그때 이후로 나는 줄곧 그를 통해 하나님의 생명과 권능이 매우 강력한 방식으로 흘러가는 모습을 지켜보고 있다. 그가 메시지를 전하는 집회에 참석할 때마다 매번 하나님의 가시적인 임재를 경험하곤 한다. 나아가 계속해서 이전보다 더 심오한 자기포기의 자리로 들어가게 된다.

하나님 앞에서 자기를 포기하고 그분과의 친밀감을 누리며 살아가는 빌의 삶을 지켜보는 것 자체가, 내게는 깊은 영감의 원천이 되고 있다. 그는 이제껏 나와 롤랜드가 만나본 이들 가운데 최고로 너그러운 사람 중 한 명이다. 그는 언제나 다른 사람들에게 힘을 불어넣어줌으로써 성령 안에서 날아오르도록 열심히 격려해준다. 그는 하나님에 대한 갈망과 친밀감, 그분의 임재를 언제나 끊임없이 인식하는 삶의 스타일을 훈련하며 살아가고 있다.

나는 성령께 온전히 사로잡히기를 열망하는 모든 신자들, 또한 하나님의 임재 중심의 삶을 살아가는 법을 알기 원하는 모든 신자들에게 이 책을 반드시 읽어보라고 강력히 추천한다. 주님은 단지 몇몇 소수의 사람들 위에 임하기를 원하지 않으신다. 그분은 아무도 제어할 수 없는 담대함으로 주님을 섬기는 한 세대 위에 임하기를 원하신다. 그들은 하나님의 헤아릴 수 없는 무궁한 사랑에 기꺼이 전적으로 복종하는 이들이다.

이 책을 읽는 동안, 주님은 그분의 임재를 운반하는 당신의 능력을 이전보다 훨씬 더 확장시켜주실 것이다. 또한 당신의 마음을 열정으로 타오르게 하시며, 천국의 새로운 영역들 가운데로 데려가주실 것이다. 이를 통해 당신은 보다 위대한 복종의 자리에 도달해 있는 자신을 발견하고, 하나님의 모든 충만하심으로 채워질 수 있음을 확신하게 될 것이다.

당신이 하나님이 거하시는 영원한 처소가 되기를 바란다. 또한 궁극적인 사명을 감당하는 자리로 솟구쳐 오름으로써 영광스런 하나님의 임재를 모시는 사람이 되기를 기원한다.

하이디 베이커(Heidi Baker)

아이리스선교회 설립자 및 대표
《항상 부족함이 없으리로다》,《하이디 베이커의 사랑》의 저자

머리말

나는 책을 펴낼 때마다 머리말을 길게 써본 적이 한 번도 없다. 그 이유는 너무나 많은 사람들이 책의 머리말을 읽지 않고 지나쳐버리기 때문이다. 또 하나의 이유를 들자면, 주로 하고 싶은 이야기를 본문 안에 풀어놓는 편이기 때문이다. 하지만 이 책을 내놓으면서 강조하고 싶은 것이 있다면, 그것은 바로 시편 27편 4절의 말씀이다.

내가 여호와께 바라는 한 가지 일 그것을 구하리니 곧 내가 내 평생에 여호와의 집에 살면서 여호와의 아름다움을 바라보며 그의 성전에서 사모하는 그것이라

우리 모두에게 삶의 기준점이 될 수 있는 그 '한 가지 일'을 발견하는 것은 매우 중요하다. 그 '한 가지 일'이란, 바로 우리 위에 임해 계신 전능하신 하나님의 임재다.

Chapter 1

궁극적인 사명

사도 베드로를 에워싸고 있던 분위기는 무언가 달랐다. 한때 그는 두려움에 사로잡힌 채, 한 하녀 앞에서 예수님을 결단코 알지 못한다고 부인하기도 했다(마 26:69-70). 그러나 성령으로 세례를 받은 후 그의 삶은 급격히 변화되었다. 사람들은 그의 기도를 받고 나서 치유를 받았다. 어디 그뿐인가? 심지어 사람들은 단지 그의 근처에 있는 것만으로도 나음을 입기도 했다. 이러한 기적들에 관한 이야기는 주변으로 확산되었다. 심지어 사람들이 베드로의 일상까지 파악할 정도가 되었다. 그는 날마다 성전에 기도하러 갔는데, 이것을 알게 된 사람들은 다리 저는 이들과 병자들을 데려다가 베드로가 지나는 길가에 일렬로 앉혀 놓았다. 혹시라도 그 옆을 지나는 베드로의 그림자로 인해 치유될 수도 있기 때문이었다(행 5:15).

당시 하나님의 임재가 실제로 베드로 위에 임하여 있었다. 왜냐하면 기름부으심은 인격이기 때문이다. 그들은 자신들을 뒤덮는 베드로의 그림자로 인해서 치유되기를 바라고 있었다. 사실 그림자는 결코 실체를 가지고 있지 않다. 베드로의 그림자는 단지 믿음의 접촉점에 불과했다. 그러나 사람들이 이러한 패턴을 계발시켜감에 따라 기적들은 어느 정도 일관적으로 일어났다.[1]

예수님은 사람들을 치유해주시는 분으로 잘 알려져 있었다. 주님은 때로는 기도해주심으로써 치유해주셨고, 때로는 기도하시지 않고서도 치유해주셨다. 사실상 어떤 때는 분명히 주님을 통해 일어난 기적임에도 불구하고, 마치 주님이 전혀 관여하지 않으신 것처럼 보이는 경우들도 있었다.

복음서의 기록에 따르면, 한 병약한 여인이 목격한 순간적인 잠재가능성으로 인해 치유가 시작된 적도 있다. 그녀는 주님의 옷자락을 만질 수만 있다면 자신이 온전해질 것이라고 생각했다. 눈에는 전혀 보이지는 않지만, 단순한 접촉을 통해 얻을 수 있는 무언가가 있다고 느낀 것이다. 이런 일은 이전에는 한 번도 일어난 적이 없었다. 뿐만 아니라 '어떻게 기적을 체험할 수 있는가'에 관한 예수님의 가르침 중에서도, 이런 것에 관해서는 전혀 찾아볼 수가 없었다. 심지어 주님은 이런 일이 가능할 것이라는 암시조차 주신 적이 없었다. 다만 그녀는 주님이 일하시는 모습을 지켜본 후에, 그분의 인격 자체가 무언가를 운반하고 있다는 결론에 이르렀다. 그래서 그녀는 단순히 그분의 옷자락을 만지기만 해도 그것에 닿을 수 있다고 생각한 것이다.

그녀의 마음속에서 믿음이 작동되고 있었다는 사실에는 의문의 여지가 없다. 그러나 그녀와 같은 상황에서 자신의 믿음을 알아차린다는 것은 매우 보기 드문 일이다. 사실 그녀는 자신에게 초점을 맞추고 있지 않았다. 대신 오로지 주님께 집중했다. 결과적으로, 주님의 옷자락을 만진 후에 그녀는 자신의 생각이 옳았다는 것을 깨달았다. 그 즉시 질병이 치유되었기 때문이다(눅 8:43-48).

이 놀라운 기적에 관한 이야기는 주변으로 번져가기 시작했다. 마침내 온 지역 사람들은 이것(어느 곳이든 주님의 옷자락을 만지는 것)이 치유를 받을 수 있는 합법적인 방법임을 알게 되었다. 심지어 사람들은 예수님의 옷자락을 만지는 것을 목표로 삼기에 이르렀다. "아무 데나 예수께서 들어가시는 지방이나 도시나 마을에서 병자를 시장에 두고 예수께 그의 옷 가에라도 손을 대게 하시기를 간구하니 손을 대는 자는 다 성함을 얻으니라"(막 6:56). 때로는 수천 명에 육박하는 군중들이 이 한 사람의 옷에 손을 대기 위해 몰려드는 장면을 한번 상상해보라. 성경은 그들의 믿음대로 주님의 옷에 손을 댄 사람은 누구든지 기적을 경험했다고 증언하고 있다.

사도 바울의 사역을 살펴보자. 그는 단순한 기적(miracles)의 단계를 넘어 비범한 기적(extraordinary miracles)의 단계로 나아갔다. 누가는 이러한 새로운 기적들을 기술하기 위해 성령의 영감을 받아 별도의 항목을 만들어내야 했다. 비범한 기적들은 보다 높은 기름부으심과 권위와 신비 속에서 이루어진다. 이 단계로 넘어가는 순간이 에베소에서 찾아왔다. 성경은 이 상황을 다음과 같이 기록하고 있다. "하나님이 바울의 손으로 놀라운 능력을 행하게 하시니"(행 19:11). 바로 이 무렵에 기적의 범주는 예수님을 통해 이루어지던 수준을 넘어서고 있었다. 예수님께서 사역하실 때에는 사람들이 주님의 옷자락에 손을 댐으로써 치유를 받았다. 그런데 이제는 바울의 손수건이나 몸에 걸쳤던 앞치마를 앓는 사람과 다리 저는 사람들에게 얹기만 해도, 질병이 물러가고 귀신들이 쫓겨났다. 여기에서 우리는 성경의 기술 중 독특한 점을 발견하게 된다. 그것은 이 기적들이 실제로 바울과는 멀리 떨어진 곳에서 일어났음에도 불구하고, 이것에 대해 '바울의 손으로'라고 표현하고 있다는 점이다.

이 이야기들은 매우 비범한 예들이다. 우리는 이런 이야기들을 통해 성령님이 행하시는 다양한 방식의 일부를 엿볼 수 있다. 우리는 이미 계시된 것들 속에서 살아가고 있다. 나는 이러한 일들이 미처 발견되지 못한 성령의 방식들이 존재하고 있음을 암시해준다고 믿는다. 이처럼 비범한 방법들은 성령께서 어떻게 운행하시는지를 계시해준다. 이것들 중 그 무엇도 사람들이 이러저러한 방식으로 행동하라는 식의 가르침을 받아서 일어난 것은 없었다. 혹은 사전에 이런 비범한 방법들을 통해 주님의 임재와 권능에 접근할 수 있다는 가능성조차 조금이라도 내비친 적이 없었다. 단지 사람들은 보이지 않는 무언가를 목격한 후 믿음으로 반응하였을 뿐이다. 믿음은 보이지 않는 실체들을 보고 이에 반응하는 것이다. 사람들은 이 세 사람(베드로, 예수님, 바울) 위에 임해 있다고 감지한 것에 대해 반응함으로써 기적을 누릴 수 있었다.

이상과 같은 사실을 통해, 우리는 어떻게 단순한 믿음과 순종을 통해 보이지 않는 하나님 나라의 실체에 접근해갈 수 있었는지를 알 수 있다. 믿음은 생각(mind)에서 말미암는 것이 아니라, 마음(heart)에서 나온다. 그러나 새로워진 생각은 보이지 않는 것에 대한 새로운 깨달음을 통해 믿음에 영향을 준다. 성령님의 방식, 즉 성령께서 어떻게 운행하시는지를 아는 것이야말로 믿음을 부추기는 연료다. 그들은 실제에 관해 매우 독특한 관점을 가지고 있었고, 이러한 관점에서 기적들을 끌어당겼다. 그들이 견지한 이 독특한 관점은 오랜 세월에 걸친 연구와 기도를 통해 얻어진 결과가 아니었다(물론 연구와 기도가 우리 삶 가운데 매우 소중한 가치를 지니고 있기는 하지만, 그것들이 공헌하는 목적은 상이하다). 그것은 사람들 위에 임해 계신 성령님을 통해 가시적인 주님의 임재 안에서 누릴 수 있는 은혜에 대한 반응이었다.

이제는 이러한 예외적인 일(이야기)들이 더이상 예외적인 것이 될 수 없는 시점이 도래했다. 그것들은 이제 규칙, 즉 새로운 표준이 되어야 한다. 이것이 바로 내 마음의 간절한 바람이자 부르짖음이다. 사도들은 예수님을 보면서, 주님 위에 머물러 계시는 성령님의 임재야말로 최고의 보물임을 알게 되었다. 그런 의미에서 하나님의 임재를 모시는 법을 터득하는 것은 그리스도인의 삶에 있어서 가장 위대한 도전이다.

예수님의 우선순위

마리아가 하나님의 아들 예수 그리스도를 낳을 것이라는 소식을 들었을 때, 과연 요셉과 마리아의 마음이 어떠했을지 한번 생각해보라. 주님은 요셉과 마리아의 가정에서 자식으로서 돌봄을 받으시며, 그들의 이해와 통제를 뛰어넘는 한 가지 목적을 위해 양육되셨다. 예수님은 온전한 하나님이시자 온전한 인간이셨다.

만일 당신에게 온전하신 분을 양육해야 할 사명이 주어졌다면, 과연 주님을 잃어버린 순간에 어떤 느낌이 들겠는가? 그런데 이런 일이 실제로 일어났다.

요셉과 마리아는 해마다 유월절이 되면 전통을 따라 예루살렘으로 올라갔다가, 행사가 끝나면 다시 나사렛으로 돌아왔다. 여느 해와 다를 바 없이 예루살렘에서 유월절을 보내고 나사렛을 향해 하룻길쯤 걸어온 시점에, 그들은 당시 12살밖에 되지 않았던 예수님이 일행 중에 계시지 않는다는 사실을 알아차렸다. 예수님이 행방불명되었을 때, 요셉과 마리아는 주님을 양육해야 할 임무를 미처 마치지 못한 상태였다. 주님은 예루살렘에 좀더 머무시며 종교지도자들에게 몇 가지 질문을 하기로 결심하셨다. 이 일에 관해 주님은 아무에게도 의논하거나 허락을 받지 않으셨다. 여러 사람들의 말을 들어본 후에야 비로소 요셉과 마리아는 그날 하루 종일 예수님을 본 사람이 아무도 없다는 것을 알게 되었다. 그들은 당연히 예수님이 대열에 속해 있던 여행자들이나 친척들 사이에 있을 것이라고 추정했다. 하지만, 어디에서도 예수님을 찾을 수 없는 대단히 걱정스러운 상황이 벌어지고 말았다. 그들은 하나님을 잃어버렸다.

요셉과 마리아가 주님을 다시 찾았을 때는 사흘이 지난 후였다. 아마 이때 그들의 반응은 우리들 대부분이 보여주었을 반응과도 별반 다르지 않았을 것이다. 만약 내가 그 입장이었다면, 가장 먼저는 좀더 책임감 있게 행동하지 못한 나 자신에게 화가 났을 것 같다. 그리고 예수님을 찾자마자, 순간적으로는 안도의 한숨을 쉬었을 것이다. 그러나 다른 한편으로는 누군가(바로 다름 아닌 예수님)를 비난하고 싶은 마음도 들었을 것이다.

요셉과 마리아는 정확히 다음과 같이 행동한 것으로 보인다. "애야, 이게 무슨 일이냐? 네 아버지와 내가 너를 찾느라고 얼마나 애를 태웠는지 아느냐?"(눅 2:48, 새번역) 예수님으로 인해 애가 탔던 그들은 단호한 태도로 그분을 나무랐다. 이제 그들은 하나님의 아들을 찾아낸 까닭에 안도의 한숨을 쉬고 있었다. 아울러 그들은 자신들이 그토록 걱정한 것에 대해 전혀 아랑곳하지 않는 듯한 주님을 보며 적잖은 충격을 받았다. 성인시절의 예수님은 수많은 기적들을 행하시며 비범한 삶을 사셨지만, 이 장면에서는 걱정을 끼치는 존재로 묘사되고 있다.

주님의 반응은 전혀 예상치 못한 것이었다. 사실상 그분의 답변은 우리의 관점에서 보자면 전혀 얼토당토않은 것이었다. 주님은 이렇게 대답하셨다. "어찌하여 나를 찾으셨습니까? 내가 내 아버지의 집에 있어야 할 줄을 알지 못하셨습니까?"(눅 2:49) 잃어버린 아이를 찾아나서는 것은 부모로서 마땅히 감당해야 할 책임이 아니던가? 주님이 계셔야 할 곳이 어디인지 도대체 그들이 어떻게 알 수 있단 말인가? 주님의 삶에 있어서 궁극적인 우선순위는 하나님 아버지의 일을 하는 것이었다. 그리고 그들이 이러한 사실을 알고 있어야 했다는 것이 이 말씀 가운데 드러나고 있다. 다시 말해 예수님은 요셉과 마리아가 그분을 그토록 찾아다닐 필요가 없었다고 말씀하신 것이다. 주님이 하나님 아버지의 일을 하시는 동안에는 결코 잃어버린 것이 아니기 때문이다. 이 얼마나 놀라운 대답인가! 그러나 요셉뿐 아니라 마리아도 주님이 하신 말씀의 의미를 제대로 이해하지 못했다.

자녀들을 가르치는 것은 부모로서 마땅한 일이다. 오늘날까지도 자녀를 가르치는 주된 책임은 교회나 국가에 있지 않다. 이 일은 하나님이 부모들에게 맡겨주신 사명이다. 그 밖의 모든 기구들은 단지 보조적인 역할을 할 뿐이다. 그런데 이처럼 특별한 상황 속에서는, 오히려 부모가 자녀의 가르침을 받는 입장이 되어버렸다. 예수님은 다만 하나님 아버지의 관점에서 지상에서 이루어지는 삶의 우선순위가 무엇인지를 드러내셨다. 이러한 뜻은 두 세계(천국과 이 세상) 사이의 상호작용과도 연관성이 있었다.

목적에 대한 인식

하나님을 모시는 자가 되는 것보다 더 놀라운 특권은 없다. 동시에 이보다 더 큰 책임도 없다. 주님과 관련해서는 모든 것이 극단적이다. 주님은 압도적으로 선하시며, 더할 나위 없이 경외감을 불러일으키신다. 온갖 다양한 방식으로 일하시는 주님은 깜짝 놀랄 만큼 경이로우신 분이다. 주님은 강력하시지만, 동시에 부드러우시다. 공격적이면서도 섬세하신 주님은 온전하신 분임에도 불구하고, 불완전하기 짝이 없는 우리를 포용해주신다. 그러나 주님을 모시는 사명에 관해 알고 있는 사람은 거의 없다. 게다가 이러한 사명을 감당하겠다고 나서는 사람들은 더욱 없다.

어쩌면 하나님을 모신다는 것 자체가 이상한 소리로 들릴 수도 있다. 주님은 만물의 소유주시다. 여기에는 우리의 몸도 예외가 아니다. 그러므로 주님은 어딘가에 가시거나 무슨 일이든 행하시기 위해 우리의 허락을 받으셔야 할 이유가 전혀 없다. 그분은 하나님이시다. 그런데 하나님은 인류를 위해 이 세상을 만드셨고, 세상을 다스릴 책임을 우리에게 맡기셨다.

만약 당신이 나의 집을 임대하였다고 가정해보자. 이제부터 나는 초대를 받지 않는 한, 혹은 당신의 허락이 없는 한 결코 당신의 집 안에 발을 들여놓지 않을 것이다. 당신의 집 어느 곳에서도 내 모습을 보지 못할 것이다. 그 이유가 무엇인가? 비록 그 집이 나의 소유이기는 하지만, 현재는 당신의 관할 혹은 책임 아래 놓여 있기 때문이다. 물론 집주인들 중에는 이러한 규약을 어기는 이들도 있을 수 있다. 하지만 하나님은 결코 그런 분이 아니시다.

주님은 특별한 목적을 가지고 우리를 이 세상에 심어 놓으셨다. 그러나 그 목적은 우리의 힘만으로는 결코 성취할 수 없다. 하나님의 가시적인 임재가 함께하지 않으면, 우리의 본성과 성품은 결코 충만함에 다다를 수 없다. 그러므로 하나님의 임재를 모시는 법을 배우는 것은 우리에게 부여된 사명의 매우 중요한 중심축이다. 또한 주님을 모시는 법을 배우는 것이야말로 우리의 초점이 되어야 한다. 그래야만 우리는 하나님이 원하시는 바를 예수님의 재림 이전에 성공적으로 해낼 수 있을 것이다.

하나님의 임재 속에서 우리는 어느새 춤추고 즐거워하며 양 손을 하늘로 치켜들고 있는 자신을 발견한다. 그리고 다음 순간에는 바닥에 납작 엎드려 있다. 그것은 누군가가 우리에게 그런 자세를 취하는 것이 적절한 반응이라고 말해주었기 때문이 아니다. 다만 그 순간 하나님에 대한 경외감이 그 공간을 가득 메우고 있기 때문에 가능한 일이다. 어느새 우리의 입은 웃음으로 가득 차 있다. 우리는 "주님을 모시고 사는 삶에 기쁨이 넘칩니다"(in His presence is fullness of joy, 시 16:11 새번역)라는 고백의 의미를 깨닫는다. 다음 순간 우리는 아무런 영문도 모른 채 훌쩍거리고 눈물을 흘린다. 하나님과 동행하는 삶이란 이런 것이다. 이것이 바로 하나님을 모시는 일에 삶을 온전히 헌신한 사람의 모습이다.

이 사안의 핵심에는 우리와 함께하시고 동행하기 원하시는 주님의 갈망이 놓여 있다. 그것은 하나님의 마음이다. 주님은 인격체이시지, 결코 기계가 아니다. 주님은 우리와 깊은 교제를 나누며 사랑의 관계를 맺기를 간절히 원하신다.

주님의 임재를 모시기에 적합한 사람에 관한 이야기가 이어지는 가운데, 내가 특별히 관심을 기울이는 분야들은 다음과 같다.

* 하나님이 머물러 계시는 동안, 그 사람에게 어떤 일이 일어나는가?
* 그러한 하나님의 임재를 보호하고 유지하기 위해 어떤 책임을 져야 하는가?
* 하나님의 임재 가운데 그들은 주변 세상에 어떤 영향력을 끼치고 있는가?
* 하나님의 본성과 방식들은 그들의 삶 가운데 어떻게 계시되고 있는가?
* 그들의 사례를 통해 우리에게 가능해진 것은 무엇인가?

가장 위대한 영예

하나님의 임재를 모시는 일은 영예와 즐거움, 대가 지불과 신비로 가득 차 있다. 주님은 섬세하시며, 때로는 과묵하신 분이다. 물론 주님도 지극히 확실하고 적극적이실 뿐 아니라, 분명한 목적성도 가지고 계신다. 주님은 특별한 목적을 가지고 계신 손님이시다. 이는 성부 하나님이 성자 예수님께 부여하신 목적이요, 이 세상을 향한 천국의 목적이다.

이 세상은 여전히 주님의 것이며, 그분의 목적은 반드시 성취될 것이다. 여기서 우리에게는 한 가지 질문이 남는데, 그것은 바로 '세상 나라가 우리 주님의 나라가 될 때까지, 과연 어느 세대가 주님을 모실 것인가?'(계 11:15)에 대한 것이다. 이에 대한 답변은 아직까지 제시된 적이 없었다.

Chapter 2
동산에서 동산으로

　　이야기는 한 동산 안에 살고 있던 두 사람으로부터 시작된다. 에덴 동산은 더할 나위 없이 완벽한 장소였다. 그곳에서 살던 유일한 두 명의 거주자들, 즉 아담과 하와도 마찬가지였다. 그들은 모든 피조물 중에서 매우 독특한 자리를 차지하고 있었다. 왜냐하면 그들은 하나님의 형상으로 지음 받은 자들이었기 때문이다. 이러한 일은 전혀 유례를 찾아볼 수 없는 것이었다. 이제까지 그러한 특권을 부여받은 존재는 오로지 인간밖에 없었다. 하나님의 형상으로 지어진 사람들은 세상을 다스릴 뿐 아니라 성품과 기능 면에서도 그분을 대표하는 자들이 되었다.

아담과 하와는 원래 하나님처럼 다스리게 되어 있었다. 하나님의 통치 방식은 오늘날의 일반적인 관점과는 매우 다르다. 하나님께서 다스리시는 방식은 언제나 보호와 능력 부여를 목적으로 한다. 심지어 아담과 하와를 비롯하여 그들의 모든 후손들까지도 이 땅에서 모든 피조물들에 대해 하나님을 대표하는 자가 되어야 했다. 그들이 세상을 다스리는 위치에 놓이게 된 것은, 하나님을 대신해서가 아니라 하나님으로 인한 것이었다. 하나님은 저녁 즈음에 찾아오셔서 아담과 하와와 함께 거니시며 이야기를 나누셨다. 그들이 누렸던 다스림의 위치는, 하나님과 얼굴을 마주하는 친밀한 자리로부터 자연스럽게 흘러나온 결과로 얻어진 것이었다.

이 세상은 줄곧 하나님께 속해 있었다. 그러나 인간이 주님의 자리에서 다스리는 자로 위임을 받게 되었다. 마태복음은 위임된 권세에 관해 매우 심오한 통찰을 제공하는 한 백부장의 고백을 전한다. 그 백부장은 예수님이 자신의 하인을 치유해주시겠다고 하시며 그의 집으로 가시려 하자, 다음과 같이 대답하였다.

> 백부장이 대답하여 이르되 주여 내 집에 들어오심을 나는 감당하지 못하겠사오니 다만 말씀으로만 하옵소서 그러면 내 하인이 낫겠사옵나이다 나도 남의 수하에 있는 사람이요 내 아래에도 군사가 있으니 이더러 가라 하면 가고 저더러 오라 하면 오고 내 종더러 이것을 하라 하면 하나이다 (마 8:8-9)

이 로마군 지도자는 자신의 권세가 또 다른 권세 아래에 있음으로써 주어졌다는 사실을 잘 이해하고 있었다. 우리는 얼마만큼 하나님의 통치 아래에 있느냐에 비례하여, 우리를 통해 흘러나오는 하나님의 통치의 유익을 풀어놓을 수 있다. 예수님은 그의 대답을 들으시고는 큰 감동을 받으셨다. 심지어 주님은 그의 놀라운 믿음을 인정하시며 남다른 통찰에 대해서까지 칭찬하셨다. 왜냐하면 그의 통찰이 로마가 아닌 또 다른 왕국, 즉 하나님 나라에 뿌리를 두고 있었기 때문이다. 이러한 깨달음은 실제로 다스리는 능력 자체보다도 우선적일 정도로 중요하다.

하나님은 만물을 지으시고 즐거워하셨다. 주님은 그분이 지으신 모든 피조물들을 살펴보시며 기뻐하셨다. 그러나 주님이 사람과 더불어 주고받으신 상호작용은 다른 모든 피조물들과의 경우와는 사뭇 달랐다. 그것은 매우 사적인 성격을 띠고 있었다. 이것은 하나님의 형상대로 지음 받은 존재가 누릴 수 있는 최고의 유익이 무엇인지를 잘 드러냈다. 이러한 관계의 특별함은 하나님께서 아담에게 모든 짐승들의 이름을 짓게 하시는 장면에서 두드러지게 나타났다(창 2:19).

성경 속에서 이름은 오늘날의 문화에서보다는 훨씬 더 많은 의미를 지니고 있다. 이름은 본성, 권위의 영역, 피조물에게 부여된 영광을 대표한다. 과연 아담이 각 짐승들이 하나님으로부터 부여받은 것을 단순히 식별해낸 것인지, 아니면 실제로 그가 각 짐승들에게 붙여준 이름 안에 그러한 속성을 부여한 것인지는 확실치 않다. 사실 이 부분에 대한 답변은 그다지 중요하지 않다. 주목해야 할 점은 아담이 하나님의 협력자로서 창조의 상황 속으로 이끌려 들어갔다는 점이다. 실제로 아담에게는 앞으로 자신이 살게 될 세상의 본질을 규정하는 일을 도와야 할 책임이 주어졌던 것이다. 이러한 사실은 하나님의 마음을 매우 아름다운 방식으로 드러낸다. 하나님은 우리를 로봇처럼 살라고 창조하신 것이 아니다. 우리는 협력자로서 주님의 형상을 따라 지음 받았다. 우리는 하나님의 선하심을 그분이 만드신 만물에게 가시적으로 나타내기 위해 협력하도록 지음 받은 존재다.

분명한 목적

하나님이 창조하신 만물은 모든 면에 있어서 온전했다. 심지어 하나님조차도 그들의 의도나 기능이나 목적을 더이상 향상시킬 수 없으실 정도였다. 동산 자체가 이 땅 위에 있는 천국을 가시적으로 드러내고 있었다. 평화와 신적 질서가 흐르는 장소 자체도 매우 극적이었던 까닭에, 사탄의 반역은 완벽한 창조로 남을 수도 있었을 장소에 상처자국을 남기고 말았다. 이 일로 인해 평화로운 천국의 분위기는 군사적인 기능을 떠맡게 되었다. 무질서로 인해 하나님의 창조가 변색되어버린 것이다. 이제는 빛이 어두움과 맞서고, 질서와 무질서가 맞서고, 영광이 열등함과 결핍과 공허에 맞서게 되었다.

그로 인해 최초의 위임명령이 아담에게 주어졌다.

하나님이 그들에게 복을 주시며 하나님이 그들에게 이르시되 생육하고 번성하여 땅에 충만하라, 땅을 정복하라, 바다의 물고기와 하늘의 새와 땅에 움직이는 모

든 생물을 다스리라 하시니라 (창 1:28)

아담이 즉각적으로 이행해야 할 책임은 동산을 잘 돌보는 일이었다. 또한 그가 궁극적으로 감당해야 할 책임은, 나머지 세상에도 동일한 질서를 가져오는 것이었다. 다시 말해, 이것은 동산 안쪽에 존재하였던 것과 동일한 질서가 동산의 바깥에는 존재하지 않고 있었음을 암시하였다. 아담과 하와를 유혹하기 위해 뱀이 동산 안으로 기어들어왔음을 기억할 때, 이러한 가정은 매우 이치에 맞는다. 뱀은 이미 이 땅에 존재하고 있었다.

요한계시록 12장 9절은 용이 땅으로 내쫓겼다고 말씀한다. 용은 꼬리로 별들 중 3분의 1을 끌어다가 땅에 던졌다(계 12:4). 이 구절이 사탄이 타락한 후 천국에서 추방당한 사건을 묘사하는 것일 가능성은 매우 높다. 교만으로 인해, 사탄은 하나님의 바로 옆에서 섬기던 천사장의 자리를 잃어버리고 말았다. 그는 미가엘, 가브리엘과 더불어 세 명의 천사장 중 하나였다. 우리는 4절의 표현을 통해, 천사들 중 3분의 1이 사탄과 함께 타락했음을 유추할 수 있다. '별들'(stars)이라는 단어가 다름 아닌 천사들을 상징하는 것일 수도 있고, 혹은 한때 그들의 다스림을 받다가 지금은 타락한 영역 아래 있는 피조물을 상징하는 것일 수도 있다.

요지는 다음과 같다. 어둠의 영역은 하나님이 아담과 하와, 에덴동산을 지으시기 이전부터 이미 존재하고 있었다. 하나님은 무질서의 한복판에서 질서를 창조하셨다. 그 목적은 주님의 형상대로 지어진 사람들로 하여금 그분을 훌륭하게 대표할 수 있게 하시기 위해서였다. 주님은 동산의 경계를 확장시킴으로써, 마침내 주님으로부터 위임받은 사람들을 통해 온 세상이 하나님의 통치 가운데로 들어오도록 하셨다.

단 한순간도 사탄이 하나님께 위협적인 존재였던 적은 없다. 하나님은 권능과 힘, 아름다움과 영광에 있어서 최고의 분이시다. 주님은 온갖 선한 것에 대해 영원토록 무궁무진하신 분이다. 주님은 창조되신 분이 아니시며, 언제나 존재하시는 분이다. 반면, 사탄은 모든 면에 있어서 한계를 지닌다. 사탄이 가진 은사와 능력들은 창조 시에 하나님으로부터 부여받은 것들이다. 하나님과 사탄 사이에 전쟁이 벌어진 적은 한 번도 없었다. 사실 어둠의 영역 전체가 하나님의 단 한마디의 말씀만으로도 영원히 소멸될 수 있다. 그러나 하나님은 그분의 형상대로 지어진 사람들을 통해 사탄을 멸하시기로 선택하셨다. 하나님의 형상으로 지어진 사람들은 자신의 의지로 하나님을 경배할 것이다. 정말 굉장하지 않은가! 애초에 사탄의 반역이 초래된 것도 경배에 관한 사안 때문이었다.

사탄은 하나님처럼 경배받기 원했다. 이러한 반역이 가능했던 이유는 하나님이 그에게 의지를 주셨기 때문이다. 사탄은 어리석고 자기중심적인 선택으로 인해 결국 자신의 자리를 빼앗기고 말았다. 이보다 훨씬 더 중요한 사실은, 반역으로 인해 천국에서 하나님을 섬기던 자리를 박탈당하게 되었다는 점이다. 그의 반란은 천사들의 세계 전반에 걸쳐 파문을 일으켰다. 결국 그와 함께 천사의 3분의 1이 그의 실패에 동참하고 말았다.

영적 전쟁

여기서 나는 매우 흥미로운 사실을 한 가지 발견했다. 그것은 바로 하나님께서 아담과 하와에게 영적 전쟁에 관하여 아무런 지시사항도 내리지 않으셨다는 점이다. 또한 예수의 이름이 지닌 권능에 관해서도 알려주신 바가 없다. 하나님을 향한 찬양의 권능에 관해서도 아무런 교훈이 없었고, 주님의 말씀이 얼마나 큰 능력을 지니는지에 관해서도 전혀 강조하지 않으셨다. 이러한 도구들은 이야기의 후반부에 이르러서야 비로소 놀라운 유익을 가져오기 시작한다. 그러나 당장 그들의 모든 삶은 하나님과의 관계를 통해 신적 질서를 유지하고, 그분의 훌륭한 대리자가 됨으로써 그 질서를 확산시키는 일에만 온통 집중되어 있었다.

아담과 하와는 책임감 있게 생산적인 삶을 살아야 했다. 그들은 자녀들을 낳고, 또 그 자녀들도 자녀들을 낳음으로써 계속해서 생육해야 했다. 나아가 온 세상이 그들의 다스림을 받게 될 때까지 끊임없이 동산의 경계를 점점 넓혀가야 했다. 이 모든 일들은 하나님과의 관계를 통해 흘러나왔다. 날이 저물고 서늘할 때 주님과 함께 동산을 거닒으로써 이 모든 일들이 가능해졌다. 이 모든 일이 관계성에서 비롯된 것이다. 사실 사탄은 결코 초점이 되지 못했다. 전혀 그럴 이유가 없었다. 사탄은 아무런 권세도 가지고 있지 않았으며, 아무런 동의도 체결되지 않은 상태였다.

나는 영적 전쟁이라는 주제에 관해 '지나치게' 강조하는 사람들을 보며 우려의 마음을 금할 길이 없다. 영적인 싸움은 분명 우리가 결코 간과해서는 안 되는 실제다. 바울 또한 우리에게 원수의 속셈에 대해 무지해서는 안 된다고 권면하였다(고후 2:11). 우리는 원수가 사용하는 책략들에 대해 늘 경계심을 늦추지 말아야 한다. 그러나 아무리 그렇다 하더라도, 우리의 능력은 그리스도로 온전히 옷 입는 것에 있다. 그리스도야말로 우리의 갑옷이다!

아담과 하와는 하나님을 가장 분명하게 보았던 사람들이다. 하지만 그들은 전쟁에 관해서는 아무런 가르침도 받지 않았다. 왜냐하면 싸우지 않고도 빛이 어둠을 몰아내듯이, 그들의 통치권 자체가 원수를 물리쳐버렸기 때문이다. 나는 어둠에 대해 일일이 반응하며 살아갈 만한 여유가 없다. 만일 그렇게 한다면, 어둠은 내 삶의 목적을 성취하는 데 있어서 하나의 역할을 차지했을 것이다. 그러나 마귀는 이런 영향력을 행사할 만한 가치조차 없는 존재이다. 아무리 부정적인 면에 있어서라도 말이다. 예수님은 하나님 아버지께 철저히 반응하시며 사셨다. 우리도 주님과 같이 사는 법을 배워야 한다. 주님이야말로 우리가 따를 가치가 있는 유일한 모범이시다.

우리의 모든 행위들은 두 가지 기본적인 정서에서 비롯된다. 그것은 바로 두려움과 사랑이다. 예수님은 모든 일을 사랑으로 행하셨다. 그러나 소위 전쟁이라 일컬어지는 것은 너무도 많은 경우 두려움에서 비롯된다. 이제까지 두려움으로 인해 전쟁을 치른 경우들은 내가 인정하고 싶은 것보다 훨씬 더 많다. 우리는 그 누구도 일부러 마귀를 경배하거나 찬양하려 하지는 않을 것이다. 그러나 기억하라. 관심을 받고 싶어 하는 아이와 같이 마귀도 좋은 일로 관심을 끌지 못한다면, 최소한 무언가

나쁜 일로라도 당신의 관심을 끌려고 할 것이다.

마귀는 부정적인 관심일지라도 전혀 꺼리지 않는다. 그는 '전쟁'이라는 미명 아래 우리로 하여금 줄곧 자신만을 쫓아다니도록 만들 것이다. 그러나 그것은 열등한 자리다. 하나님은 능력의 자리로 들어오라고 우리를 부르신다. 주님은 동산에서 누리던 자리를 회복하여 날이 저물고 바람이 서늘할 때 함께 거닐자고 부르신다. 그러한 친밀함의 자리에서야말로 우리는 진정한 의미의 전쟁을 경험할 수 있다. 이스라엘의 위대한 용사이자 왕이었던 다윗이 다음과 같이 기록한 것도 바로 이런 이유 때문인 듯하다. "주께서 내 원수의 목전에서 내게 상을 차려 주시고"(시 23:5). 여기에서 하나님과의 사귐과 친밀함의 자리가 주님의 식탁으로 상징되고 있다. 더구나 그 식사 자리는 원수들 앞에 차려져 있다.

실제로 이 구절은 매우 진기한 풍경이다. 그러나 이 개념을 잘 이해하기 전까지, 우리는 본의 아니게 마귀의 자리를 본래보다 훨씬 더 높은 자리로 격상시킬 것이다. 하나님과의 로맨스는 마귀와 그의 일당들에게 공포를 불러일으킨다. 친교의 식탁에서 우리와 하나님과의 관계는 점점 더 깊어지고, 그로 인해 우리는 어둠의 권세들과의 싸움에서 늘 넉넉하게 승리하는 삶을 살 수 있게 된다.

사람을 창조하신 사건은 어떤 의미에서 볼 때 이러한 로맨스의 출발이기도 하다. 우리는 친밀함을 위해 하나님의 형상대로 지음 받았다. 그것은 이 세상에 대한 우리의 다스림이 하나님과의 사랑의 관계를 통해 표현되게 하시기 위함이었다. 사랑을 통한 다스림이라는 이 계시를 통해, 우리는 주님의 대사로서 살아가는 법을 배워야 한다. 그렇게 함으로써 '이 세상의 통치자'를 물리쳐야 한다. 아담과 하와가 자신들의 경건한 영향력을 피조물에 대해 행사해갈 때, 이미 모든 어둠의 세력들이 패배할 발판이 마련되어 있었다. 그러나 오히려 넘어진 쪽은 아담과 하와였다.

통치권의 이동

사탄은 에덴동산에 들어와서 마구잡이로 아담과 하와를 손아귀에 넣을 수 있는 힘을 갖고 있지는 못했다. 분명 그런 일은 전혀 불가능한 것이었다. 사탄은 합의가 이루어지지 않은 곳에서는 어떤 권세나 통치권도 갖지 못했다. 그것은 동산에서든, 아담과 하와의 관계 안에서든 마찬가지였다. 통치권은 능력이다. 일단 세상을 다스리는 열쇠는 인간에게 부여되었다. 그러므로 마귀는 반드시 사람에게서 그 권세를 취할 수밖에 없었다.

바로 이러한 점에서, 그들의 경험은 후일 이스라엘 민족이 체험하게 될 구속과 관련된 이야기의 전개와도 매우 흡사해지고 있다. 하나님은 이스라엘 백성들에게 약속의 땅 전체를 주셨다. 약속을 통해 그 땅이 단번에 그들의 소유가 된 것이다. 그러나 그들은 자신들이 관리할 수 있을 만큼만 그 땅을 실질적으로 소유할 수 있었다. 하나님의 통치는 그들이 얼마나 잘 다스릴 수 있느냐에 따라 자연스럽게 가시화되어 나타났다. 그들은 하나님의 다스림을 잘 받고 있는 만큼만 훌륭하게 다스릴 수 있었다. 하나님은 그들에게 왜 그 땅 전체를 단번에 주지 않으시는지에 관해서도 말씀해주셨다. 그것은 들짐승들이 번성하여 그들을 해하게 될 것을 우려하셨기 때문이었다(출 23:29, 신 7:22). 그러므로 그들은 약속받은 유업을 온전히 다스릴 수 있을 만큼 충분히 성장해야 했다.

이와 동일한 원리가 오늘날 우리에게도 적용된다. 에덴동산으로부터 이스라엘에 이르기까지, 나아가 약속의 땅과 오늘날의 신자들에게 이르기까지 그 모든 것이 여전히 우리의 소유다. 그러나 현재 우리의 소유는, 우리가 하나님이 의도하신 방식으로 청지기 역할을 얼마나 잘 해내고 있느냐에 달려 있다. 그동안 수많은 이들이 우리의 결핍을 가리켜 하나님의 뜻이라고 결론지어왔다. 그들은 마치 하나님이 우리로 하여금 성경시대와는 사뭇 다른 삶을 살게 하시려고 복음을 고안해내신 것처럼 이야기한다. 그러나 이것은 말도 안 되는 소리다. 지금도 여전히 성경시대다.

하나님이 세상을 다스릴 수 있는 권세를 주셨던 방식대로 아담과 하와는 오직 에덴동산만을 소유하고 있었다. 우리가 약속 받은 바와 실제로 우리가 소유하고 있는 것에는 언제나 차이가 있기 마련이다. 그들이 번성하여 하나님의 훌륭한 대리자로서의 능력을 증가시켜감에 따라, 나머지 영역들도 그들의 책임 아래로 들어오게 되어 있었다. 이러한 사실은 세상에 대한 현재적 통치를 통해 가시화되어 나타날 것이다. 그들 또한 계속해서 성장함으로써 자신의 유업을 온전히 차지할 수 있어야 했다. 그들은 약속에 의해 이미 모든 것을 소유하고 있기는 했다. 그러나 그들이 얼마나 통치할 수 있느냐의 문제는, 그들의 성숙 정도에 비례하였다. 그들은 오직 관리할 수 있는 만큼 차지할 수 있었다.

당시 마귀는 아담과 하와에 대해 아무런 권세도 갖고 있지 못했다. 따라서 그가 할 수 있는 일이란 고작 빈말을 하는 것에 불과했다. 마귀는 그들이 만일 금지된 열매를 먹는다면, 하나님처럼 될 수 있을 것이라고 제안했다. 그런데 그들이 이러한 마귀의 말에 귀를 기울였다. 아담과 하와는 하나님처럼 되려고 시도하였다. 이를 위해 그들이 사용한 방법은 바로 불순종이었다. 이 불순종으로 말미암아, 그들은 하나님의 섭리에 의해 이미 가지고 있었던 것, 곧 하나님의 형상을 잃어버리고 말았다.

은혜로 이미 소유하고 있는 것을 자신의 노력을 통해 얻으려고 애쓸 때, 우리는 자발적으로 스스로를 율법의 권능 아래에 두게 된다. 이렇게 함으로써 마귀는 아담과 하와로 하여금 하나님께 반대하고 자신에게는 동의하도록 책략을 부렸다. 사실 이것은 마귀 자신에게 권능을 부여하는 일이기도 했다. 마귀는 우리의 동의를 통해 죽이고, 도적질하고, 멸망시킬 수 있는 힘을 얻는다(요 10:10). 여기에서 우리가 반드시 깨달아야 할 사실은, 심지어 오늘날에도 여전히 사탄이 우리의 동의를 통해 권능을 얻는다는 것이다.

아담과 하와가 금지된 열매를 먹는 순간, 그들에게 부여되었던 다스림의 사명은 중단되었다. 이에 대해 바울은 다음과 같이 쓰고 있다. "너희 자신을 종으로 내주어 누구에게 순종하든지 그 순종함을 받는 자의 종이 되는 줄을 너희가 알지 못하느냐"(롬 6:16). 그들이 거역하는 행위를 했을 때, 거역의 아비가 그들을 소유물로 삼아버렸다. 그런 다음 이 노예의 소유주는 그동안 아담이 갖고 있던 모든 것들을 차지하게 되었다. 여기에는 이 세상에 대한 통치권도 포함된다. 마귀는 그동안 아담이 누리고 있던 다스림의 위상까지도 노략질해갔다. 이로 인해 하나님의 구속이 필요하게 되었다. "내가 너로 여자와 원수가 되게 하고 네 후손도 여자의 후손과 원수가 되게 하리니 여자의 후손은 네 머리를 상하게 할 것이요 너는 그의 발꿈치를 상하게 할 것이니라 하시고"(창 3:15). 예수님은 잃어버린 모든 것을 되찾기 위해 오셨다.

약탈을 위한 사탄의 시도

예수님이 이 세상에 오신 이유는 헤아릴 수 없이 많다. 그러나 그중에서도 단연코 최우선순위에 해당하는 것이 있다. 그것은 바로 죄로 인해 인간이 받아야 할 형벌을 주님이 대신 짊어지시고, 아담이 너무나도 경솔하게 사탄에게 주어버린 것을 되찾으시기 위해서였다. 누가복음 19장 10절에서 예수님은 이 땅에 오신 목적에 관해 다음과 같이 말씀하신다. "인자가 온 것은 잃어버린 자를 찾아 구원하려 함이니라." 사람들은 죄로 말미암아 잃어버린 자들이 되었다. 그뿐 아니라 하나님이 창조하신 피조물을 다스리는 위치도 상실하고 말았다. 그런데 예수님께서 이 모든 것을 회복하시기 위해 오신 것이다.

구원자가 출생할 때마다, 사탄은 항상 그를 죽이려고 애를 썼다. 의심할 나위 없이 사탄은 그 사람의 예언적 천명을 알아차리고는, 하나님의 백성들을 구원하기 위한 주님의 계획을 무산시키기 위해 온갖 술수들을 동원한다. 모세가 태어났을 때, 이집트에서 아기들을 죽이도록 부추긴 것도 바로 마귀였다. 그러나 그의 시도는 결국 실패하였고, 모세는 성장하여 위대한 구원자가 되었다. 또한 마귀는 궁극적인 구원자이신 예수님을 죽이려는 목적으로, 헤롯을 부추겨 베들레헴에 있는 아기들을 모조리 살해하게 하였다. 그러나 이번에도 마귀의 의도는 좌절되었다(마 2:16-18). 그러자 마귀는 하나님의 아들로 하여금 자기보존을 위해 권세를 사용하게 함으로써 구속의 계획으로부터 벗어나게 하려는 시도에 착수했다. 이 일은 예수님이 40일 동안 금식하신 후에 일어났다. 마귀는 예수님 앞에 나타나 돌을 떡덩이로 바꾸어서 굶주림을 면하라고 시험하였다.

흥미롭게도 사탄은 예수님께 그러한 기적을 일으키실 능력이 있다는 것을 이미 알고 있었다. 그럼에도 예수님이 그의 제안을 물리치시자, 이제는 주님으로 하여금 자신을 경배하게 하여 철저히 패배시키려고 안간힘을 썼다. 그는 자신이 예수님으로부터 경배 받을 만한 가치가 전혀 없는 존재임을 잘 알고 있었다. 동시에 이런 행위가 예수님께는 아무런 호소력도 지니지 못한다는 것도 알고 있었다. 그러나 마귀는 예수님이 이 세상에 오신 이유가 인간이 자기에게 거저 넘겨준 권세를 되찾으시기 위함임을 잘 알고 있었다. 사탄은 그 권세를 주님께 되돌려주겠다고 제안하며 다음과 같이 말했다.

> 이르되 이 모든 권위와 그 영광을 내가 네게 주리라 이것은 내게 넘겨 준 것이므로 내가 원하는 자에게 주노라 그러므로 네가 만일 내게 절하면 다 네 것이 되리라 (눅 4:6-7)

본문에서 '이것은 내게 넘겨 준 것이므로'라는 표현에 주목하라. 사탄이 그것을 훔쳐올 수는 없었다. 그것은 아담이 죽음을 선고받아 하나님의 통치권을 내려놓았을 때 사탄에게 몰수당했다. 이 일은 에서가 주린 배를 채우기 위해 야곱에게 장자권을 거저 주어버린 방식과 너무나도 흡사하게 이루어졌다(창 25:29-34). 그것은 바로 부르심과 목적, 유업을 포기해버린 사건이었다.

예수님과 사탄이 주고받은 대화의 내용을 살펴보는 것은 매우 흥미롭다. 마귀는 예수님께 마치 이렇게 말하는 듯했다. "나는 당신이 이 세상에 왜 오셨는지 잘 알고 있소. 그리고 당신은 내가 원하는 것이 무엇인지도 잘 알 것이오. 그러니 나에게 절하시오. 그러면 당신이 되찾기 위해 온 그 권세의 열쇠들을 돌려주겠소." 마귀는 예수님께 그럴듯한 제안을 했다. 그 순간 그는 예수님이 이 세상에 왜 오셨는지 알고 있음을 시인하였다. 그런데 여기에 가장 중요한 사실이 하나 있다! 그것은 예수님께서 그분의 길을 그대로 계속해서 가셨다는 것이다. 주님은 승리를 위해 제시되는 어떠한 지름길도 마다하셨다. 주님은 죽으시기 위해 오셨다. 죽으심으로써 주님은 하나님께서 아담에게 주셨던 권세의 열쇠를 되찾고자 하셨다.

하나님께서 사람을 동산 안에 두신 것은 사탄이 사람에 의해 패배당하게 될 배경과 상황을 조성하시기 위함이었다. 하나님은 마귀가 이 세상에서 자신의 통치권을 확립할 수 있도록 허용하셨다. 왜냐하면 주님의 뜻은 인간을 통해 마귀를 영원히 심판하시는 것에 있었기 때문이다. 특히 이 목적은 하나님과 사람의 친밀한 협력 작업을 통해 실현될 것이었다.

아담과 하와가 죄를 짓고 난 후, 인간을 통해 마귀를 물리치는 일은 불가능해지고 말았다. 이러한 이유로 인해, 예수님은 우리를 대신해서 죽으셔야 했을 뿐 아니라, 동시에 인간으로서의 삶도 사셔야 했다. 우리와 동일한 한계와 제약, 연약함, 느낌 등을 지니신 인간으로서의 삶 말이다. 그래야만 승리하신 주님의 삶이 인간으로서의 삶도 될 수 있기 때문이다.

하나님과 사탄 사이에서는 결코 어떠한 갈등으로 인한 싸움이 존재하지 않는다. 싸움과 갈등은 언제나 하나님의 형상으로 지음 받은 인간과 마귀 사이에서만 일어난다. 예수님은 인간으로 살아가셔야 했지만, 동시에 절대로 죄에 굴복해서는 안 되셨다. 주님의 죽음은 그분께 죄가 없으신 경우에 한해서만 유효했다. 왜냐하면 죄인들은 반드시 죽을 수밖에 없기 때문이다. 주님은 그러한 죄인들을 대신하실 흠 없는 어린 양이 되셔야 했다.

궁극적인 싸움

예수님은 영원하신 하나님의 아들이시다. 몇몇 이단에서 주장하듯이, 주님은 결코 인간으로 창조되신 후 특별한 과정을 거쳐 신성으로 격상되신 존재가 아니다. 그분은 완전한 하나님이시고, 동시에 완전한 인간이시다. 주님은 한 인간으로서 삶과 죽음을 영위해내셨다. 그러나 주님은 죄가 없으셨을 뿐 아니라, 성령님께 철저히 의지하며 살아가셨다. 이렇게 하심으로써, 주님은 우리가 따를 수 있는 하나의 모델이 되어주셨다. 주님은 하나님으로서 놀라운 기적들을 몸소 행하시기도 했다. 그러한 기적들은 여전히 나에게 감동을 준다. 그러나 이때 내가 받는 감동은 한 사람의 구경꾼으로서 받는 것이다. 그러나 주님이 이런 기적들을 인간으로서 행하셨다는 사실을 깨닫는 순간, 갑자기 이제까지 내가 알고 있던 삶에 대해 속속들이 불만이 느껴지기 시작했다. 더불어 예수님의 생애 가운데 일어난 것과 동일한 일들이 내 삶에서도 일어나기까지 온전히 주님을 따라가야겠다는 심정으로 불붙었다.

기억하라. 하나님과 사탄 사이의 전쟁은 결코 존재하지 않는다. 전능하신 하나님께 비하면 마귀는 아무것도 아니다. 다만 전쟁은 마귀와 인간 사이에서 일어난다. 하나님의 형상으로 지음 받은 인간의 삶에 죄가 들어왔기 때문에 하나님의 아들이 인간이 되시어 우리를 위해 싸워주셔야 하는 상황이 되었다. 그것은 매우 특이한 싸움이었다.

무엇보다 먼저 주님은 그분께 나아오는 모든 사람들을 치유하시고 축사해주심으로써, 어둠의 세력들에 대한 절대적 권세를 유감없이 드러내셨다. 둘째로, 주님은 승리의 삶, 순전한 삶을 살아가셨다. 예수님은 그 어떤 죄에 대해서도 유혹당하지 않으셨다. 왜냐하면 주님 안에는 하나님 외에 죄를 지을 만큼 중요한 가치를 지닌 것이 없었기 때문이다. 셋째로, 주님은 오로지 사람들을 섬길 때에 한해서만 권세를 사용하셨다. 주님은 자기 자신을 위해 능력을 사용하신 적이 없으셨다. 마지막으로, 주님은 상상도 할 수 없는 일을 행하셨다. 우리를 대신해서 기꺼이 죽어주신 것이다. 이것은 싸움에서 승리하는 방식치고는 참으로 이상한 것이었지만, 이 방법이야말로 진정한 승리의 비결이었다. 그렇게 하심으로써 주님은 온 인류를 구원하시는 일에 자신을 온전히 바치셨다. 심지어 주님은 스스로 죽음에서 부활하실 수조차 없으셨다. 그분이 죄가 되셨기 때문이다!(고후 5:21) 우리가 믿고 구원받기 위해 하나님을 의지하는 것과 동일하게, 예수님도 죽음에서 부활하시기 위해 하나님을 의지하셨다. 우리는 스스로를 구원할 수 없다. 우리를 구원으로 이끌어주는 믿음조차도 하나님으로부터 온 선물이다.

궁극적인 전쟁이 인간이신 예수님과 사탄 사이에서 이루어졌다. 주님은 우리를 대신하여 죽으심으로써, 죄인의 죽음에 관한 율법의 요구들(겔 18:20)을 모두 만족시켜 주셨다. 주님은 단지 우리를 위해서 죽으셨을 뿐 아니라, 우리와 같은 인간으로서 죽으셨다.

사탄의 무지

우리가 흔히 간과하기 쉬운 매우 귀중한 진리가 하나 있다. 그것은 바로 마귀가 최고로 기승을 부리는 시절조차도 단지 하나님의 손아귀에서 놀아나는 것에 불과할 수 있다는 것이다. 마귀가 인간뿐만 아니라 하나님의 아들을 향해서도 증오를 품고 있었음을 감안할 때, 그가 예수님을 십자가에 못 박는 것은 그리 어려운 일이 아니었다. 여기서 우리가 주목해야 할 중대한 사실이 있다. 그것은 바로 마귀가 예수님의 생명을 취해간 것이 아니라, 예수님이 스스로 목숨을 내어주셨다는 것이다 (요일 3:16). 당시의 종교지도자들은 수차례 예수님을 죽이려는 계획을 세웠다. 그러나 사람들이 주님을 잡기 위해 추적해올 때마다 그분은 어디론가 사라져버리곤 하셨다. 주님이 죽으실 타이밍이 아니었기 때문이었다. 그러나 때가 되었을 때, 주님은 마치 도륙당하는 한 마리의 양처럼 기꺼이 자신을 내어놓으셨다. 만일 마귀가 예수 그리스도(Anointed One, 기름부음 받은 자)를 죽임으로써 이 세상이 수백만 명의 '기름부음 받은 자들'(anointed ones)로 채워지게 될 것을 미리 알았더라면, 아마도 결코 주님을 십자가에 못 박지 않았을 것이다.

> 그러나 우리가 온전한 자들 중에서는 지혜를 말하노니 이는 이 세상의 지혜가 아니요 또 이 세상에서 없어질 통치자들의 지혜도 아니요 오직 은밀한 가운데 있는 하나님의 지혜를 말하는 것으로서 곧 감추어졌던 것인데 하나님이 우리의 영광을 위하여 만세 전에 미리 정하신 것이라 이 지혜는 이 세대의 통치자들이 한 사람도 알지 못하였나니 만일 알았더라면 영광의 주를 십자가에 못 박지 아니하였으리라 (고전 2:6-8)

우리가 본문에서 눈여겨보아야 할 사항들은 크게 네 가지다. 가장 먼저 주목해야 할 점은, 이 세상의 통치자들은 없어질 것이라는 사실이다. 다시 말해, 그들은 철폐될 것이다. 둘째로, 하나님의 지혜는 미스터리로서, 주님이 계시해주시기로 작정하시기 전까지 은밀하게 숨겨져 있다. 셋째로, 이 미스터리를 은밀하게 숨겨두는 목적은 인간의 영광을 위해서다! 마지막으로, 이 미스터리를 푸는 비결은, 그리스도의 십자가에서의 죽음에 있었다! 주님은 십자가에서 죽으심으로써, 인간이 하나님과 함께하는 자리로 들어갈 수 있도록 해주셨다. 이 자리는 오랜 세월 동안 감추어져 있었다. 그 자리에서 인간은 영광 가운데로 들어간다. 이때 인간은 하나님으로부터 독립되어 있지 않고, 오히려 철저히 하나님을 의지하고 있다. 이처럼 놀라운 성취가 주님의 십자가에서 이루어졌다. 만일 사탄이 그리스도의 죽으심으로 인해 어떤 결과가 초래될지를 미리 알았더라면, 결단코 그런 일을 저지르지 않았을 것이다.

궁극적인 승리

다음의 사실에 관해 한번 생각해보라. 예수님은 단지 우리를 위해서(for us) 죽으셨을 뿐 아니라, 우리와 같은 인간으로서(as us) 죽으셨다. 주님은 죄, 곧 우리의 죄가 되심으로써 우리로 하여금 그리스도의 의가 되게 해주셨다(고후 5:21). 그러므로 주님의 승리는 곧 우리의 승리다. 그리스도께서 십자가에서 이루신 구원의 사역을 믿음으로 받아들일 때, 우리는 죄와 마귀와 죽음과 무덤에 대해 예수님이 몸소 이루신 승리 안에 접붙여진다. 예수님은 죄 없는 삶을 사심으로써 마귀를 패배시키셨다. 주님의 보혈로 우리의 죄에 대한 값을 지불하심으로써 마귀를 무찌르셨다. 나아가 주님은 부활하심을 통해 승리하시고, 죽음과 지옥에 대한 권세의 열쇠들을 확보하심으로써 마귀를 이기셨다. 주님은 하나님이 앞으로 올 시대에게 계시해주시려고 인간을 위해 처음부터 계획해두신 그 밖의 모든 것들도 함께 얻으셨다. 승리자이신 예수님은 다음과 같이 선포하셨다. "예수께서 나아와 말씀하여 이르시되 하늘과 땅의 모든 권세를 내게 주셨으니 그러므로 너희는 가서 모든 민족을 제자로 삼아 아버지와 아들과 성령의 이름으로 세례를 베풀고"(마 28:18-19). 이 말씀을 다르게 표현해보면 다음과 같다. "내가 열쇠들을 도로 되찾았다! 자, 이제 가서 이 열쇠들을 사용하여 인류를 회복시켜라."

예수님이 제자들에게 주신 약속이 성취되는 순간이 바로 이때였다. 주님은 제자들에게 이렇게 약속하셨다. "내가 천국 열쇠를 네게 주리니"(마 16:19). 하나님은 최초의 계획을 결코 취소하지 않으셨다. 그 계획은 예수님의 부활과 승천 이후에야 비로소 최종적으로 온전히 성취될 수 있었다. 우리가 주목해야 할 또 하나의 사실은, 예수님이 모든 권세를 가지신 분이라면 마귀에게는 아무런 권세도 없다는 것이다! 그렇다면 우리는 최초에 부여받은 다스림의 사명에 다시금 착수할 수 있다. 하나님의 형상을 따라 지음 받은 사람이자, 갈보리에서 획득하신 승리를 집행하는 법을 배울 수 있는 사람으로서 말이다. "평강의 하나님께서 속히 사탄을 너희 발 아래에서 상하게 하시리라"(롬 16:20).

하나님의 백성들은 불신앙에 빠져 있는 세상에 주님의 아름다운 통치를 가시적으로 드러내야 한다. 우리는 바로 이 목적을 위해 선택받았다. 이는 우리가 좀더 나은 존재들이기 때문이 아니라 최고를 추구하기 위한 여정에 나선 자들이기 때문이다. 주님은 모든 것이 변화될 때까지 그분의 임재를 모시는 법을 배울 자격이 있는 사람은 누구든지 이 여정에 동참시켜 주신다.

친밀한 사귐을 위하여

하나님은 만물을 창조하시되, 그분의 기쁨을 위하여 만드셨다. 주님은 엄청난 기쁨의 하나님이시다. 주님은 지으신 모든 것들로 인해 즐거워하신다. 그런데 인간은 주님의 피조물 가운데서도 매우 독특한 자리를 차지하고 있다. 피조물 중에서 실제로 오직 인간만이 하나님의 형상으로 창조된 것이다. 이렇게 하신 목적은 교제, 곧 친밀한 사귐을 위함이었다. 하나님과의 관계를 통하여 유한한 인간들은 주님의 영원토록 온전한 과거에 연결될 수 있을 뿐 아니라, 약속을 통해 영원토록 온전한 미래를 얻게 될 것이다. 하나님의 형상으로 지음 받은 우리는 심지어 불가능의 영역까지도 돌파할 수 있다. "믿는 자에게는 능히 하지 못할 일이 없느니라"(막 9:23). 피조물 중 인간 이외에는 다른 그 어떤 것도 그 영역으로 들어가도록 허락되지 않았다. 우리는 오직 하나님만이 알고 계신 '자리'로 들어가도록 초대받은 자들이다.

바로 이러한 점에서 우리는 하나님을 찬양하지 않을 수 없다. 주님은 우리와의 친밀함을 갈망하신다. 주님은 모든 것을 잃어버리시더라도 그 한 가지 보물만은 기필코 얻어야겠다고 결심하셨다. 그 보물이란 바로 주님을 경배하는 자들이다. 명령대로 움직이는 로봇 같은 존재가 아니라 관계성을 기반으로 하여 주님을 경배하는 자들이 바로 그 보물이다.

궁극적인 계획

우리는 애초부터 하나님이 다스리시는 것처럼 다스리도록 창조된 존재들이다. 하나님은 관용과 자비로 다스리시며, 결코 이기적으로 다스리지 않으신다. 주님은 언제나 보다 높은 차원으로 타인의 유익을 추구하시는 분이다. 우리도 이러한 방법으로 피조물을 다스리고 어둠을 다스려야 한다. 우리는 하나님 나라의 복음을 선포함으로써 가는 곳마다 예수님의 통치를 확립시키고, 어둠의 세력들을 무너뜨려야 한다. '나라'(kingdom)란 '왕의 영토'를 의미한다. 하나님이 최초에 세워두신 목적에 의하면, 인간은 피조물을 다스리도록 되어 있었다. 그러나 이후에 죄가 우리의 영역 안으로 침투해 들어왔다. 그로 말미암아 이제껏 피조물은 어둠(질병, 아픔, 괴로움을 주는 영들, 가난, 자연재해, 귀신의 영향력 등)에 오염되어 왔다.

여전히 우리가 피조물을 다스리고 있기는 하지만, 그 다스림이 마귀의 일을 폭로하고 해체시키는 것에만 초점을 맞추어온 것도 사실이다. 이것은 예수님이 행하신 사역이며, 주님의 위임명령을 통해 우리에게 상속되었다. 이것은 그리스도인의 삶에서 맺혀지기로 되어 있었던 열매다. 이와 더불어 우리는 하나님과의 강력한 만남을 체험하고(우리는 마땅히 이런 체험을 추구해야 한다), 그것을 다른 사람들에게 나누어줄 수 있어야 한다. 이것이 바로 예수님의 사역이다. 예수님이 행하신 것처럼, 우리는 사역을 수행하기 위해 하나님의 능력과 권세를 사용해야 한다. 하나님이 불가능한 상황들 가운데로 개입해 들어오실 수 있으려면, 하늘로부터 능력을 받고 그 능력을 삶의 여러 정황들 속에 풀어놓는 법을 터득한 한 사람이 필요하다.

하나님은 그분의 형상으로 창조된 사람과 더불어 파트너십을 이루기 원하신다. 최고의 왕이신 하나님은 권능을 부여하는 것을 좋아하신다. 처음부터 하나님은 사람이 주님처럼 살아가고, 주님처럼 사랑하고, 주님처럼 창조하고, 주님처럼 다스리기 원하셨다. 또한 하나님은 줄곧 주님의 피조물과 함께 살기를 원하셨다. 마치 통치권을 넘겨준 주인이 갈수록 증대되는 대리인의 통치능력을 살펴보는 것처럼 말이다. 사람들의 통치능력이 증가됨에 따라 세상은 점점 더 주님의 형상으로 빚어져 간다. 주님의 세상에서 중심축은 바로 그분의 영광이다. 가장 높으신 하나님의 기뻐하시는 종으로서 주님의 임재를 온 세상 가운데로 더 많이 운반해갈수록, 우리는 천국을 닮은 하나님의 영광으로 뒤덮인 세상을 바라볼 수 있는 더 높은 위치로 옮겨가게 될 것이다.

우리가 회복해야 할 것

우리의 이야기는 한 동산에서부터 시작되었다. 하나님이 저녁 서늘한 때에 아담과 함께 거니셨다. 그러나 친교와 사귐, 우정, 파트너십의 관계는 죄로 인해 끝나버렸다. 하지만 이후에 다시 그 관계가 시작되었다. 이번에도 이야기의 출발은 한 동산에서부터였다.

예수께서 십자가에 못 박히신 곳에 동산이 있고 동산 안에 아직 사람을 장사한 일이 없는 새 무덤이 있는지라 (요 19:41)

안식 후 첫날 일찍이 아직 어두울 때에 막달라 마리아가 무덤에 와서 돌이 무덤에서 옮겨진 것을 보고 … 마리아는 무덤 밖에 서서 울고 있더니 울면서 구부려 무덤 안을 들여다보니 흰 옷 입은 두 천사가 예수의 시체 뉘었던 곳에 하나는 머리 편에, 하나는 발 편에 앉았더라 천사들이 이르되 여자여 어찌하여 우느냐 이르되 사람들이 내 주님을 옮겨다가 어디 두었는지 내가 알지 못함이니이다 이 말을 하고 뒤로 돌이켜 예수께서 서 계신 것을 보았으나 예수이신 줄은 알지 못하더라 예수께서 이르시되 여자여 어찌하여 울며 누구를 찾느냐 하시니 마리아는 그가 동산지기인 줄 알고 이르되 주여 당신이 옮겼거든 어디 두었는지 내게 이르소서 그리하면 내가 가져가리이다 예수께서 마리아야 하시거늘 마리아가 돌이켜 히브리 말로 랍오니 하니 (이는 선생님이라는 말이라) 예수께서 이르시되 나를 붙들지 말라 내가 아직 아버지께로 올라가지 아니하였노라 너는 내 형제들에게 가서 이르되 내가 내 아버지 곧 너희 아버지, 내 하나님 곧 너희 하나님께로 올라간다 하라 하시니 (요 20:1, 11-17)

지극히 실제적인 의미에서, 예수님은 사실상 두 번 태어나셨다. 첫 번째는 동정녀 마리아를 통한 자연적인 탄생이었고, 두 번째는 주님의 부활하심이었다.

하나님이 죽은 자 가운데서 그를 살리신지라 … 우리도 조상들에게 주신 약속을 너희에게 전파하노니 곧 하나님이 예수를 일으키사 우리 자녀들에게 이 약속을 이루게 하셨다 함이라 시편 둘째 편에 기록한 바와 같이 너는 내 아들이라 오늘 너를 낳았다 하셨고 (행 13:30, 32-33)

위의 본문에서 우리는 주님의 부활하심이 실제로 하나의 출생(죽은 사람들 가운데서 제일 먼저 살아나심)으로 여겨지고 있음을 볼 수 있다(골 1:18, 계 1:5). 주님은 수많은 사람들을 살리셨을 뿐 아니라, 그분 자신도 살아나셨다. 주님은 죽은 사람들 가운데서 제일 먼저 살아나심으로써 더이상 죽음을 경험하지 않게 되셨다. 우리의 회심은 이와 동일한 노선에서 뒤따라온다. 주님의 부활 DNA는 우리의 DNA이다. 주님은 잠자는 자들의 첫 열매이시다(고전 15:20). 첫 열매는 추수가 시작될 무렵에 얻는데, 이 표현은 다음과 같은 사실을 가리킨다. 즉, 주님이 죽은 자들 가운데서 부활하신 것은, 엄청난 추수가 그분의 부활과 동일한 방식으로 뒤따라올 것에 대한 예언이다! 우리가 바로 그 추수다. 나아가 그 추수는 주님이 재림하실 때까지 줄곧 계속될 것이고, 이는 점점 더 증가되고 있다.

이 이야기에서 매우 흥미로운 부분 중 한 가지를 통해, 내가 성경에서 가장 중심적인 주제라고 믿고 있는 바가 예시적으로 잘 드러난다. 이 주제는 이 책의 목적이기도 하다. 그것은 바로 '하나님의 임재'다.

예수님이 이 세상에 출생하셨을 때, 주님을 가장 먼저 만진 사람은 의심할 나위 없이 동정녀 마리아였다. 그리고 주님이 죽은 사람들 가운데서 부활하심으로써 두 번째로 출생하셨을 때, 제일 먼저 주님을 만진 사람이 누구였는가? 바로 막달라 마리아였다! 그녀는 과거에 일곱 귀신에 들렸다가 회복되었으며 여러 가지 허약함을 치유 받은 적이 있었다!(막 16:9) 동정녀 마리아는 순결과 온갖 의로움을 대표한다. 그녀는 예수님이 율법을 완성하시고 온전한 희생제물이 되시려는 사명을 위해 이 세상에 들어오실 수 있도록 환영해드렸다. 막달라 마리아는 한동안 몸이 아팠고, 귀신으로부터 시달림도 받았었다. 그런 그녀는 영과 혼과 몸의 해결할 수 없는 욕구들을 대표한다. 그녀는 주님께서 어느 모로 보나 부족하고 온전치 못한 사람들과 함께 가족을 구성하시려는 사명을 감당하기 위해 이 세상에 들어오실 수 있도록 환영해드렸다. 동정녀 마리아는 율법시대를 마감시키는 사람이었다. 반면에 고통의 늪에 빠져 있던 막달라 마리아는 예수님을 은혜의 계절 안으로 안내해드렸다. 은혜의 계절에는 모든 사람이 환영을 받을 것이다.

첫 번째 동산에서, 하나님의 임재는 당연한 것으로 받아들여졌다. 하나님은 아담과 하와가 금지된 열매를 먹은 후에 또 한 번 동산을 거니셨다. 그때 그들은 눈이 열려 자신들의 상태가 어떠함을 알게 되었고, 벌거벗었음을 가리기 위해 무화과 나뭇잎으로 몸을 가렸다. 그들은 다름 아닌 하나님의 낯을 피하여 숨었다(창 3:8). 바로 이때가 하나님이 사람과 함께하시려고 동신을 거니신 이야기 중 우리가 알고 있는 마지막 경우다.

두번째 동산에서, 마리아는 그러한 실수가 두 번 다시 반복되지 말아야 한다고 굳게 확신했을 것이다. 그녀는 부활하신 그리스도를 붙잡은 채 놓아드리지 않으려 했다. 그녀는 주님이 아직 하나님 아버지께로 올라가지도 않으셨다는 말씀을 듣고 나서야 비로소 주님을 붙들었던 손을 놓았다(요 20:17). 예수님은 성령을 보내주시겠다고 약속하셨다. 주님의 이 약속은 하나님을 더 많이 소유하기 원했던 마리아에게 매우 실제적인 표현이었을 것이다. 이제 그녀는 그 한 가지를 찾아냈다. 그것은 바로 하나님의 임재였다.

Chapter 3

무가치하다는 거짓말

하나님께서 감히 상상도 못했던 사명을 모세에게 부여해주셨다. 이 때 모세는 하나님께 다음과 같은 질문을 드린다. "내가 누구이기에"(Who am I?, 출 3:11). 그동안 이와 동일한 질문은 헤아릴 수 없을 만큼 빈번하게 제기되어 왔다. 으레 우리는 자신의 모습을 바라보며, 자신이 무가치하다는 거짓말을 믿어버리곤 한다. 모세는 자신이 하나님께 쓰임 받을 사람이 갖추어야 할 온갖 자격요건들을 갖추지 못했음을 알고 있었다. 그는 하나님의 백성들을 속박에서 풀어내어 해방시키는 일과 같은 중차대한 사명을 감당하기에 자신이 얼마나 부족한지를 잘 알았다. 하나님이 이와 유사한 어떤 일을 위해 누군가를 선택하실 때, 우리의 생각 속에서도 이와 동일한 질문이 제기되곤 한다. 사실 그것은 매우 자연스러운 반응이다. 하나님의 부르심을 올바로 깨닫는다면, 이런 질문은 반드시 찾아온다. 그러나 하나님은 이미 모세를 친밀하게 알고 계셨다. 따라서 모세가 어떠하든 간에, 하나님은 조금도 놀라시거나 난처해하지 않으셨다. 그런 문제는 본질적인 것이 아니었다. 다만 하나님의 대답은 다음과 같았다. "내가 반드시 너와 함께 있으리라"(출 3:12).

언뜻 보기에는 하나님이 "내가 누구이기에"라고 묻는 모세의 질문을 무시하신 것만 같다. 그러나 사실은 그렇지 않은 듯하다. 어쩌면 주님은 모세의 정체성이 그의 능력이나 훈련 여부 혹은 명성에 있는 것이 아님을 알려주셨던 것 같다. 그것은 그의 은사도 아니었고, 심지어 그의 기름부으심도 아니었다. 다만 그것은 다음과 같은 한 가지로 요약될 수 있었다. "너는 내가 함께 있기를 원하는 사람이다." 모세가 누구인가? 그는 하나님이 사귀고 싶어 하시는 사람이었다. 모세는 자신이 누구인지 알지 못했을 수도 있다. 그러나 하나님은 그가 누구인지를 잘 알고 계셨다.

이 세상에서 보는 자격과 중요성은 천국의 관점과는 사뭇 다른 듯하다. 겸손이 칭찬을 부르듯, 연약함이 우리를 강하게 만들어준다. 스스로 중요한 사람으로 인식되기 위해 몸부림칠 때, 오히려 우리의 존재 가치는 약화되고 말 것이다. 예수님은 요한에게 물로 세례를 받기 원하셨다. 이때 요한은 자신이 주님께 세례를 베풀 만한 자격이 없음을 알고 있었다(마 3:14). 그러나 우리가 감당할 만한 자격이 없는 어떤 일에 대해 기꺼이 순종으로 행하고자 할 때, 그러한 태도야말로 우리를 적격자로 만들어준다. 이는 모세의 경우도 마찬가지였다. 그러나 모세에게 자격을 부여해준 결정적인 요인은, 기꺼이 순종하고자 하는 그의 자발적인 태도를 훨씬 뛰어넘었다. 그것은 바로 그가 하나님과 함께 가고자 하였다는 것이다.

특별한 여정

모든 유대인들이 그렇지는 않더라도, 대부분의 수많은 유대인들이 모세를 유대인의 역사 속에 등장하는 다른 인물들에 비해 가장 높은 존경의 자리에 올려놓는다. 여기에는 그럴만한 타당한 이유가 있다. 모세는 그들에게 율법(하나님으로부터 온 말씀)을 가져다주었다. 또한 모세는 이스라엘 백성을 이끌고 광야를 통과하여 그들이 유업으로 물려받은 땅으로 인도하였다. 또 한 가지는 내 관점에서도 동일하게 중요하게 여겨지는 것이기도 한데, 모세는 복종하는 삶의 모범을 보여주었다. 그 결과 그가 경험한 하나님과의 만남은 여전히 최고의 것으로 꼽히고 있다.

모세는 이집트의 속박에서 구원해달라고 부르짖는 이스라엘 백성들의 외침에 대한 하나님의 응답이었다. 하나님은 종종 총애하시는 한 사람을 세우심으로써 주님의 백성들의 기도에 응답해주신다.

하나님이 그들의 고통 소리를 들으시고 하나님이 아브라함과 이삭과 야곱에게 세운 그의 언약을 기억하사 하나님이 이스라엘 자손을 돌보셨고 하나님이 그들을 기억하셨더라 (출 2:24-25)

바로 다음 구절은 "모세가 …"(Now Moses …)로 시작된다. 그로부터 오랜 세월이 흐른 후, 하나님은 다윗을 이스라엘의 왕으로 세우실 때에도 이와 동일하게 행하셨다.

다윗이 여호와께서 자기를 세우사 이스라엘 왕으로 삼으신 것과 그의 백성 이스라엘을 위하여 그 나라를 높이신 것을 알았더라 (삼하 5:12)

다윗은 매우 비범한 방식으로 하나님의 은총을 경험하였다. 이 모든 것은 다음 세대가 이전 세대의 영적인 유산을 더욱 배가시키기 때문이었다. 하나님 나라에서는 무엇이든지 시간이 흐를수록 약화되는 일이 없다. 솔로몬이 왕이 되었을 때, 그는 이스라엘을 향한 하나님의 축복에 관해 언급하였다. 왜냐하면 백성들은 하나님이 다윗을 자신들의 지도자로 선택해주셨음에 대해 진심으로 기뻐하고 즐거워하였기 때문이다.

솔로몬이 백성을 돌려보내매 백성이 왕을 위하여 축복하고 자기 장막으로 돌아가는데 여호와께서 그의 종 다윗과 그의 백성 이스라엘에게 베푸신 모든 은혜로 말미암아 기뻐하며 마음에 즐거워하였더라 (왕상 8:66)

하나님은 종종 자신이 다른 이들의 삶에 영향력을 행사할 수 있는 열쇠임을 알고 있는 사람을 선택하신다. 그런 의미에서 이 책을 읽는 모든 이들은 가장 먼저 선택을 받았다. 그것은 당신을 향한 하나님의 사랑 때문이다. 그러나 반드시 명심해야 할 것이 있다. 당신은 다른 이들의 부르짖음으로 인해 매우 특별한 위치에 있으며, 하나님의 은총이 당신에게 임해 있다. 이는 그와 동일한 은총을 다른 이들에게 골고루 나누어주시고자 하는 주님의 계획에 당신을 동참시키시려 함이다.

이제는 '그들을 기억하셨더라'는 말씀에 관해 살펴보자. 이때 사용된 히브리 단어는 '야다'(yada)이다. 이따금씩 이 말은 친밀한 관계를 묘사할 경우에 사용되곤 한다. 이 말은 '안다'(know)라는 의미를 내포하고 있다. 그러나 이는 우리가 정신적으로 어떤 개념들을 파악하는 것을 훨씬 초월한다. 이 말은 '앎'(knowing)의 본질적인 요소로서의 '경험'(experience)을 강조한다. 하나님은 이스라엘을 기억하셨다. 하나님은 이스라엘을 하나님이 아시는 나라로 세워두심으로써 기억하셨다. 하나님은 극단적인 은총을 입은 한 사람을 세우심으로써 이스라엘 민족을 극단적인 은총의 자리에 두셨다. 이것이 바로 하나님이 모세에게 하시려는 일이었다. 주님께는 모세를 통해 이루시고자 하는 바가 있었다. 그것은 참된 예배를 통해 한 나라를 중요한 존재로 만드시려는 계획이었다. 하나님과의 깊은 친밀함의 자리가 이제까지 그 어느 민족, 혹은 그 어느 누구도 경험해보지 못한 방식으로 열리고 있었다. 하나님의 초청을 얼마나 잘 활용하느냐 하는 것은 전적으로 이스라엘에게 달려 있었다.

부르심을 받은 자의 사명

모세는 120년을 살았다. 그중 40년은 바로의 아들로 궁전에서 보낸 시간이었다. 또 다른 40년은 광야에서 양떼를 치며 보냈다. 나머지 40년은 이스라엘 민족을 약속의 땅으로 이끌어가는 일에 소요되었다. 만일 왕궁에서 광야로 옮겨간 전반부 80년 동안의 삶이 없었다면, 나머지 40년의 세월을 제대로 감당하지 못했을 것이다. 성공과 실패, 하나님과의 만남과 방문 이후에 찾아온 치열한 영적 전쟁들, 우상숭배와 그에 상응하는 악마적 행위들, 모세와 바로 간에 이루어진 대화에 관해서만 다루어도 능히 책 한 권을 쓸 수 있을 것이다. 하나님은 실제로 모세에게 이렇게 말씀하셨다. "내가 너를 바로에게 신 같이 되게 하였은즉"(출 7:1). 이것은 하나님께서 한 개인에게 해주시는 말씀치고는 이전에는 유례를 찾아볼 수 없는 정말 대단한 표현이었다. 하나님은 스스로를 모세가 선포하는 대로 행하시는 위치에 자리매김하셨다. 하나님이 한 인간과의 관계에 있어서 기꺼이 헌신하셨던 것은 매우 보기 드문 모습이었다. 그러나 인간과 더불어 그러한 관계성을 형성하는 것이야말로 진정한 주님의 마음이다. 모든 의미 있는 관계들은 이러한 헌신성을 요구한다.

이를 통해 모세는 하나의 좋은 본보기가 되었다. 하나님이 누군가에 관하여 이렇게 표현하신 것은 전무후무했다. "그 후에는 이스라엘에 모세와 같은 선지자가 일어나지 못하였나니 모세는 여호와께서 대면하여 아시던 자요"(신 34:10). 현재 모세는 이스라엘의 역사 속에서 아브라함과 나란히 그 존재를 인정받고 있다. 하나님은 모세를 친구라고 부르셨다. 그러나 주님은 모세와의 관계성에 대한 묘사에 있어서, '대면하여 아시던 자'(face to face)라고 말씀하심으로써 보다 더 깊은 친밀함을 암시하셨다.

하나님은 자신을 계시해주심으로써 우리를 운명적 부르심 가운데로 이끌어가신다. 운명적 부르심의 자리에서 무엇보다 중요한 것은 계시의 영이다. 이러한 계시는 이전보다 훨씬 더 심오한 갈망을 우리 안에 불러일으킨다. 이 갈망을 채워주실 수 있는 분은 오직 주님뿐이시다. 계시는 조금씩 조금씩, 차곡차곡, 대대로 임한다. 모세는 인류역사상 전혀 새로운, 하나님의 또 다른 차원 속으로 발걸음을 내디뎠다.

> 하나님이 모세에게 말씀하여 이르시되 나는 여호와이니라 내가 아브라함과 이삭과 야곱에게 전능의 하나님으로 나타났으나 나의 이름을 여호와로는 그들에게 알리지 아니하였고 (출 6:2-3)

하나님은 모세에게 자신을 계시해주셨다. 주님이 모세에게 계시해주신 방식은, 심지어 믿음의 조상이었던 아브라함조차도 경험한 적이 없었다. 나아가 하나님은 이미 모세가 발을 들여놓은 은총의 자리에 관해 알려주고 계셨다. 조금씩 증가되어가는 하나님에 대한 이해와 지식은 다음 세대가 유지해가야 할 또 하나의 새로운 정점이자, 관계성에 대한 새로운 초대장이기도 하다.

감추어진 일은 우리 하나님 여호와께 속하였거니와 나타난 일은 영원히 우리와 우리 자손에게 속하였나니 이는 우리에게 이 율법의 모든 말씀을 행하게 하심이니라 (신 29:29)

바꾸어 말하자면, 모세는 아브라함이 받았던 하나님의 본성에 관한 계시를 유산으로 상속받았다. 그는 하나님이 전능하신 분임을 이미 잘 알고 있었다. 그러나 지금 모세는 또 다른 통찰을 받으려 하고 있었다. 그 통찰은 이제 앞으로 이스라엘의 온 미래를 결정짓게 될 것이다. 하나님은 자신을 여호와(Jehovah) 혹은 야훼(Yahweh)로도 번역되는 '스스로 있는 자'로 계시해주셨다. 이것은 이스라엘의 하나님으로서 적절한 이름이었다. 바로 그 순간 이후로 하나님이 선택하신 백성들은 이 이름으로 그분을 알게 되었다.

계시는 우선적으로는 관계성을 위한 것이고, 궁극적으로는 우리 삶을 변화시키기 위한 것이다. 우리는 마음이 새로워짐으로써 변화되며(롬 12:2), 변화된 사람들이 도시를 변화시킨다.

하나님은 우리가 개념들을 얼마나 더 많이 이해하고 있는가에 대해서는 그리 관심이 없으시다. 이해력에 비례하여 관계성이 증대되지 않는다면 말이다. 하나님이 우리에게 계시를 주실 때, 이는 그분을 알 수 있는 새로운 체험의 자리로 우리를 초청하시는 것이다. "능히 모든 성도와 함께 지식에 넘치는 그리스도의 사랑을 알고 그 너비와 길이와 높이와 깊이가 어떠함을 깨달아 하나님의 모든 충만하신 것으로 너희에게 충만하게 하시기를 구하노라"(엡 3:18-19). 이 말씀은 우리가 '경험'(experience)으로 알 수 있다고 말씀한다. 경험은 지식 또는 보다 구체적으로 '이해'(comprehension)를 훨씬 능가하는 것이다.

모세의 역할은 매우 놀랄만한 것이었다. 사실 그는 특별한 사람이었다. 그의 특별함은 역사상 유례를 찾아보기 어려울 정도로 하나님께 순종하였다는 점에 있었다. 하나님은 모세의 반응을 보시며 감동하셨다. 그는 불가능의 자리를 벗어나 큰 은총을 입는 자리로 옮겨왔다. 우리가 하나님으로부터 받는 은총의 대부분은, 실제로 이미 우리가 받은 은총을 가지고 행해온 바에 따른 것이다. 모세는 이전에 부르심을 받았다. 그러나 지금 그는 택하심을 받았다. 하나님이 베풀어주신 것을 받아 누린 사람이 된 것이다. 혹자의 눈에는 그의 모습이 무모하게 보였을 수도 있다.

자, 이제 우리가 기억해야 할 것이 있다. 모세는 하나님이 함께하기 원하셨던 사람이었다. 하나님이 그에게 부여해주신 사명은 무엇이었는가? 우리는 모세가 이스라엘을 이집트의 노예생활로부터 구출하여 해방시켜주어야 했던 사람임을 알고 있다. 하지만 실제로 그가 받은 사명의 핵심은 무엇이었는가? "내 백성을 보내라 그들이 나를 섬길 것이니라". 이 표현은 출애굽기에서 매우 자주 등장한다(출 7:16, 8:1, 9:1, 10:3). 여기에서 '섬기다'(serve)라는 단어는 '예배하다'(worship)라는 말로도 사용된다. 오늘날의 교회 문화에서는 이해하기 매우 어려운 일이지만, 이스라엘은 일과 예배가 삶 속에서 하나로 조합된 매우 경탄스런 모습을 보여주고 있다. 모세를 향한 하나님의 부르심은, 이스라엘을 이집트의 속박에서 구출해내어 새로운 자리로 인도해가는 것에 주안점이 있었다. 이는 그들로 하여금 하나님께 희생 제사를 드릴 수 있게 하기 위함이었다. 만일 누군가가 어느 날 하나님을 대면하여 만나는 경험을 한다면, 언젠가 그 사람에게도 이와 같은 사명이 부여될 것이다.

임재와 예배

후일에 다윗 왕은 하나님이 예배에 대해 보이시는 반응에 관하여 중대한 사실들을 깨닫게 된다. 이러한 사실은 모세 시대에는 알려지지 않았던 것들이다. 각각의 세대는 이전 세대보다 훨씬 더 많은 가능성을 가지고 있다. 이것이 바로 하나님의 복리법칙이다. 특별히 다윗은 하나님이 그분의 백성들의 찬양에 어떻게 반응하시는지를 알아차렸다. 하나님은 임재로써 응답해주신다. 다시 말해 주님이 실제로 그 자리에 임하시는 것이다. 이스라엘 민족에게 임한 하나님의 부르심은, 그분을 예배하기 위해 이집트를 떠나는 것이었다. 앞으로 그들은 하나님의 임재로 알려진 민족이 될 것이다. 하나님이야말로 그들을 구별시키는 특징적인 요소가 될 것이다.

하나님의 마음은 이스라엘 민족 전체가 제사장이 되는 것에 있었다. 실제로, 주님은 모세에게 그분의 갈망에 관하여 이스라엘 백성에게 전해주라고 명령하셨다. "너희가 내게 대하여 제사장 나라가 되며 거룩한 백성이 되리라"(출 19:6). 제사장은 하나님을 섬기는 자들이다. 하나님의 임재로 구별되는 민족을 소유하시려는 주님의 계획은 그렇게 진척되어 가고 있었다.

예배가 강력한 힘을 가지는 이유는 여러 가지이다. 그중에서 가장 중요한 것을 꼽자면, 언제나 우리는 우리가 예배하는 대상을 닮게 된다는 점이다. 이러한 사실 자체가 이스라엘 백성을 새로운 수준으로 높여 줄 것이다. 하나님의 민족에게 임한 이러한 부르심은 눈에 띄지 않을 수 없었다.

마귀는 예배하는 사람을 몹시도 두려워한다. 그러나 자기만족에 빠진 예배에 대해서는 관심을 기울이지 않는다. 자기만족에 빠진 예배는 진정한 예배와는 정반대로 기능한다. 그러한 예배는 하나님의 성령에 대한 민감함을 소멸시킨다. 마음을 다하여 열정적으로 드리는 예배와는 전혀 상반된 결과들을 가져오는 것이다. 이러한 면에서 볼 때, 자기만족에 빠진 예배는 일종의 모순이다.

사탄은 하나님의 백성들에 대해서뿐만 아니라, 그들이 받은 주님의 친밀한 자로서의 부르심에 맞서기 위해 계략을 꾸민다. 사탄의 계략이 가장 첨예하게 드러난 경우를 찾아보라면, 단연코 바로의 말을 들 수 있다.

너희는 가서 이 땅에서 너희 하나님께 제사를 드리라 (출 8:25)

편리함과 예배는 함께 공존할 수 없다. 예배드리러 가는 것 자체가 일종의 희생이며, 예배는 희생을 요구하기 때문이다. 마귀는 희생하지 않는 사람들은 크게 신경 쓰지 않는다. 원수는 헌신이 얼마나 강력한 것인지를 잘 안다. 따라서 원수는 할 수만 있다면 우리가 헌신하지 못하게 하려고 무슨 짓이든 할 것이다. 종종 우리는 운명적 부르심에 이르지 못하고 말 때가 있다. 그 이유는 우리가 그 일이 현재 머물러 있는 자리에서 이루어져야 한다고 고집하기 때문이다. 현재의 자리란, 특별히 수고하지 않아도 되는 합리성의 영역이다. 그러나 종종 우리가 하나님 안에서 새로운 자리로 들어가기 전까지는, 결코 예배에 있어서도 새로운 자리로 들어가지 못할 때가 많다.

지난 수년 동안 나는 이렇게 말하는 사람들을 수없이 보았다. "만일 내 삶(혹은 교회) 가운데 강력하게 역사하시는 것이 하나님의 뜻이라면, 주님은 우리가 그것을 얼마나 갈망하고, 우리가 현재 어떠한 상황인지도 잘 알고 계실 것입니다." 이 얼마나 어리석은 말인가! 주님은 결코 우주의 사환 같은 분이 아니시다. 온 우주를 이리저리 뛰어다니며 우리의 온갖 소원을 들어주시는 그런 사환이 아니시란 말이다. 주님은 계획을 갖고 계시며, 우리가 그 계획 가운데로 들어가야 한다. 영리한 사람들은 여전히 자연적인 영역을 이리저리 여행하면서 비유적으로 다음과 같이 말한다.

> 내가 너희를 보내리니 … 너무 멀리 가지는 말라 (출 8:28)

수많은 신자들이 광신주의에 대한 두려움으로 인해 자신의 운명적 부르심 가운데로 들어가지 못하고 있다. 우리를 대신하여 십자가에서 돌아가신 주님을 따르기 위한 유일한 길은, 주님의 헌신을 삶 가운데 반영하는 것이다! 극단적이신 하나님은 극단적인 사람들을 불러내시어 주님을 따르도록 하신다. 주님은 바로 이런 사람들을 통해 세상을 변화시키실 것이다. 깊음은 깊음을 부른다. 하나님은 여전히 마음속에 이와 유사한 깊은 것을 품고 주님께 동일하게 응답하는 사람들을 찾고 계신다(시 42:7). 씨 뿌리는 자의 비유에서 예수님이 우리에게 경고하신 바도, 내면의 깊이가 없는 사람에 관한 것이 아니었는가? "그 속에 뿌리가 없어 잠시 견디다가 말씀으로 말미암아 환난이나 박해가 일어날 때에는 곧 넘어지는 자요"(마 13:21).

너희 장정만 가서 여호와를 섬기라 (출 10:11)

다수의 세대들이 연합하여 하나님께 헌신하는 것이야말로, 어둠의 세력들에게 있어서는 최고로 맹렬한 적수다. 바로 이 자리에서 우리는 성령의 일들과 관련하여 복리효과라는 신비를 지켜볼 수 있게 된다. 마귀는 가정의 연합을 깨뜨리고 세대와 세대를 분리하기 위해 무척 애를 쓴다. 이러한 사실 자체가 우리에게 세대 간의 연합된 헌신의 중요성을 잘 입증해준다. 그동안 보편화되어온 현상은, 가정 안에서 유독 한 사람만 영적인 사람으로 인식되고, 나머지 식구들은 자기만족에 빠져 있는 것이다. 비극적인 일이지만 그 영적인 사람은 종종 교만해질 때가 많고, 그 결과로 가족 간의 분리가 초래된다. 혹은 어떤 이들은 가족들의 수준에 맞추기 위해 자신의 열정을 포기하고 만다. 이 두 가지 모두 전혀 올바르지 못한 일이다.

내가 누구이기에?

어떤 상황 속에서도 열정으로 불타오르라. 그러나 늘 겸손함을 잃지 말고, 모든 이의 종이 되라. 연합하여 일하는 세대들을 통해 확보된 가속도는 일종의 영적 부요를 창출해낸다. 진실로 이 영적 부요로 말미암아 믿는 자들에게는 능치 못할 일이 없게 된다.[2] 심지어 그리스도 밖에서의 연합조차도 능력이 있다. 바벨탑의 경우를 생각해보라.

> 또 말하되 자, 성읍과 탑을 건설하여 그 탑 꼭대기를 하늘에 닿게 하여 우리 이름을 내고 온 지면에 흩어짐을 면하자 하였더니 … 이 후로는 그 하고자 하는 일을 막을 수 없으리로다 (창 11:4, 6)

주님의 목적과 공동의 목적을 위해 일치단결한 사람들에게 부활하신 그리스도의 초자연적인 능력이 더해진다면, 그들이 목적을 두고 행하는 일마다 반드시 이루어질 것이다.

> 너희는 가서 여호와를 섬기되 너희의 양과 소는 머물러 두고 너희 어린 것들은 너희와 함께 갈지니라 (출 10:24)

이 구절은 우리에게 많은 내용을 시사해주고 있다. 이 시점에서 마귀는 그들의 자녀들을 통제하고 좌지우지하려는 계획을 기꺼이 포기하려는 모습조차 보여준다. 다만 그들의 돈을 자신들이 관리한다는 조건에서 말이다. 신약성경은 이 사안과 관련된 힘의 정체를 밝히면서 다음과 같이 말씀한다. "탐심은 우상 숭배니라"(골 3:5). 중요한 의미를 지니는 헌신 중에서, 나의 돈이나 소유물을 포함시키지 않은 채로 하나님께 드린다는 것이 도대체 어떻게 가능하겠는가? 사실 이것은 놀랄 일이 아니다. 편의상 행해지는 헌신은 대부분 형식과 의례, 이미지를 중시한다. 그러나 이런 것들 중 그 무엇도 마귀에게는 위협거리가 되지 못한다. 마귀는 심지어 이러한 것들이 중심이 되는 집회에는 얼마든지 참석하려고도 할 것이다. 또한 매우 이상한 일이지만, 그런 집회에서 마귀의 존재를 눈치 채는 사람은 아무도 없을 것이다.

진정한 예배는 나의 전 존재를 수반한다. 여기에는 나의 신체적·정서적·영적·지적·재정적인 것이 모두 포함된다. 그리고 내가 맺고 있는 관계들과 가족들도 포함된다. 참된 예배는 내가 원하는 삶의 방식을 위해 이미 정해 놓고 있던 기준들을 뒤흔든다. 예배는 철두철미하게 하나님의 가치에 초점을 맞춘다. 실제로 예배는 전적으로 하나님에 관한 것이며, 주님의 임재에 관한 것이다. 바로 이것을 위해 노예였던 이스라엘 민족이 위대한 부르심을 받았다. 열정적으로 하나님을 예배하는 것이야말로 이러한 위대함을 향해 그들이 내디딘 첫 발자국이었다!

> 너희와 이스라엘 자손은 일어나 내 백성 가운데에서 떠나 너희의 말대로 가서 여호와를 섬기며 (출 12:31)

하나님의 원수들에게 내려진 온갖 재앙들은, 어떤 희생을 치르더라도 그분이 소중하게 여기시는 바를 보호하신다는 것을 보여준다. 주님을 예배하는 친밀함이야말로 주님이 가장 귀하게 여기시는 것이다. 이 사실에 관해 마이크 비클은 다음과 같이 탁월하게 표현한다. "하나님의 모든 심판은 사랑을 방해하는 것들을 향해 겨냥되어 있다." 그러나 이야기의 이 대목은 여기서 끝나지 않는다. 이제껏 우리는 사람들이 예배자로서 하나님을 따르기 위해 모든 것을 내어놓도록 요청받는 모습을 보아왔다. 그러나 단 몇 구절 뒤에 우리는 하나님이 그들에게 보상해주시는 모습을 보게 된다. "여호와께서 애굽 사람들에게 이스라엘 백성에게 은혜를 입히게 하사 … 그들이 애굽 사람의 물품을 취하였더라"(출 12:36). 당신이 하나님을 따르기 위해서 모든 것을 포기했다고 생각하는 순간, 주님은 당신에게 훨씬 더 많은 것으로 채워주신다.

더 깊은 곳으로

멀고도 험난한 여정 끝에 이스라엘 백성은 하나님이 약속하신 땅에 성공적으로 들어가게 된다. 그러나 여기서 가장 먼저 공부해보기 원하는 것은 모세의 삶에 관해서다. 그는 한 민족이 감당해야 할 중대한 일의 모범이 되어야 했다. 이것을 강조하기 위해 심지어 그는 자신의 예언적인 기름부으심을 모든 사람이 지녀야 한다고까지 묘사한다. "여호와께서 그의 영을 그의 모든 백성에게 주사 다 선지자가 되게 하시기를 원하노라"(민 11:29).

모세는 율법을 초월하는 삶에 대한 모범이 되었다. 이 점에 있어서 그는 하나의 원형이었다고도 할 수 있다. 이것은 율법이 그에게 적용되지 않았다는 의미가 결코 아니다. 그가 율법을 초월했다는 것은, 하나님의 임재에 접촉할 수 있었다는 점에서 그러했다. 그는 율법에서 금하고 있는 방식으로 하나님의 임재에 다가갔다. 심지어 제사장 지파인 레위인들에게조차 이런 방식은 금지되어 있었다. 따라서 부분적으로 모세의 삶은, 아직은 도래하지 않은 새 언약 아래에서나 가능한 하나의 예언적 이미지를 보여주고 있다.

이스라엘의 여정을 바라볼 때, 또한 구약성경에 등장하는 수많은 지도자들이 하나님을 체험한 사건들을 살펴볼 때, 내 관점으로는 출애굽기 33장이야말로 성경 중 단연코 두드러진 부분이라고 생각한다. 모세는 몇 차례나 하나님과 얼굴을 대면하여 만나는 체험을 하였다. 언젠가 그가 산 위에서 하나님을 만나고 내려왔을 때, 그의 얼굴은 하나님의 임재로 말미암아 환하게 빛나고 있었다. 문자 그대로 그에게서 하나님의 임재의 빛이 발산됐던 것이다(출 34:30). 이러한 현상은 이후로 예수님의 변화산 사건(마 17:2)이 있기까지는 두 번 다시 찾아볼 수 없었다(단, 예수님의 경우에는 심지어 옷마저도 하나님의 영광으로 빛이 났다).

이러한 하나님과의 만남으로 인해 초래된 결과는 이전과는 다른 매우 중대한 차이점을 보여준다. 바로 이것을 위해 모세는 하나님의 영광을 구하였다. 또한 하나님은 주님의 모든 선한 것을 모세가 보는 앞으로 지나가게 해주셨다(출 33:19). 그렇게 하나님의 선하심을 목도한 결과 모세의 얼굴에서는 빛이 났다. 하나님의 선하심에 관한 계시는 우리의 용모를 변화시켜 놓을 것이다. 하나님은 그분의 선하심에 관한 계시를 통해 다시금 주님의 몸 된 교회의 얼굴을 변화시키기 원하신다. 주님이 일으켜 세우시기 원하는 사람은 단순히 복음을 말로만 전하려는 이들이 아니다. 주님은 능력으로 복음을 전하는 사람을 세우시려는 갈망을 품고 계신다(고전 4:20). 인격이신 주님이 곧 능력이다. 그것은 바로 주님의 임재다.

우리는 더 나은 언약으로 인해 더 나은 일들을 기대해야 한다.

> 돌에 써서 새긴 죽게 하는 율법 조문의 직분도 영광이 있어 이스라엘 자손들은 모세의 얼굴의 없어질 영광 때문에도 그 얼굴을 주목하지 못하였거든 하물며 영의 직분은 더욱 영광이 있지 아니하겠느냐 (고후 3:7-8)

우리는 더 많은 것을 기대하며 더 깊은 데로 밀치고 들어가야 한다!

최후의 평판

당신은 사람들이 당신을 어떤 존재로 기억해주기 원하는가? 사람들은 자신에 대한 평판과 이미지를 좋게 만들기 위해 얼마나 고군분투하는지 모른다. 어떤 이들은 아름다운 외모를, 또 어떤 이들은 숙련된 기술을 자랑한다. 다른 이들은 사회적인 지위나 명예를 뽐내며, 어떤 이들은 탁월한 영적인 은사를 통해 자신의 이미지를 만들어내려고 애쓴다. 심지어 성경도 우리에게 명예의 소중함에 관해 가르쳐주고 있다(잠 22:1). 정당한 방식으로만 추구한다면, 의심할 나위 없이 명성은 중요한 것이다. 만일 당신이 명성을 얻고 싶은 영역을 단 한 가지만 선택해야 한다면 무엇을 고르겠는가? 다른 모든 사람들과 차별되는 당신만의 독특함을 선택하라면, 과연 당신은 무엇을 원하겠는가?

하나님은 이스라엘 민족을 위해 그들의 명성을 직접 선택하셨다. 최소한 주님은 앞으로 그들이 변화되기를 원하셨기 때문에 그렇게 하셨다. 사실 그들은 모든 열방 중에서도 가장 연약하고 보잘것없는 매우 적은 무리였다. 그들에게서는 다른 모든 민족들보다 뛰어난 자들로 부각시킬 만한 자연적인 특징 또한 조금도 찾아볼 수 없었다. 그러나 그들을 다른 모든 사람들과 구별시켜줄 단 한 가지가 있었다. "내가 친히 가리라 내가 너를 쉬게 하리라"(출 33:14). 하나님이 친히 가신다는 것은, 실제로 하나님의 영광을 가리킨다. 하나님의 영광은 곧 가시적으로 나타난 하나님의 임재를 말한다. 이것이 바로 그들을 특별한 존재로 구별시켜주는 표지였다.

> 나와 주의 백성이 주의 목전에 은총 입은 줄을 무엇으로 알리이까 주께서 우리와 함께 행하심으로 나와 주의 백성을 천하 만민 중에 구별하심이 아니니이까
> (출 33:16)

그들은 하나님의 임재로 말미암아 세상의 다른 모든 민족들과는 구별된 사람들이 될 것이다.

특별한 은총을 받은 사람들

교회사는 비범한 방식으로 주님의 은총을 받은 사람들에 관한 이야기로 가득 차 있다. 대부분의 신앙인에게는 모델로 삼는 인물이 있기 마련이다. 우리가 그들을 흠모하는 이유는 매우 다양하다. 여기에는 많은 경우에 우리 자신의 역사나 배경이 영향을 미칠 때가 많다. 우리는 이러한 믿음의 영웅들이 하나님 안에서 도달했던 자리를 바라보며, 우리도 그러한 자리에 이를 수 있기를 갈망한다. 그들이 다다른 위대한 돌파의 자리는 언제나 또 하나의 새로운 표준이 된다. 그들의 모범이 우리로 하여금 주님 안에서 그들과 동일한 방식으로 추구해 나가도록 초청하기 때문이다. 주님은 지금도 우리 모두를 기꺼이 환영해주신다.

이번 장의 주제와 관련하여 떠오르는 인물이 있다. 내가 가장 존경하는 인물 중 한 명인 캐더린 쿨만이다. 나는 청년시절에 몇 번인가 실제로 그녀를 만나보는 특권을 누린 적이 있다. 내가 그녀를 그토록 존경하는 데에는 여러 가지 이유가 있다. 그 이유 중 하나를 꼽자면, 그녀가 인도하는 집회에서 목격하게 되는 수많은 기적들을 들 수 있다. 하지만 그녀의 그러한 측면에 관해서는 잠시 제쳐놓도록 하자.

무례를 범하지 않는 선에서, 나는 그녀의 드러나지 않는 측면에 관해서 이야기해보고 싶다. 그녀는 위대한 성경교사나 설교가는 아니었다. 물론 그녀는 얼마든지 위대한 성경교사나 설교가가 될 수도 있었을 것이다. 그녀에게는 외형적인 아름다움조차 없었다. 그녀는 감미로운 목소리로 청중을 사로잡는 훌륭한 성악가도 아니었다. 이런 목록을 꼽자면 얼마든지 많을 것이다. 그렇다면 그녀가 할 수 있었던 것은 과연 무엇이었는가? 그녀는 다만 하나님이 함께하시기 원하는 삶을 살았던 것 같다. 그렇다. 그녀는 하나님의 임재로 잘 알려져 있다. 바로 그 한 가지로부터 모든 기적들이 일어났다. 바로 그 한 가지로 인해 집단적인 회심이 이루어졌고, 그녀가 인도하는 집회에서 차원 높은 예배를 경험할 수 있었다. 그녀는 하나님의 임재의 여인이었다.

나는 이따금씩 그녀가 성령께 전적으로 복종하게 된 일에 관해 이야기하는 장면이 담긴 비디오를 보곤 한다. 그 비디오를 볼 때마다 내 눈에는 눈물이 고인다. 참으로 정신이 번쩍 드는 순간이 아닐 수 없다. 그녀는 자신이 하나님께 결국 '예'라고 응답했던 구체적인 순간과 장소에 관해 간증한다. 이러한 순간들은 보통 우리의 강함을 드러내주기보다는 오히려 연약함을 드러낸다. 사실 우리가 할 수 있는 모든 것이 되기 위해서는, 반드시 더욱더 하나님을 의지해야 한다. 하나님께 대한 전적인 의지가 얼마나 필요한지를 잘 알았던 사람을 말하라면, 단연코 나는 캐서린을 꼽겠다. 그녀가 하나님께 '예'라고 응답했을 때, 주님은 그녀에게 주님을 모실 수 있는 특권을 부여하셨다. 그녀는 이제껏 거의 아무도 상상조차 해본 적이 없는 방식으로 주님을 모시는 자가 되었다.

특별히 그녀가 잘해낸 일이 있었는데, 사실 우리들 대부분은 살면서 그것을 쉽게 놓쳐버릴 때가 많다. 그녀는 자신이 어떤 특별한 존재가 아니라는 것을 잘 알고 있었다. 너무도 많은 사람들이 '사울의 갑옷'을 입으려고 애를 쓴다. 다시 말해, 그들은 다른 사람의 은사를 흉내내려고 열심히 노력한다.[3] 우리는 존경심을 품고 누군가를 바라보면서, 종종 그들처럼 되려 하거나 혹은 그들을 능가하는 사람이 되고 싶어서 초조해한다. 그러나 하나님이 자신을 어떤 존재가 되도록 만드셨는지를 잘 아는 사람은, 결코 다른 누군가가 되려고 애쓰지 않을 것이다. 캐서린은 이러한 사실을 여실히 입증해주었다. 그로 인해 그녀는 하나님이 함께 해주신 사람으로 잘 알려져 있다.

주님이 이루신 것

모세의 삶은 오늘날 하나님과 함께하는 보다 깊은 곳으로 들어가려는 이들을 위한 하나의 초대장이 되었다. 참으로 놀라운 점은, 모세가 경험한 모든 일들이 보다 열등한 언약 아래에서 이루어졌다는 사실이다. 이러한 점에서 주님의 몸 된 교회는 모세가 이룬 성취와 체험들에 대해 깊이 존경해야 한다. 그렇게 하지 않는 것은 어리석은 일일 것이다. 그러나 이와 더불어 우리가 반드시 유념해야 할 사항이 있다. 그것은 구약의 최고수준이 신약에서도 최고수준으로 머물러 있지 않다는 사실이다. 보다 나은 시대를 살면서 이전 시대의 축복들을 기대하는 것은 적절치 못하다. 신약성경에 등장하는 믿음의 영웅들은 이 점을 잘 이해하고 있었다. 따라서 그들은 그 이상의 것을 향해 계속해서 밀치고 들어갈 수 있었다.

그리스도의 죽으심은 옛 언약의 요구들을 만족시켜 주었을 뿐 아니라, 동시에 새 언약에 불을 붙여주었다. "이 잔은 내 피로 세운 새 언약이니 이것을 행하여 마실 때마다 나를 기념하라"(고전 11:25). 주님은 자신을 희생하심으로 사람들이 날마다 하나님의 임재 가운데로 직접 들어갈 수 있는 길을 내주셨다. 이는 모세 시대에는 결코 들을 수 없었던 이야기다. 당시에는 오로지 대제사장만이 그렇게 할 수 있었기 때문이다. 그것도 1년 중 어느 특정한 날, 곧 속죄일에만 가능했다. 그때에는 피로써만 하나님의 임재의 사람이 될 수 있었다. 확실히 이러한 면에서, 옛 언약 아래에 있던 이스라엘 백성들에 비해 오늘날의 우리들이 훨씬 더 많은 은혜를 누리고 있는 것이 분명하다. 그러나 우리의 인생을 변화시키는 요인은, 예수님의 죽으심이 비단 우리가 하나님의 임재 안으로 들어갈 수 있게 해주셨을 뿐 아니라 하나님의 임재가 우리 안으로 영원토록 들어오실 수 있도록 해주었다는 데 있다. 우리는 하나님의 영원한 처소가 되었다(엡 2:22). 이것은 참으로 불가사의한 일이 아닐 수 없다!

잃어버린 조각들

"어리석은 자는 그의 마음에 이르기를 하나님이 없다 하는도다"(시 14:1). 그럼에도 불구하고 여전히 수많은 사람들이 하나님의 존재에 대해 이의를 제기한다. 설사 하나님의 존재를 믿는다고 하는 대부분의 사람들도 하나님의 본성에 관해 의심을 품고 있다. 이러한 딜레마에 내재된 긴장과 믿음의 본질에 대해 잘 알고 있던 히브리서 기자는 다음과 같이 말한다. "하나님께 나아가는 자는 반드시 그가 계신 것과 또한 그가 자기를 찾는 자들에게 상 주시는 이심을 믿어야 할지니라"(히 11:6).

하나님의 존재와 본성에 대한 확신은 역동적인 믿음에 있어서 매우 필수적인 요소이다. 우리가 이 두 사안들만 잘 정리해둔다면 믿음이 용솟음칠 것이다. 이는 단순히 하나님이 저 멀리 어딘가에 존재하고 계시는 것이 아니라, 지금 여기에 임재하고 계심을 아는 지식을 말한다. 이런 종류의 앎은 우리의 반응, 곧 열심히 주님을 찾는 모습을 통해 드러난다. 하나님의 본성을 이해하는 만큼 우리의 믿음도 성장한다.

모세는 인생을 변화시켜 놓을 만한 하나님과의 만남을 여러 차례에 걸쳐 체험했다. 그중에서도 가장 주목할 만한 만남은, 하나님의 충만한 선하심을 목격한 것이다. 인간의 마음과 생각 속에는 하나님의 본성을 이해하고자 하는 갈망이 크게 자리하고 있다. 특히 하나님의 선하심에 관한 본성에 대해 더욱 그러하다. 안타깝게도, 하나님의 선하심이 지나치게 과장된 것일지도 모른다는 두려움으로 인해, 수많은 사람들이 마음의 자유를 제대로 만끽하지 못하며 살아왔다. 그 자유가 하나님이 그들을 위해 값을 치르고 사주신 것임에도 불구하고 말이다. 하나님은 실제로 선하신 분, 언제나 선하신 분이다. 이것은 결코 풍문이 아니다. 그러므로 주님의 선하심을 발견함으로써, 우리에게는 마음껏 주님을 섬길 수 있는 은혜가 부어진다.

이 완벽하게 선하신 하나님께 복종하지 않으려는 모습은 참으로 안타까운 일이다. 심지어 주님의 몸 된 교회조차도 이러한 이미지와 더불어 갈등하고 있음을 생각할 때, 믿지 않는 사람이 갈등하는 것은 그리 놀랄 일도 아니다. 그들에게는 단순히 말 이상의 것이 필요하다. 말 이상의 것은 반드시 하나님의 임재를 수반하고 있어야 한다.

성경은 하나님을 가리켜 '모든 나라의 보배'(학 2:7, 한글성경 개역개정판 각주에는 이 구절에 '모든 나라의 사모하는 것'이라는 번역도 첨부되어 있음 - 역주)라고 일컫고 있다. 이 표현은 모든 이들이 예수님과 같은 왕을 원하고 있음을 말해주는 것이다. 주님은 모든 사람들이 갈망하는 분이시다. 그럼에도 불구하고 이제까지 사람들은 심지어 주님의 존재 여부조차도 의심해왔다. 주님의 몸 된 교회는 예수님을 대표하는(represent) 존재다. 기본적으로 말해서, 이는 주님을 재현하는 것(re-present)을 의미한다. 만일 우리가 주님을 모실 수 있다면, 그 과정 속에서 우리는 주님처럼 될 것이고, 어쩌면 세상도 "하나님의 인자하심이 너를 인도하여 회개하게 하심"(롬 2:4)이라는 말씀을 실제로 경험하게 될 수 있을 것이다. 나아가 그들은 다음과 같이 고백할 수 있을 것이다. "나는 여호와의 선하심을 맛보아 알게 되었다!"(시 34:8)

Chapter 4

임재의 능력

　　구약시대의 사람들이 가장 두려워하고 존경했던 인물은 선지자였다. 그들이 메시지를 선포할 때마다 실제로 그에 해당하는 일들이 일어났다. 이러한 일들을 통해 사람들은 하나님을 두려워하게 되었는데, 이러한 두려움은 매우 건전한 것이었다. 종종 이것은 사람들의 삶과 사고방식에 엄청난 영향을 미쳤다. 당시 선지자들에게는 다른 이들과 구별되는 한 가지 요인이 있었다. 그것은 바로 그들 위에 임하여 계신 하나님의 영이었다. 그분이 임하신 순간에는 모든 것이 달라졌다. 그들은 한 지역의 존경받는 시민에서 두려워할 만한 천국의 시민으로 변했다. 물론 그들이 하나님으로부터 받은 비범한 은사를 소유하고 있었다는 사실은 의심할 나위가 없다. 그들은 볼 수 있었다. 그러나 가장 압도적인 영향력을 행사한 순간은 다름 아닌, 하나님의 영이 그들 위에 임해 계실 때였다. 하나님은 그들을 통해 말씀하셨고, 그 말씀을 표적과 기사들을 통해 입증해주셨다. 역사상 가장 놀라운 몇몇 순간들은 이 비범한 사람들로 인해 야기되었다. 그들로 인해 우리 또한 훨씬 더 풍요로워졌다.

사람들이 선지자들을 두려워했던 가장 큰 이유는 그들 위에 임하신 주님의 영 때문이었다. 하나님의 성령, 천국을 가득 채우고 계신 주님이 사람 위에 임하여 계신 것이다. 이처럼 주님이 사람 위에 임하여 계실 때, 특별한 일이 일어난다.

선지자들은 하나님의 임재를 그들의 시대에 매우 보기 드문 방식으로 운반하였다. 그들의 역할에 관해서는 여전히 이 시대의 사람들조차도 오해할 때가 있다. 그들은 지구상에서 인간의 목적과 하나님의 지속적인 임재 사이의 상호작용에 관한 계시를 증가시켜감에 있어서 매우 중대한 역할을 감당하였다. 만일 우리가 그들의 역사를 보다 선명하게 이해하고 이 위대한 하나님의 사람들에 의해 형성된 추진력을 제대로 인식할 수만 있다면, 우리는 우리 시대에 부여된 임무를 보다 더 흔쾌히 수용할 것이다. 그로 인해 우리 시대는 하나님의 약속대로 훨씬 더 영광스러워질 것이다. "이 성전의 나중 영광이 이전 영광보다 크리라"(학 2:9). 그뿐만이 아니다. 이전 세대들이 성취해온 진보들을 통해, 우리의 마음과 생각은 훨씬 더 명료해지는 유익을 누릴 수 있게 된다.

우리는 이러한 수많은 이야기들을 통해 앞으로 도래할 시대를 부분적으로나마 예언적으로 바라볼 수 있다. 한때는 이상야릇하고 기괴하게 여겨졌던 것이 그때가 되면 일상적인 것이 될 것이다. 우리가 살아가고 있는 지금 이 순간에도, 한때는 희귀하고 불가능했던 일들이 교회 안에서 이루어지고 있지 않은가? 이처럼 상황들은 진보하고 계속해서 앞으로 나아가고 있다.

하나님의 백성들을 향한 주님의 계시도 명백한 진보를 이루고 있다. 주님의 가시적인 임재와 영광도 갈수록 증가되고 있다. 주님이 다음과 같이 말씀하신 이유도 이런 취지에서였다. "그 정사와 평강의 더함이 무궁하며"(사 9:7). 이 말씀이 선포된 이후로 그분의 임재와 영광은 줄곧 계속해서 증가되었을 뿐이다. 그러므로 우리의 사고방식과 관점이 조정되어야 한다. 이것은 우리가 하나님이 행하시는 바를 깨닫는 데 그치지 않고, 주님과 협력할 수 있기 위해서다. 성경은 우리에게 다음과 같이 말씀한다. "의인의 길은 돋는 햇살 같아서 크게 빛나(brighter and brighter) 한낮의 광명에 이르거니와"(잠 4:18). 우리는 진보하기를 기대해야 한다. 이와 동일한 구절이 확대성경(Amplified Bible)에서는 훨씬 더 재미있는 표현으로 소개되고 있다.

> 타협하지 않는 태도를 지닌 바르고 의로운 자들의 길은, 마치 동틀 때의 햇살 같다. 그들의 빛은 점점 더 밝고 명료해져서(brighter and clearer), 마침내 예정된 대낮이 되면 더할 나위 없이 강력하고 영광스러워진다

진보가 아닌 지금보다 못한 것을 기대하는 것은, 주님의 의로 인해 하나님의 백성을 통해 이 땅에 점점 더 증가되어 나타나는 가시적인 파

급효과를 거스르려는 사고방식이다.

주권적으로 행하시는 하나님

대부분의 경우 하나님의 영이 누군가에게 임하여 역사하시는 정도는, 그 사람의 성숙도와 그가 얼마나 쓰임 받기 원하느냐에 따라 달라진다. 이것은 내가 언제나 해온 말이기도 하다. 그동안 나는 하나님의 영이 임하셨음에도 불구하고 사람들이 갈망조차 하지 않는 모습을 여러 차례 목격했다. 몇몇의 경우에는 심지어 주님께 쓰임 받고자 하는 마음조차 보이지 않았다. 이런 모습을 옆에서 지켜볼 때마다, 내 안에서는 하나님께 대한 두려움이 생겨났다. 하나님은 주권적으로 역사하시는 분이시며, 깜짝 놀라고 두려울 만큼 멋지게 역사하신다.

워싱턴 스포캔에 위치한 '치유의 방 선교회'(Healing Rooms ministry) 대표인 칼 피어스도 이러한 순간을 경험하였다. 나는 하나님께서 그를 선택하시는 것을 보았다. 만일 내가 이 땅에서 천 년을 더 살 수 있게 되더라도, 그날 밤에 목격했던 광경만큼은 결코 잊을 수 없을 것이다. 하나님은 그를 온전히 소유하셨다.

당시 나와 아내는 이제 막 벧엘교회에 신임 목회자로 초빙되어 온 상태였다. 우리는 원래 캘리포니아 위버빌에 있는 교회에서 목회하고 있었는데, 그곳에서 일어나고 있는 일들에 관한 이야기가 벧엘교회의 리더들에게도 전해졌다. 그들은 그와 동일한 일이 자신들의 교회에서도 일어나기를 간절히 열망하고 있었다. 그러한 상황 중에 우리가 그곳에 도착하자마자 성령님이 봇물 터지듯 역사하시기 시작했다. 그야말로 경이롭고 영광스러웠지만, 한편으로 논란을 일으키기에 충분했다. 언제나 그렇듯이 말이다. 성령의 역사하심을 보며 교인들 중 일부는 재빨리 마음의 문을 열어젖혔다. 그러나 다른 이들은 교회를 떠났다. 상황들이 너무나도 급박하게 진행되어 교회의 직원과 리더들이 미처 조치를 취하지도 못하고 있는 상태였다.

마침내 한 직원의 제안으로, 우리는 직원들만을 위한 모임을 갖기로 했다. 그들은 이제 막 시작된 성령의 운행하심을 따라 나를 도와 교회를 잘 이끌어가기 원했다. 그 모임에서 우리는 사역자들을 섬길 준비가 된 여러 팀들을 확보하였다. 우리는 그 팀원들을 데리고 거룩한 만남의 자리로 갔다. 그곳에서는 이미 수많은 이들의 삶이 변화되고 있었는데, 참으로 아름다운 광경이었다. 나는 우리의 리더들에게도 이와 동일한 일이 일어나기를 바라는 마음으로 그들을 이끌었다.

그날 밤 대략 100명가량의 사람들이 집회에 모여들었다. 나는 우선 하나님께서 무엇을 행하고 계신지에 관해 짤막한 메시지를 전한 후, 성령님을 초청하였다. 참으로 멋지고도 순전한 모습이었다. 칼과 미셸 피어스도 그 자리에 참석하였다. 당시 칼은 당회에서 섬기고 있었다. 나중에 알게 된 사실인데, 그들 부부는 당시 교회에서 일어나고 있는 일들에 대해 별로 맘에 들어 하지 않고 있었다. 심지어 그들은 교회를 떠날 생각까지 하고 있었다. 이미 25년 이상을 헌신해온 교회였는데도 말이다. 논쟁뿐 아니라 하나님의 가시적인 나타나심으로 인한 희한한 광경들로 인해, 그들의 마음은 급속도로 냉랭해졌다. 그런데 바로 그날 밤, 하나님은 뭔가 특별한 일을 행하셨다.

나는 하나님이 칼 위에 임하시어 그를 온통 사로잡으시는 모습을 지켜보았다. 할 수만 있다면 이것을 다른 방식으로 표현해보고 싶지만, 그렇게 되면 솔직해지지 못할 듯하다. 한 마디로 하나님이 그를 소유하셨고, 그는 자신이 전혀 관심조차 두지 않고 있던 일을 위해 하나님께 선택되었다. 거의 모든 사람들이 집회장소를 떠나간 후에도 칼은 여전히 그 자리에 서 있었다. 그는 부들부들 떨고 있었고, 권능과 영광의 파장이 그의 몸을 속속들이 관통하고 있었다. 참으로 영광스럽고 놀라운 광경이었고, 그야말로 정신이 번쩍 드는 장면이었다. 하나님이 주님의 사람을 선택하셨다. 그때 그 순간의 파급효과가 오늘날 칼과 미셸로부터 흘러나오는 열매들을 통해 유감없이 입증되고 있다. 그들을 통한 결실들은 오직 영원이라는 시간 속에서만 제대로 평가될 수 있을 것이다.

오랫동안 내가 느껴온 바가 있다. 그것은 이제껏 너무나도 많은 일들이 소위 하나님의 주권 아래 이루어졌다고 치부되었다는 점이다. 달리 말하자면, 온갖 현상들에 대하여 사람들이 오직 하나님 탓만 하고 있다는 뜻이다. 종종 사람들은 하나님이 전지전능하시기 때문에, 그들의 삶 가운데 벌어지는 모든 일들이 하나님의 뜻일 것이라고 추정할 때가 많다. 이를 가리켜 사람들은 '하나님의 주권적인 뜻'이라고 일컫는다. 그러나 사실은 결코 그렇지 않다. 하나님은 아무도 멸망하지 않고 다 회개하기에 이르기를 원하시는 분이다(벧후 3:9). 이 말씀에 따르면, 누군가가 멸망하게 된다는 말인가? 그렇다. 그렇다면 그것이 하나님의 뜻인가?

아니다. 이런 이유로 인해, 나는 여러 가지 상황 속에서 초래되는 결과에 대해 우리의 역할이 얼마나 중요한가를 힘주어 말하곤 한다. 물론 나는 주님이 나의 이해력과 안전지대를 깨뜨리고 들어오시어, 믿기지 않을 만큼 주권적으로 무언가를 행하실 때마다 얼마나 기쁜지 모른다. 그럴 때마다 내 안에는 주님을 향한 경외심이 점점 더 증가되어 간다. 그러나 그동안 내가 터득한 바에 의하면, 주님은 결코 주님의 말씀을 벗어나시지 않는다. 다만 우리가 그분의 말씀을 제대로 이해하지 못하여 하나님을 오해할 뿐이다.

의도와는 상관없이 일어난 일

언젠가 한번은 콜로라도에 있는 예수전도단(YWAM) 본부에서 강의를 한 적이 있다. 그때 크리스 밸러턴이 나를 돕기 위해 함께 가주었다. 현재 그는 벧엘교회를 비롯하여 국제적으로 활동하는 매우 노련한 사역자이지만, 당시에는 사업을 하고 있었다. 우리는 하나님의 영이 너무나도 아름다운 방식으로 수많은 사람들 위에 임하시는 모습을 지켜보고 있었다. 그곳에 한 젊은 여성이 있었는데, 주님은 그녀 위에 매우 독특하고도 강력하게 임해주셨다. 그녀는 영적인 은사들에 관해, 특별히 예언적인 것에 관해서는 아무런 배경도 갖고 있지 못했다. 사실상 그녀는 그런 은사들이 존재한다는 사실마저 믿지 않고 있었다. 그런데 하나님이 그녀에게 임하셨을 때, 모든 사람들이 깜짝 놀랐다. 주님은 그녀를 통해 메시지를 선포하기 원하셨다. 솔직히 말하자면, 나는 그녀가 그런 일을 기꺼이 하고자 했는지조차 확신할 수 없다. 당시 그녀는 자신을 통해 이루어지고 있는 일이 무엇인지를 끝나는 순간까지도 전혀 이해하지 못하고 있었다. 그럼에도 그것은 너무나도 영광스럽기도 하고, 동시에 정신이 번쩍 드는 광경이었다.

그녀를 통해 흘러나오는 주님의 메시지는 매우 강력하고 순수했다. 그것은 극단적일 정도로 보수적인 배경으로 인해 그녀가 그 당시 세대를 오염시키고 있던 것들로부터 순전함을 유지할 수 있었기 때문이었다. 우리는 그녀로 하여금 교실 안을 두루 돌아다니며 사람들을 위해 기도해주도록 권유했다(그날의 기름부으심은 확실히 우리가 아니라 그녀에게 임한 것이기 때문이다).

그녀를 통해 선포되는 주님의 메시지를 듣는 사람들마다 강력한 주님의 만져주심을 경험했다. 각 사람에게 선포된 예언적 메시지들은 매우 심오했다. 그녀는 자연적인 힘으로는 결코 알 수 없었을 일들에 관해 선포하고 있었다. 그 일은 말로 표현할 수 없을 정도로 경이롭고 영광스러운 일이었다. 그러나 크리스와 나는 매번 쉬는 시간마다 그녀를 위한 사역에 많은 시간을 할애해야 했다. 왜냐하면 그 일로 인해 그녀가 크게 겁을 먹고 있었기 때문이다. 충분히 그럴 만도 했다. 우리는 그 일을 행하신 분이 하나님이심을 알고 있었다. 그러나 동시에 그 일은 우리의 일반적인 규범을 뛰어넘은 것이기도 했다.

이 상황은 우리가 하나님의 영의 운행하심에 관해 잘 이해하는 문화가 얼마나 절실한지를 잘 보여준다. 사실 비범한 방식으로 하나님의 만져주심을 경험하지만, 이것에 관해 막상 누구에게 찾아가 도움을 청해야 할지를 모르는 사람들이 너무나도 많다. 교회 안에서 대부분의 사람들이 보이는 반응은, 단지 그저 평균적인 수준에 머물려 있으려고 애를 쓰는 게 전부다. 그 결과 하나님에 대한 우리의 체험은 누구나 이해할 수 있는 수준으로 지나치게 일반화되고 단순화되어버리고 만다.

사람들은 종종 통제력을 유지하기 위해, 부지불식간에 삶 속으로 임하는 기름부으심으로부터 도피해버리곤 한다. 심지어 자신이 미쳐가고 있다고 생각하기도 한다. 자신의 체험이 다른 사람들의 것과는 너무나도 달라 보이기 때문이다. 원수는 항상 우리를 고립시켜 놓으려고 애를 쓴다. 또한 그렇게 하는 것이 원수의 계략들 중 하나다. 그래서 우리는 결국 하나님이 실제로 행하시고자 하는 바를 방해하는 사람이 되고 만다. 이런 상황에 처해 있는 사람들에게는 도움이 필요하다. 그들은 자신들 안에 있는 은사를 어떻게 다루어야 하는지를 배워야 한다.

여기에서 잠깐 크리스에 대한 이야기를 하겠다. 그의 삶은 매우 특별하다. 그가 자신의 삶 속에서 하나님이 행하고 계신 일에 관해 깨닫게 되기까지는 꽤 오랜 세월이 걸렸다. 왜냐하면 그가 경험하고 있던 일들은 우리의 역사나 체험이라는 고정관념의 틀을 한참이나 벗어나고 있었기 때문이다. 만일 그가 이제 막 성장하기 시작하던 무렵에 훨씬 더 노련한 사람들이 주변에 있었다면, 그렇게 오랜 시간들을 혼동하며 보내지 않았을지도 모른다. 그가 비범한 예언적 은사를 가지고 있는 사람들에 대해 특별한 애정을 품고 있는 이유도 여기에 있다.

물론 나는 수많은 사람들이 이런 종류의 만남이 하나님으로부터 온 것이 아닐 수도 있다고 생각한다는 것도 잘 안다. 그러나 성령님은 신사적인 분이시다. 나는 이 사실에 관해서 은사주의적 부흥운동이 놀랍게 일어났던 60년대와 70년대, 그리고 80년대 초기까지 줄곧 확인해왔다. 어쩌면 성령님이 신사적인 분이라는 말에 의문을 가질 수 있을 것이다. 이에 대한 대답은, 주님이 '신사'(gentleman)라는 말을 어떻게 정의하고 계신지에 따라 달라진다. 기억하라. 이 '신사'가 다메섹으로 향하던 사울을 나귀의 등에서 떨어뜨리셨다(행 9장). 당신이 가진 성경책을 읽어보라. 주님은 그분의 뜻대로 행하신다. 주님은 하나님이시다. 주님은 결코 우리의 고정관념의 틀에 갇혀 계신 분이 아니시다.

여전히 수많은 사람들은 하나님이 자신들에게 갑자기 이런 일을 행하시지나 않을까 두려워하고 있다. 그로 인해 그들은 철저한 복종의 자리로 들어가지 못하고 있다. 한편 이와는 전혀 상반된 또 다른 무리들이 있다. 그들은 만일 하나님이 그런 식으로 자신들을 만지신다면, 그로 인해 만사가 바로잡힐 것이라고 생각한다. 하나님은 우리를 속속들이 훤하게 알고 계신다. 주님은 우리의 가장 중대한 필요가 무엇인지, 우리의 가장 깊은 갈망이 무엇인지를 아주 잘 알고 계신다. 주님은 온전하신 아버지로서, 우리를 다음 단계로 이끌어 가시기 위해 바로 지금 필요한 것을 공급해주기 원하신다. 그러나 주님은 우리의 목적과 성장을 교란시키는 것이 무엇인지도 알고 계신다. 그러므로 주님이 우리 삶의 그러한 부분들을 바로잡아주실 때, 우리는 반드시 주님을 신뢰해야 한다. 아울러 주님이 우리에게 사용하도록 허락해주시는 모든 것들에 대해 간절히 갈망하며 추구하고 있는지를 늘 점검해야 한다.

악해진 왕

이 점과 관련하여 몇 가지 두드러진 성경 이야기들이 있다. 하지만 여기서 나는 매우 독특한 특징을 가진 두 가지 이야기만 소개하려고 한다. 첫 번째 이야기는 사울 왕과 관련된 것이다. 처음에 그는 좋은 왕이었다. 그에게는 주님을 향한 열정도 있었고, 이스라엘의 원수들이 백성들의 안전을 위협해올 때면 의분을 품고 분연히 떨치고 일어나기도 했다. 그러나 현재 우리는 그를 그런 사람으로는 기억하지 않는다. 사울 왕은 실패로 얼룩진 사람으로 기억되고 있다. 궁극적으로 그는 사악한 왕으로 전락하고 말았다. 그것도 매우 사악한 왕이 되어버렸다.

처음부터 하나님은 사울이 마음에 품고 있는 바가 무엇인지를 잘 알고 계셨다. 그럼에도 불구하고 주님은 그가 잘할 수 있을 만한 기회들을 허락해주셨다. 처음에 사무엘 선지자는 앞으로 그가 맞닥뜨릴 만남과 사건에 관해 이야기해주었다. 그 사건은 그의 모든 것을 변화시켜놓을 것이었다.

> 그 후에 네가 하나님의 산에 이르리니 그 곳에는 블레셋 사람들의 영문이 있느니라 네가 그리로 가서 그 성읍으로 들어갈 때에 선지자의 무리가 산당에서부터 비파와 소고와 저와 수금을 앞세우고 예언하며 내려오는 것을 만날 것이요 네게는 여호와의 영이 크게 임하리니 너도 그들과 함께 예언을 하고 변하여 새 사람이 되리라 (삼상 10:5-6)

선지자들 위에는 이미 주님의 영이 임하여 있었다. 그런데 사울이 그 속으로 들어갔을 때, 그들 위에 임하여 있던 것이 사울에게도 임하였다. 우리는 하나님이 실제로 누군가에게 임하셔서 운행하고 계신 순간을 알아차릴 수 있는 법을 배울 수 있어야 한다. 어쩌면 멋지게도 주님이 그들 안에서, 또한 그들을 통해서 행하시고 계신 바를 활용하는 법까지 배우게 될 수도 있다. 그렇게 함으로써 우리도 주님의 임재에 의해 의도적으로 영향을 받게 될 것이다.

우리 위에 임하신 하나님의 영은 이 땅에 천상의 분위기를 풀어놓는다. 본문의 경우에는 하나님의 영이 한 무리의 선지자들 위에 임하셨다. 이로 인해 우리는 하나님의 임재와 능력이 기하급수적으로 증가되는 것을 경험하게 된다. 이러한 증가는 오직 연합을 통해서만 얻을 수 있다. 두 사람이 한 사람보다 낫다(전 4:9). 두 사람이 연합되어 있다면 말이다. 만일 분열되어 있다면, 그들은 한 사람보다도 못하게 된다. 우리가 하나님이 계획해두신 자리로 갈 수 있기 위해서는, 반드시 이 사실을 숙지하고 있어야 한다. 이것을 가리켜 이른바 '집단적인 기름부으심'이라고 한다.

이 만남은 사울을 이스라엘의 왕으로 세우고자 하는 목적을 가지고 있었다. 하나님의 영이 임하셨을 때, 그는 이전과는 다른 사람으로 변하였다. 이 사건으로 인해 참으로 그에 관한 모든 것이 변화되었다. 하나님이 그의 마음속에 심어두신 '새로운 정원을 가꾸는 일'은 이제 그에게 달려 있었다. 우리는 언제나 각자의 성장에 있어 일정한 역할을 담당한다. 은사들은 거저 주어지지만, 성숙은 값비싼 대가를 지불해야 한다. "이 징조가 네게 임하거든 너는 기회를 따라 행하라 하나님이 너와 함께 하시느니라"(삼상 10:7). 이러한 성령의 영역은 그가 이스라엘을 안전하고 평안하게 인도해가면서 하나님이 섭리하신 바를 이루기 위해 반드시 필요한 것이었다. 이러한 수단들을 통해, 사울은 때를 따라 행하기 위해 하나님 안에 있는 다양한 영역들에 접근해 들어갈 수 있었다.

좋은 출발

예언적인 만남은 사무엘의 말이 떨어지자마자 발생하였다. 사울은 그 일로 인해 좋은 출발을 할 수 있게 되었다. 그에게는 몹시도 필요한 겸손함이 있었을 뿐 아니라, 주님을 향한 특별한 열정도 있었다. 이번 만남이 그를 하나님이 요구하시는 왕의 면모를 갖춘 사람으로 변화시켜 주었음은 의심할 나위가 없었다. 그러나 하나님이 우리의 잠재가능성에 대해서까지 책임져주시는 것은 아니다. 그에 대한 책임은 우리에게 있다. 과연 우리가 하나님으로부터 부여받은 운명적 부르심에 도달하기 위해 필요한 모든 것을 갖추고 있는지를 확인하는 것, 이것이 바로 그동안 천국에 부여되어온 사명이었다. 하나님의 말씀은 줄곧 선포되어 왔다. 이제는 우리가 행동해야 한다.

언제부턴가 사울은 일련의 형편없는 선택들을 하게 된다. 그로 인해 결국 그는 이스라엘의 왕으로서는 신뢰받을 수 없는 사람이 되고 만다. 이제 하나님은 또 다른 사람을 물색하기 시작하신다. 바로 하나님의 마음을 추구하는 사람을 찾으신 것이다. 주님은 한 젊은이를 발견해내셨는데, 그 청년은 아버지의 양떼를 돌보고 있었다. 하나님을 예배하는 자였던 그의 이름은 다윗이었다.

이쯤에서 우리는 우리가 들을 수 있는 이야기들 중 가장 놀랄만한 표현을 접하게 된다. "여호와의 영이 사울에게서 떠나고"(삼상 16:14). 위대한 은사와 책임은 모두 하나님의 임재와 관련이 있다. 이것을 아주 잘 알았던 다윗은 살면서 다음과 같이 부르짖었다. "주의 성령을 내게서 거두지 마소서"(시 51:11). 우리는 하나님의 임재를 우리의 상급으로 삼아야 한다!

사악한 자가 기름부으심을 받다

여기에서 우리는 매우 이상한 대목에 도달한다. 오랜 세월이 흐른 후 사울은 매우 사악한 왕이 되어버렸다. 그는 기름부으심을 미워할 뿐 아니라, 특별히 기름부으심을 받은 사람인 다윗을 미워한다. 이제 사울은 하나님이 다른 사람을 왕으로 삼으시려고 선택하셨음을 분명히 깨닫는다. 이는 그가 왕으로서 자신의 신분을 남용한 까닭이었다. 사울은 다윗에 대해 질투하면서 심지어 그를 죽이려고까지 하였다. 사울에게 있어서 다윗은 자신이 상실해버린 것을 자꾸 상기시켜주는 존재였다. 그리하여 그는 다윗을 포획하기 위해 부하들을 파견한다.

사울이 다윗을 잡으러 전령들을 보냈더니 그들이 선지자 무리가 예언하는 것과 사무엘이 그들의 수령으로 선 것을 볼 때에 하나님의 영이 사울의 전령들에게 임하매 그들도 예언을 한지라 어떤 사람이 그것을 사울에게 알리매 사울이 다른 전령들을 보냈더니 그들도 예언을 했으므로 사울이 세 번째 다시 전령들을 보냈더니 그들도 예언을 한지라 이에 사울도 라마로 가서 세구에 있는 큰 우물에 도착하여 물어 이르되 사무엘과 다윗이 어디 있느냐 어떤 사람이 이르되 라마 나욧에 있나이다 사울이 라마 나욧으로 가니라 하나님의 영이 그에게도 임하시니 그가 라마 나욧에 이르기까지 걸어가며 예언을 하였으며 그가 또 그의 옷을 벗고 사무엘 앞에서 예언을 하며 하루 밤낮을 벗은 몸으로 누웠더라 그러므로 속담에 이르기를 사울도 선지자 중에 있느냐 하니라 (삼상 19:20-24)

하나님의 영이 사람들 위에 임하실 때, 그들은 주님의 이름으로 비범한 일들을 행한다. 하나님의 영이 일단의 무리 위에 임하실 때에는 자동적으로 분위기가 충전된다. 이러한 일이 이 이야기 안에서 일어났다. 선지자들은 지금 예언을 하고 있고, 대기는 하나님의 임재로 충만하다. 살인지령을 받아가지고 온 부하들조차 선지자들의 영향력 아래 바닥에 쓰러지고 자신들의 은사를 넘어서 기능하기 시작했다. 그들은 예언을 하였다. 사울은 두 번째 그룹을 보냈는데, 그들도 기름부으심에 대해 동일한 방식으로 반응하였다. 마침내 그는 세 번째 그룹을 보냈으나, 결과는 이전과 똑같았다. 사울은 끊임없는 좌절감을 느낄 수밖에 없었다. 그는 부하들에게 무슨 일이 일어나고 있는지를 잘 알고 있었다. 그런 일은 그의 이력 속에도 이미 존재하고 있었다. 그도 과거에 이와 동일한 일을 경험한 적이 있었다. 아마도 그가 임무를 이행하지 못한 부하들을 죽이지 않은 까닭도 이 때문이지 않았을까 싶다.

은혜에 관한 예시

여기서 우리는 깜짝 놀랄만한 은혜의 장면을 목격하게 된다. 내가 구약성경에는 신약성경의 실제들을 보여주는 장면들의 예가 수없이 많다고 말하는 이유도 여기에 있다. 이 장면의 경우도 마찬가지다. 대체로 은혜는 '거저 주어지는 은총'이라고 정의될 때가 많다. 이 지점이야말로 이처럼 중대한 단어를 정의함에 있어 더할 나위 없이 좋은 곳이다. 그러나 은혜에 관해 좀더 온전한 정의를 내려 보자면 다음과 같다. '거저 주어지는 은총으로서, 권능을 부여해주시는 하나님의 임재를 가져오는 것.' 이 이야기에서도 권능을 부여해주시는 하나님의 임재로 인해 사람들은 충만한 생명을 맛볼 수 있는 기회를 얻었다. 확실히 이 경험을 기회로 사울의 부하들은 자신들이 진정으로 살기 원하는 삶의 방식에 관해 재고해보았을 것이다. 그들은 성령 안에서 영위되는 삶을 맛볼 수 있었다. 다행히도 그들은 완전히 망가져서 더이상 다윗을 잡으러 갈 수 없는 상태가 되어버렸다. 이것이 바로 은혜에 관한 예언적인 예시이다.

마침내 사울은 자신이 직접 가봐야겠다고 마음먹는다. 현재 그의 상태는 끔찍하기 그지없다. 그의 마음은 사악함으로 가득 차 있다. 그럼에도 불구하고 그는 선지자들 위에 임해 계신 하나님의 가시적인 임재의 분위기 속으로 발걸음을 내딛는다. 그리고는 계속해서 예언을 하기 시작한다. 이 이야기에서 제일 불가사의한 대목은 그가 옷을 모두 벗어버리는 장면이다. 나는 지금 내가 제대로 이해하지 못하고 있는 이 대목이야말로, 놀라운 영적 의미를 내포하고 있는 부분이라고 확신한다. 하지만 내가 확실히 아는 바가 있다. 그는 돌아오고 있었다. 비록 아주 짧은 시간에 불과했지만, 그는 이전과 같은 겸손의 자리로 돌아오고 있었다.

그뿐만이 아니다. 당신이 만일 몸에 전혀 옷을 걸치지 않은 상태라면, 아마 어느 곳으로도 곧바로 나가려고 하지 않을 것이다. 어쩌면 사울은 다음과 같이 말하고 있었는지도 모른다. "사무엘 선지자 앞에서 나는 매우 연약한 자입니다. 나는 아무데로도 가지 않을 것입니다!" 기름부으심으로 인하여 그에게는 변화의 기회가 다시금 주어졌다. 사울은 성령님과의 만남, 곧 자유하게 해주는 기름부으심을 경험하고 있었다. "기름진 까닭에 멍에가 부러지리라"(사 10:27). 그러나 그것은 오래 지속되지 않았다. 당신은 완벽하게 경작된 동산을 소유할 수는 있다. 하지만 지속적으로 관리해주지 않는다면, 그 동산은 머지않아 잡초가 무성한 곳이 되고 말 것이다.

우리는 하나님이 주신 생명을 잘 돌보아야 한다. "무릇 많이 받은 자에게는 많이 요구할 것이요"(눅 12:48). 솔로몬 왕이 인생에서 재앙을 겪었던 이유도 바로 이 한 가지 일에 실패했기 때문이다. 하나님은 유사 이래 그 누구보다도 훨씬 더 많은 것을 솔로몬에게 주셨다. 그에 관한 말씀들 중에서 내 마음을 후벼 파듯 꿰뚫고 들어온 구절이 하나 있다. "솔로몬이 마음을 돌려 이스라엘의 하나님 여호와를 떠나므로 여호와께서 그에게 진노하시니라 여호와께서 일찍이 두 번이나 그에게 나타나시고"(왕상 11:9). 하나님은 두 차례나 가장 비범한 방식으로 솔로몬과 만나 주셨다. 그러나 그 결과는 지속적이지 못했다. 우리는 하나님으로부터 받은 것들에 대하여 책임을 지고 있다. 과거의 체험이 현재에도 여전히 효력을 발휘할 수 있도록 만드는 일은 우리 자신에게 달려 있다.

그동안 나는 매우 극적인 방식으로 주님의 만져주심을 경험하는 사람들을 보아왔다. 그러나 그것을 잘 관리하지 못할 때, 그들의 삶이 잘못되어가기 시작한다. 부흥을 비판하는 사람들은 하나님의 만져주심을 무시하려는 경향이 있다. 그들은 이렇게 말하곤 한다. "자, 내가 뭐랬어. 애초부터 그가 실제로 하나님을 경험한 것이 아니었다고 했잖아." 인간으로 인해 하나님을 의심해서야 말이 되겠는가?

예수님은 치유 받은 열 명의 나병환자들에 관한 이야기를 해주셨는데, 그들 중 오직 한 명만 돌아와 감사를 드렸다(눅 17:15-18). 자, 그렇다면 여기서 우리가 나머지 아홉 사람은 실제로 하나님의 만져주심을 경험하지 못했다고 말할 수 있겠는가? 물론 그렇지 않다. 하나님이 하신 일의 유효성은 결코 인간의 반응에 의해 결정되는 것이 아니다. 인간의 반응이 좋든 나쁘든 상관없이 말이다. 하나님이 하신 일은 다음과 같은 증언에 의해 판정된다. "그들이 한때는 나병을 앓았지만, 지금은 치유를 받았다." "내가 맹인으로 있다가 지금 보는 그것이니이다"(요 9:25). "하나님의 만져주심을 경험한 그 사람의 암이 나았습니다. 의사가 그의 치유를 입증하였습니다. 모든 영광을 하나님께 돌려드립니다."

사람들을 진정으로 걸려 넘어지게 하는 경우는, 그 사람의 암이 재발하거나 또 다른 질병에 걸리는 때다. 그런데 너무나도 많은 사람들이 하나님께서 그 병을 다시 가져오셨다고 추측한다. 심지어 그들은 이렇게 되는 것이 처음부터 하나님의 뜻이었다고 생각한다. 그러나 하나님은 결코 질병을 되가져오시는 분이 아니다. 더군다나 처음부터 그 질병을 일으키신 분도 아니다.

하나님 아버지께서 그 사람에게 질병을 주시려고 하는데, 예수님이 그를 치유해주신다는 것이 말이 되겠는가? 정말 그렇다면 서로 싸우는 가정이 되어 반드시 무너지고 말 것이다(눅 11:17). 나아가 이것으로 인해 언젠가는 또 다른 문제가 불거지게 된다. 그러나 이 방정식에서 결핍을 가지고 있는 쪽은 결코 하나님이 아니다. 하나님을 의심하는 것은 참으로 어리석은 일이다. 왜냐하면 결핍은 분명히 인간의 어깨 위에 놓여 있기 때문이다. (질병의 재발에 관한 사안은 중대한 문제로서 반드시 다루어져야 한다. 우리는 마귀의 소행을 하나님 탓으로 돌려서는 안 된다. 우선은 누가복음 11장 24-26절과 고린도전서 11장 27-30절을 읽어보기 바란다.)

두려워하는 용사

두 번째 이야기는 성령님의 다양한 방식에 관한 실제적인 통찰을 제공해준다. 이 이야기는 성경 전체 중에서 내가 매우 좋아하는 것이기도 하다. 바로 이스라엘의 사사 중 한 사람이었던 기드온에 관한 이야기다.

수많은 이들이 베드로 사도를 좋아한다. 그것은 우리가 어렵지 않게 베드로와 우리 자신을 동일시할 수 있기 때문이다. 기드온에 대해서도 마찬가지다. 기드온에 대해 아는 사람들은 금방 그를 좋아하게 된다. 그는 두려움도 많고 솔직담백한 사람이었다. 하나님은 이스라엘을 압제자들로부터 구원해줄 누군가를 찾으실 때, 바로 기드온을 선택하셨다. 왜 기드온이 선택되었는지에 대한 명백한 근거는 전혀 찾아볼 수 없다. 최소한 내가 보기에는 두드러진 이유가 없다.

하나님은 포도주틀 뒤에 숨어 밀을 타작하는 기드온을 찾아내셨다. 당시 이스라엘 백성들은 꽤 오랫동안 미디안 사람들로부터 약탈당하고 있었다. 분명히 기드온은 가족들을 위한 식량을 어느 정도 확보하여 다시는 노략질을 당하는 일이 없도록 애를 쓰고 있었다. 밀을 포도주 틀에서 타작하는 광경은 참으로 매혹적이다. 밀은 '하나님의 말씀의 빵' 곧 가르침을 의미한다. 포도주는 '느낌을 통해 성령님을 경험하는 것'을 상징한다. 때때로 이러한 경험은 기분을 들뜨게 하는 거룩한 만남들이기도 하다. 이 양자는 하나님의 관점으로 보자면 결코 서로 갈등관계에 있지 않다. 그러나 우리의 관점에서는 종종 갈등하곤 한다. 이 둘은 각각 상대편은 결코 수행할 수 없는 자신만의 고유한 목적을 가진다. 기드온이 포도주를 만드는 장소에서 하나님의 말씀의 빵을 얻으려고 애쓰는 모습이 매우 흥미롭다. 그의 노력은 아무런 소용도 없었을 것이기 때문이다.

우리는 이러한 광경을 부흥이 터져 나오기 시작하던 초창기에 목격했다. 사람들은 가르침에 대해서 별로 강조하지 않는다는 점을 내세우면서 화를 냈다. 물론 우리도 노력은 했다. 그러나 그것은 마치 포도알

갱이로 빵을 만들려고 하는 것만큼이나 어려웠다. 우리가 매번 노력할 때마다 번번이, 오히려 바로 그 순간을 향한 하나님의 뜻을 훼방하고 있는 것만 같았다. 그와 정반대의 경우도 마찬가지다. 하나님이 말씀을 통해 우리의 이해력을 강화시키기 원하시는 순간, 단순히 둘러앉아 노래하고 웃기만을 원하는 사람들이 얼마나 많은지 모른다. 나의 지론은 다음과 같다. "하나님이 포도주를 주실 때에는 마셔라. 그리고 그분이 빵을 주실 때에는 먹어라."

용기를 얻은 기드온

하나님은 주님의 천사를 통해 말씀하시면서, 기드온을 가리켜 용사라고 불러주신다(삿 6:12). 이때 기드온의 대답은 이러했다. "오 나의 주여 여호와께서 우리와 함께 계시면 어찌하여 이 모든 일이 우리에게 일어났나이까 또 우리 조상들이 일찍이 우리에게 이르기를 여호와께서 우리를 애굽에서 올라오게 하신 것이 아니냐 한 그 모든 이적이 어디 있나이까"(삿 6:13). 나는 이 구절을 읽으면서 참 재미있다고 생각했다. 한 천사가 기드온에게 메시지를 전하고, 그러는 동안 여전히 그는 포도주틀 안에 숨어 있다. 또한 그는 거의 조금도 망설이지 않고 천사에게 대답을 한다.

성경 속에서 하나님이 행하고 계신 일에 관해 오해하는 사람들의 마음을 묘사하는 구절을 찾아본다면, 나는 바로 이 구절을 꼽고 싶다. "하나님이 우리와 함께 계신다면 어찌하여 이 모든 나쁜 일들이 일어났나이까? 우리가 늘 들어왔던 그 모든 이적들은 도대체 어디에 있습니까?" 오늘날에도 여전히 대부분의 사람들이 제대로 알아차리지 못하고 있는 사실이 있다. 그것은 하나님이 나쁜 일들을 일으키시는 분이 아니라는 것이다. 오히려 주님은 우리를 권세와 능력으로 구비시켜 주시고, 마귀와 그가 저지른 소행들을 처리하도록 우리에게 임무를 부여해주시는 분이다. 하나님으로부터 받은 무기들을 사용하는 법을 배우는 것은 우리에게 달려 있다. 우리가 주님이 주신 무기를 사용하지 않을 때, 마귀는 계속해서 우리의 소유를 노략질할 것이다. 참으로 기특하게도, 기드온은 하나님의 말씀에 응답하여 주님께 희생 제사를 드렸다.

또다시 지면 관계상 이야기의 내용을 압축할 수밖에 없겠다. 이 이야기의 핵심은 기드온도 처음에는 두려워했다는 사실이다. 그는 이야기가 한창 전개되어가는 중에도 여전히 두려워하는 모습을 보여주고 있다. 하나님이 군대의 수를 3만 2천 명에서 3백 명으로 축소시키셨을 때에도, 아마 그의 두려움은 여전했을 것이다.

마침내 하나님은 주님이 그와 함께하신다는 확증을 주신다. 그런 후에 주님은 기드온에게 사명을 풀어놓으신다. 하나님이 으레 행하시는 독특한 방식에 맞게, 주님은 그가 두려울 때에 할 수 있는 일에 관해서까지 일러주셨다.

> 그 밤에 여호와께서 기드온에게 이르시되 일어나 진영으로 내려가라 내가 그것을 네 손에 넘겨 주었느니라 만일 네가 내려가기를 두려워하거든 네 부하 부라와 함께 그 진영으로 내려가서 그들이 하는 말을 들으라 그 후에 네 손이 강하여져

서 그 진영으로 내려가리라 하시니 기드온이 이에 그의 부하 부라와 함께 군대가 있는 진영 근처로 내려간즉 (삿 7:9-11)

주님이 하신 말씀을 눈여겨보기 바란다. "만일 네가 두려워하거든, 미디안인의 진영으로 내려가라." 바로 다음 구절은 실제로 그가 적군의 진영으로 내려갔음을 전해준다. 거듭해서 말하지만, 이 순간에도 여전히 그는 두려워하고 있었다. 그뿐만이 아니다. 원수의 진영은 그가 내려가서 용기를 얻을 수 있을 만한 자리라고 하기에는 그리 적합지 않아 보였다. 한번은 모세가 12명의 정탐꾼들을 파송하며 약속의 땅을 잘 살펴보라고 한 적이 있었다. 이때도 물론 원수의 땅으로 들어가야 하는 경우였다. 10명의 정탐꾼들은 자신들의 두려움으로 인해 부정적인 보고를 가지고 돌아왔고, 결국 이스라엘 온 나라를 두려움 속에 빠뜨렸다(민 13:25-33). 이 정탐꾼들은 그저 한자리에 머물러 있으면서 서로서로 두려움을 조장해주었다.

그러나 때로 원수의 진영이 우리가 용기를 얻을 수 있는 최상의 자리가 될 수도 있다. 나머지 2명의 정탐꾼이 용기를 얻은 자리도 바로 그곳이었다. 그들은 두려움에 떠는 다른 10명이 두려움을 부추기고 조장하도록 내버려두지 않았다. 하나님이 지금 두려워하는 기드온을 보내시려 하는 곳도 원수의 진영이었다. 당신이 두려워한다면, 두려워하는 대상이 있는 곳으로 가라. 이것이 바로 하나님의 방법일 때가 적지 않다. 하나님의 말씀을 듣고 내려갔을 때, 기드온은 그곳에서 어떤 사람의 꿈 이야기를 듣게 된다. 또 다른 사람은 이 꿈에 대해 기드온이 그들을 전멸시켜 버리는 내용이라고 해석까지 하였다(삿 7:13-14). 이들의 이야기를 듣고 난 후에 기드온은 실제로 용기를 얻었다.

여호와의 영이 임하시니

바야흐로 이야기는 기드온과 그의 용사들이 정확히 그 꿈의 내용대로 행했다는 사실을 전해주고 있다. 그들은 미디안을 무찌르고 이스라엘을 능력의 자리로 회복시켰다. 또한 그들은 사방을 에워싼 주변 민족들의 학대로부터도 벗어나게 되었다. 참으로 경탄스럽고 멋진 이야기가 아닐 수 없다. 그러나 이 기적의 한복판에서 우리는 매우 특이한 구절을 발견한다. "여호와의 영이 기드온에게 임하시니"(삿 6:34). 사실 이 구절 자체만 놓고 보더라도 충분히 훌륭한 내용이다. 하지만 이 구절에는 훨씬 더 많은 의미들이 내포되어 있다. "임하시니"(came upon)라는 말은 실제로 '걸치다, 입다, 옷을 입다' 등을 뜻한다.[4] 내가 가지고 있는 연구용 성경[5]의 각주에는 다음과 같은 내용이 실려 있다. "히브리어에서 이 말은 문자 그대로 '여호와의 영이 기드온으로 옷 입으셨다'는 것을 의미한다." 정말 충격적이지 않은가! 하나님이 기드온으로 옷 입으셨다. 나는 성령 충만한 삶에 관한 묘사에 있어서 이 구절만큼 더 정확하게 표현해주는 이미지를 달리 떠올릴 수 없다. 마치 장갑을 끼듯이 하나님이 기드온을 입으셨다.

다음과 같은 이미지를 생각해보라. 어떤 사람이 하나님의 임재를 모시고 있다. 그가 모시고 있는 하나님의 임재가 얼마나 현저하던지, 주님은 실제로 그를 통해 살아가신다. 그렇다고 해서 그의 존재적인 특성마저 상쇄되어버린 것은 결코 아니다. 오히려 그의 존재성은 가장 온전한 수준으로 표현되고 거룩한 신적 영향력 속에 젖어 있다. 마치 그의 성격과 은사와 태도들이 그 안에 살아계시는 하나님을 통해 온전히 표현되고 있는 듯한 모습이다. 우리가 주목해야 할 가장 중요한 사실이 있다. 기드온은 은총을 받은 자였다. 그가 받은 은총은 권능을 부여해주시는 하나님의 임재를 그의 삶 속으로 가져왔다. 마침내 그는 능력을 받아서 자신의 힘으로는 불가능했던 일을 해낼 수 있었다.

어떤 이들은 이 말씀에 대해 주님이 전부이시고, 우리는 아무것도 아니라는 뜻으로 받아들인다. 그러나 나는 그렇게 믿지 않는다. 어떤 상황 속에서도 주님이야말로 가장 결정적인 요인이신 것은 의심할 나위가 없다. 그러나 종종 우리는 주님의 계획 속에서 우리가 차지하고 있는 위치나 인생에 대해 불건전한 견해를 견지하고 있을 때가 많다. 나는 수많은 사람들이 이렇게 기도하는 모습을 보았다. "저는 아무것도 아닙니다. 오직 주님만이 전부이십니다!" 참으로 고상한 기도다. 물론 나는 이런 기도가 우리의 이기심이 일의 결과에 영향을 미치지 못하게 하려는 갈망에서 우러나온 것임을 확신한다. 그러나 우리에게는 자기의가 일의 결과에 영향을 주지 않도록 해야 할 책임도 있다. 참으로 하나님이 우리에게 이미 감당할 수 있는 능력을 주셨다면 말이다.

우리의 존재는 아무것도 아니고, 오직 주님만 중요한 것은 결코 아니다. 많은 이들이 세례 요한의 기도를 마치 하나의 모델처럼 사용한다. "그는 흥하여야 하겠고 나는 쇠하여야 하리라"(요 3:30). 사실 이것은 우리가 마땅히 드려야 하는 기도가 아니다.

요한은 가장 위대한 구약의 선지자로서 한 계절을 마무리하는 시점에 있었다. 그는 역사의 바통을 예수님께 넘겨드리고 있었다. 이제 예수님은 하나님 나라를 이 땅에 가져오시는 일에 착수하실 것이다. 그와 함께 요한과 율법으로부터 예수님과 하나님 나라에게로 초점이 옮겨가고 있었다. 그러므로 요한은 쇠해야 했고, 예수님은 흥하셔야 했다. 그러나 주님이 이 세상을 떠나가실 때, 우리가 쇠해야 한다고 말씀하지 않으셨다. 오히려 주님은 동일한 바통을 주님의 이름과 권능, 권세와 함께 우리에게 넘겨주셨다. 아울러 주님은 그분이 시작하신 일을 우리가 지속시켜가야 한다는 사명을 위임해주셨다. "아버지께서 나를 보내신 것 같이 나도 너희를 보내노라"(요 20:21). 결코 우리는 점점 쇠퇴하고 주님은 더 흥하셔야 하는 것이 아니다. 오히려 주님의 모든 것으로 채워지고 덮여진 우리 모두가 필요하다!

예수님이 해답이시라는 점에는 조금도 의문의 여지가 없다. 그러나 주님은 우리 없이는 그 일을 행하지 않으신다. 이것이야말로 태초부터 지금까지 변함이 없는 하나님의 계획이었다. 그러므로 우리는 언제나 주님의 방식에 맞게 생각하고, 주님의 약속에 따라 기도하고, 주님의 공급하심에 의해 살아가고, 마치 장갑을 끼듯 다시 한 번 주님으로 옷 입혀져야 한다.

셀라

우리가 사울의 이야기를 통해 얻은 교훈은 결코 사울에 관한 것이 아니다. 또한 기드온의 이야기를 통해 얻은 교훈도 실제로는 기드온에 관한 것이 아니다. 이 두 이야기를 통해 우리는 위대한 상급이신 하나님의 영을 모시는 특권에 관하여 살펴보았다. 우리는 주님이 사람들을 통해서, 그리고 사람들 안에서 어떻게 운행하고 일하시는지를 배우고 있다. 사실 우리 모두가 이 세상에 존재하는 목적도 바로 이 한 가지 사명을 위해서다.

Chapter 5

구약의 예시들

　인생의 총진행을 맡은 연출가이자 지휘자이신 하나님은 우리를 위해 깜짝 놀랄만한 일들을 예비해두고 계신다. 주님은 숨겨진 비밀들을 말해주시는 것을 얼마나 좋아하시는지 모른다. 역사 전반에 걸쳐서, 주님은 앞으로 이루어질 일들에 관해 조금씩 보여주시곤 하셨다.

　대가이신 주님의 설계로 인해, 모든 이들이 보다 더 나은 삶을 살아가게 된다. 어떤 이들은 인간의 삶을 향상시키는 일에 이바지하고, 다른 이들은 단지 자신들만을 위해 살아간다. 이 중 어디에 속하든 우리는 모든 상황들이 현재보다는 훨씬 더 나아질 수 있을 뿐 아니라, 나아져야 한다는 희망을 가지고 있다. 우리가 품고 있는 희망은 예를 들어 과학, 기술, 엔터테인먼트 등과 같은 삶의 모든 영역에 영향을 미친다. 이러한 내면의 갈망으로 인한 영향력이 모든 것들에 파급된다. 인간의 본성 안에 심겨 있는 이러한 갈망은, 우리가 하나님의 형상으로 창조된 존재이기 때문에 지니게 된 것이기도 하다. 바로 이것이 요인이 되어 인간의 창조성이 기능한다. 우리는 하나님이 주신 능력들을 활용하여 문제를 풀기 위한 해결책을 마련하고, 진보를 방해하는 온갖 사안들에 대처하기도 한다.

하나님은 이러한 본능을 사용하시며, 약속과 가능성이라는 경이로움을 통해 우리를 잠재가능성 가운데로 이끌어 가신다. 이런 이유로 인하여, 우리는 현재의 모습과 앞으로 변화될 모습 사이의 긴장 속에서 살아간다. 하나님은 모든 사람들에게 더 나은 미래를 꿈꾸는 희망의 감각을 부여해주셨다. 종종 어떤 이들은 그러한 내적인 확신을 빈정거림으로 소멸시켜버리는데, 사실 빈정거림은 실망에 대한 방어기제다. 반면에 다른 이들은 불신앙의 신학으로 내면의 목소리를 잠재워버린다. 한편, 어떤 이들은 다른 이들로부터 당한 학대로 인해 희망을 빼앗겨버리기도 한다. 그러나 희망은 태초부터 우리 내면에 심겨져 있었으며, 얼마든지 회복될 수 있다.

하나님은 앞으로 도래할 매력적인 일들에 대해 시사회를 하듯 미리 보여주시는 분으로 유명하다. 물론 한편으로 일을 숨기는 것이 하나님의 영화이기도 하지만(잠 25:2), 주님은 그분의 백성들에게 무언가를 알려주시기를 매우 기뻐하신다. 주님은 우리가 알지 못하도록 여러 가지 일들을 비밀에 부쳐두시는 분이 아니다. 사실 주님이 일들을 숨기시는 이유는 우리를 위해서다.[6] 구약성경이 바로 그러한 목적을 담당하고 있다.

구약성경은 수많은 가르침과 계시들로 가득 차 있다. 이는 이스라엘 백성들로 하여금 실제로 어떻게 살아가고 예배해야 하는지를 구체적으로 보여주기 위한 것들이었다. 그러나 궁극적으로 그 모든 것들은 미래에 관해 예언되고 선포된 것들이었다. 구약성경은 메시아의 도래를 비롯하여 하나님의 백성들에게 주어질 새로운 본성, 하나님과 인류와의 관계 등에 관한 모든 것을 다루고 있다. 각각의 주제와 약속들은 참으로 놀랄 만하지만, 동시에 우리의 이해력을 훨씬 초월한다.

너머를 보다

선지자들은 종종 선견자(seers)라고도 불렸다. 만일 그들이 본 모든 것이 이미 존재하고 있는 것이었다면, 선견자라는 호칭은 그다지 의미가 없었을 것이다. 그들은 특별한 은사를 통해 당대에는 보이지 않던 것들을 볼 수 있었을 뿐 아니라, 앞으로 도래할 날들에 관한 지식도 얻을 수 있었다.

선지자들이 미리 내다보며 선포한 메시지들은 바로 신약시대에 관한 것이었다. 그들은 구약 속에서 이 시대를 가리키고 있었다. 그들은 분명 이스라엘을 위해 섬기고 있었지만, 궁극적으로는 참감람나무뿐 아니라 돌감람나무까지 모두 섬기고 있었다. 이방인들과 유대인들이 함께 그리스도의 몸이라 일컬어지는 신비스런 공동체를 구성하게 될 것(롬

11:17-24, 엡 3:4-9)을 이야기함으로, 그들은 마지막 날에 살아갈 사람들을 위해 섬기고 있었다. 마지막 날은 그리스도의 부활과 함께 시작되었다. 그로부터 2천여 년이 지난 지금은 말세 중에서도 말세라고 할 수 있다.

선지자들의 갈망

잠시 마음속으로 당신이 영웅으로 삼고 있는 왕이나 선지자들의 목록을 떠올려보라. 사실상 그들은 우리가 살고 있는 이 시대를 꿈꾸고 있었다. 그중에는 솔로몬, 다윗, 이사야, 다니엘도 포함된다. 이름을 꼽자면 얼마든지 있다. 그러나 그들 중 어느 누구도 앞으로 도래할 일을 실제로 목격한 사람은 없었다. 또한 그들 중에는 그러한 실제, 즉 현재 우리가 누리고 있는 이 실제를 맛보기를 갈망하지 않은 사람이 없다.

그들이 꾸었던 꿈은 크게 두 가지 중대한 초점을 내포한다. 첫째는 새로운 본성을 지닌 새 마음을 갖는 것이고, 둘째는 하나님의 영이 각 신자들 위에 임하시도록 하는 것이다. 그 시대의 어느 누구도 이 두 가지 개념을 제대로 이해하지는 못했다. 심지어 열두 제자들조차도 마찬가지였다. 예수님은 제자들에게 성령께서 그들과 함께하시는 것이 하나님의 아들이 육신을 입고 함께 있는 것보다 훨씬 더 낫다는 사실을 가르쳐주셔야 했다(요 16:7). 아마도 그들에게 선택권이 주어졌다면, 모두가 주님이 육신을 입고 이 땅에 계속해서 머무시기를 선택했을 것이다. 미처 알아차리지도 못하는 사이에, 그들은 새로운 시대로 접어들고 있었다. 그것은 그들보다 앞선 시대를 살아간 수많은 위인들이 갈망했던 순간이기도 했다. 혹자는 이러한 상황을 가리켜 '정점'이라고도 표현한다.

> 내가 너희에게 말하노니 많은 선지자와 임금이 너희가 보는 바를 보고자 하였으되 보지 못하였으며 너희가 듣는 바를 듣고자 하였으되 듣지 못하였느니라
> (눅 10:24)

선지자와 왕들, 성경시대의 명사들은 앞으로 도래할 보다 나은 실제에 관해 알고 있었다. 그러나 그들이 그 실제에 참여하기를 아무리 간절히 갈망했다 할지라도, 그들에게는 금지되어 있었다. 그러나 그러한 실제를 누릴 수 있는 특권은 바로 당신을 위해 예비되어 있었다. 역사를 일구어간 이 위대한 인물들은 지금 구름같이 둘러싼 허다한 증인들 사이에 서 있다. 그들은 흥분과 경이로움 속에 그리스도의 신비가 그들의 눈앞에서 펼쳐지는 모습을 지켜보고 있다. 물론 우리가 어떠한 노력을 통해 이 특권을 누리게 된 것은 결코 아니다. 이는 오직 주권자이신 하나님의 선택에 따른 일이었다. 그렇기는 해도, 나는 우리가 이 특권으로 인해 심오한 책임과 의무를 감당해야 할 자리로 들어가고 있음을 알고 있다. 왜냐하면 우리는 수많은 왕과 선지자들에게는 허락되지 않았던 것을 누리고 있기 때문이다. 이것은 참으로 정신이 번쩍 드는 일이다!

여기서 잠시 예수님이 언급하신 신약시대를 고대하던 왕들 중 솔로몬이 포함되어 있다고 가정해보자. 솔로몬의 지혜와 예언적 통찰의 특성을 고려해볼 때, 이렇게 추측하는 것은 얼마든지 가능한 일이라고 생각

한다. 유례없이 놀라운 특권을 누렸던 이 사람이 우리 시대를 갈망하면서 과연 어떤 마음이었을지 한번 생각해보라.

솔로몬은 이 세상이 줄 수 있는 온갖 부요를 소유하고 있었다. 그에 비하면 오늘날 세계 최고의 부자들의 부(富)마저 어쩌면 하찮게 보일지도 모른다. 막대한 부와 지혜와 명성으로 그는 당대의 열방들에 대해 막강한 영향력을 행사하고 있었다. 심지어 그를 미워하는 왕들조차도 그를 섬길 정도였다. 사람들은 그의 지혜 앞에 두려워하지 않을 수 없었다(왕상 3:28). 그의 지혜에는 하나님의 임재가 함께하시는 듯했다. 왜냐하면 지혜는 인격이기 때문이다(고전 1:30). 그로 인해 원수들도 솔로몬 앞에서는 잠자코 아무 말도 하지 못했다.

솔로몬은 온 민족들의 입에 오르내렸다. 심지어 여러 나라의 왕과 여왕들까지도 그의 지혜를 확인하기 위해 먼 거리를 마다하지 않고 찾아왔다. 그들은 가장 어려운 문제들을 가지고 와서 솔로몬을 시험해보기도 했다. 그러나 그는 그들의 질문들에 대해 모두 명쾌하게 답변을 제시해주었다. 그에 관해 회의적이었던 사람들조차 오히려 그를 옹호하는 자들로 변할 정도였다. 당시 그가 소유하지 못할 것은 전혀 없어 보였다. 그러나 단 한 가지만은 예외였다. 그것은 바로 미래였다.

왕과 선지자들은 보이지 않는 실제들을 가장 잘 의식하고 살았던 자들이다. 그들이 경험한 것은 앞으로 도래할 일에 관한 일종의 시사회였다. 아마도 그들은 지금 우리가 누리고 있는 것을 맛보기 위해서라면 그 무엇이라도 기꺼이 내어주려 했을 것이다.

다윗도 이 단락에서 언급된 사람들 중의 한 명인 것은 의심할 나위가 없다. 그는 왕이자 선지자였다. "형제들아 내가 조상 다윗에 대하여 담대히 말할 수 있노니 … 그는 선지자라 하나님이 이미 맹세하사 그 자손 중에서 한 사람을 그 위에 앉게 하리라 하심을 알고"(행 2:29-30). 선지자가 하는 일이 바로 이런 것이다. 그들은 자신들의 시대 너머를 보고 본 그대로 메시지를 선포한다.

왕이자 선지자는 신약시대의 개념으로 말하면 사도와 선지자의 조합이라 할 수 있다. 사도가 곧 왕이라는 암시적 표현은, 우리가 왕들을 하나님의 계획에 따라 세워진 사람들로 바라볼 때에만 성립될 수 있다. 즉, 모든 이들 중 가장 미천한 자이지만, 보다 효율적으로 섬길 수 있도록 큰 은총을 입은 자들로 보는 경우를 말한다.

갈망이 증가되다

구약시대의 인물들이 하나님과 얼굴을 대면하여 만난 모든 경험은 시대를 앞선 것들이었다. 왜냐하면 그러한 수준의 친밀감은 오직 예수님의 피가 뿌려진 이후에야 비로소 일상적인 것이 될 수 있었기 때문이다. 그래서 기드온은 하나님의 사자와의 만남을 경험한 후 자기 몸을 한 번 꼬집어봐야 했다. 여전히 목숨이 붙어 있는지를 확인해야 했기 때문이다(삿 6:22-24). 아마도 그는 자신이 하나님의 사자를 대면하고도 여전히 살아 있음을 확인하면서 무척 놀란 듯하다. 이렇듯 구약성경은 시대를 앞서 미리 무언가를 경험한 사람들의 이야기로 가득 차 있다. 그것은 매우 특별한 시사회였다.

영화 광고를 보고 난 후, 실제로 그 영화를 보러간 적이 있는가? 광고만 놓고 보면 영화가 상당히 재미있을 것만 같다. 그런데 영화를 보고 나면, 그 영화의 가장 재미있는 장면들이 이미 예고편에 소개됐다는 걸 알게 되는 경우가 많다. 이보다 더 실망스런 일이 또 어디 있겠는가? 영화가 60초짜리 광고보다 더 나을 게 전혀 없는 것이다. 그러나 하나님은 전혀 다르시다. 주님은 불가능해 보이는 일에 대해 믿음을 가지고 나아오라고 우리를 부르시고 이끄신다. 그런 다음 주님은 유례를 찾아볼 수 없을 정도로 탁월하게 행하신다. 이것이 바로 주님의 방식이다.

주님은 앞으로 도래할 것에 대해 미리 보여주신다. 주님은 그것을 미리 목격한 사람들조차도 정작 그것이 실제로 왔을 때는 깜짝 놀랄 것임을 알고 계신다. 앞으로 도래할 하나님의 일들은 그분이 계시해주시는 언어와 이미지 안에 표상되어 있다. 그러나 그것들이 결코 모든 것을 완전하게 포함할 수는 없다. 주님은 온갖 언어적 표현들을 훨씬 능가하시며, 모든 이들이 품고 있는 선에 대한 기대감도 뛰어넘으시는 분이다. 주님은 모든 옳은 방식에 있어 극단적이신 분이다.

우리에게는 전대미문의 가장 위대한 특권이 주어졌다. 그러므로 절망의 시간 속에서도 희망이 넘실거린다. 그런데 수많은 사람들이 희망을 관리할 수 있는 영예를 부여받았음에도 불구하고, 이 세상이 주는 압박감으로 인해 본래의 목적에서 탈선해버리고 만다. 희망의 원천이 되어야 할 사람이, 실제로는 그리스도를 믿지 않고 절망에 빠져 있는 사람들의 모습과 다를 바 없는 것이다. 이런 현상은 마지막 때와 관련될수록 특히 더 그렇다. 미래에 대해 생각할 때, 그들은 오직 천국이 가까이 왔다는 사실에만 진정으로 행복해질 수 있다. 물론 마땅히 그래야 한다. 이것이야말로 모든 신자들에게 있어서 가장 위대한 희망이 되어야 한다. 그러나 우리의 임무는 아주 먼 미래에 도달해야 할 목적지보다는 지금의 우리 자신과 훨씬 더 깊이 관련되어 있다. 우리는 현재 몸담고 살아가는 이 시대를 위한 희망의 사람으로 알려져야 한다. 하나님의 목적은 언제나 위대하기 때문이다.

주님은 승리한 그분의 신부들을 위해 약속에 따라 필요한 모든 일들을 반드시 행하실 것이다. 예수님은 "난리와 난리 소문을 듣겠으나"라고 말씀하셨다(마 24:6). 이 말씀을 하실 때 주님이 우리에게 어떤 약속을 주시지는 않았다. 다만 주님은 변화된 사람들로 구성된 마지막 때의 군대를 풀어놓으실 세상이 어떤 상황일지를 묘사하셨을 뿐이다.

예언적인 요소들

구약시대의 왕과 선지자들이 보았던 것들 중 몇 가지 사항들에 관해서만 생각해보자. 그들은 이것들을 통해 보다 위대한 것이 도래하고 있음을 알아차렸다. 메시아가 도래할 것이며, 온 세상이 주님의 영광으로 가득 찰 것이고, 이스라엘은 탁월한 위상으로 회복될 것이다. 선지자들을 통해 말씀하신 약속들 외에도, 훨씬 더 위대한 무언가의 도래를 말해주는 수많은 체험과 상징, 유형과 그림자들이 존재하고 있었다.

* 그들은 희생 제사로 드려진 양을 우리의 죄를 위한 영원한 속죄물이 되실 어린 양으로 인식했다. 하나님이 한 마리의 어린 양을 준비해 놓으실 것이다.

* 모세의 성막을 구성하는 모든 기구들은 십자가 모양으로 배열되어 있었다. 그들이 성막에서 희생 제사를 드리던 시대는 심지어 십자가형이 존재하지도 않았다.

* 각각의 기구들은 그리스도의 본성과 기능에 관한 특징들을 상징해주고 있었다. 예를 들어 진설병이 놓인 테이블은 생명의 빵이신 예수님을, 촛대는 세상의 빛이신 예수님을 상징했다.

* 아브라함은 본능적으로 하나님이 설계하시고 세우실 한 도성을 구하였다(히 11:9-10). 그의 간구는 하나님 나라의 도래를 위한 것이었다. 사실 그때는 아직 하나님 나라의 도래에 관한 아무런 예언도 선포된 적이 없고, 심지어 랍비들의 가르침조차 없던 시절이었다.

* 다윗은 율법으로는 결코 알 수 없는 것을 하나님의 임재 안에서 배웠다. 하나님이 진실로 원하시는 것은 황소와 염소로 드리는 희생 제사가 아니었다. 주님은 우리의 마음 중심으로 드리는 희생, 즉 찢겨진 심령과 복종하는 마음을 원하셨다(시 51:17).

* 다윗은 하나님이 찬양 속에 거하시는 분임을 깨달았다(시 22:3).

* 하나님의 임재는 오직 제사장들만 운반할 수 있었다. 하나님은 소가 끄는 수레나 무엇이든 인간이 만든 것에 타지 않으셨다(출 25:14).

목록에 들어갈 수 있는 것들은 이 외에도 얼마든지 많으며, 그 영향력은 매우 심오하다. 이처럼 하나님은 시대를 앞서서 미리 여러 가지 통찰들을 계시해주셨다. 주님이 우리에게 앞으로 도래할 것에 관해 보여 주실 때, 이는 우리에게 전략을 짜내고 계획을 세우게 하시려는 것이 아니다. 다만 주님은 우리가 다른 시대에는 보류되었던 것에 대해 갈망하고, 그것을 우리 시대 가운데로 끌어당기기를 원하신다.

그들은 형언할 수 없이 영광스러운 무언가가 도래하고 있음을 감지하고 있었다. 나는 마귀가 사용하는 가장 중대한 계략 중 하나는, 우리로 하여금 현재 몸담고 살아가는 이 순간을 매우 하찮은 것으로 여기고 무시하게 하는 일이라고 믿는다. 그렇게 현재를 무시한 채 또 다른 시대를 우상화하는 한, 우리는 지금 당장 발 딛고 살아가는 이 시대의 중요성을 망각해버리고 말 것이다.

과거, 현재, 그리고 미래

야구와 테니스와 골프의 스윙 동작은 기본적으로 크게 세 가지 요소로 이루어진다. 백스윙(backswing), 접촉점(point of contact), 마무리 동작(follow through)이 그것이다. 훈련을 통해 숙련된 선수들은 이 세 가지에 있어서 늘 일관성을 유지하는 법을 터득한다. 비유적으로 말하면, 백스윙은 우리의 역사이고, 접촉점은 우리가 살아가고 있는 지금 이 순간이며, 마무리 동작은 약속에 따른 운명적 부르심(미래)을 가리킨다.

백스윙은 하나님의 역사와 우리를 위해 그리스도께서 이루신 업적들이다. 우리는 주님의 역사가 마치 줄곧 우리의 역사였던 것인 양 상속받았다. 주님은 우리가 마땅히 당해야 할 것을 대신 당해주심으로써, 주님이 마땅히 누리셔야 할 것을 우리도 누릴 수 있게 해주셨다.

접촉점은 우리가 살아가고 있는 지금 이 순간이다. 우리는 하나님이 우리의 삶에 대해 특별한 목적을 가지고 계심을 알고 있다. 주님의 계획은 비단 미래에 관한 것만이 아니며, 우리가 몸담고 살아가는 너무도 중요한 지금 이 순간에 관한 것이기도 하다. 오직 불신앙과 내성(introspection)만이 현재의 충만함을 빼앗아갈 수 있을 뿐이다.

마무리 동작은 희망으로 가득 찬 미래다. 왜냐하면 역사가 그만큼 확실하고 안전하기 때문이다. 마무리 동작은 백스윙 때와 동일한 아치를 이룬다. 이를 통해 백스윙과 접촉점이 바르기만 하다면, 마무리 동작도 바를 것이라고 예측할 수 있다. 하나가 다른 하나를 세워주는 것이다. 주님은 미리 앞서가셔서 우리를 위해 확실한 미래를 보장해두셨다. 그러므로 믿음 안에 거할 때, 우리는 계속해서 하나님의 온전하신 계획과 조화를 이루며 살아갈 수 있다. 하나님이 우리에게 약속을 주실 때에는 언제나 분명한 이유가 있다. 이미 우리의 미래 속으로 들어가신 주님은 우리를 그곳으로 데려가시기 위해 필요한 말씀을 가지고 돌아오신다.

성경 전반에 걸쳐서, 하나님은 그분의 백성들의 마음속에 천국에 대한 갈망을 심어 놓으신다. 그것은 비단 어느 특정한 장소에 있는 천국에 대한 갈망뿐 아니라, 주님의 현재적 통치가 이루어지는 영역으로서의 천국에 대한 갈망이다. 사실 '왕국'(Kingdom)이라는 말을 분해해보면, 그것이 '왕의 영토'(King's domain)를 의미하는 것임을 알 수 있다. 물론 우리의 본향으로서의 천국을 갈망하는 것도 얼마든지 바르고 좋은 일이다. 그러나 우리는 지금 여기에서 이루어지는 하나님의 통치에 대해서도 동일하게 갈망해야 할 책임이 있다. 하나님의 임무는 우리를 천국으로 데려가시는 것이다. 동시에 우리의 임무는 천국으로 가는 것이 아니라, 기도와 순종을 통해 천국을 이 땅으로 가져오는 것이다.

집이 문이고, 문이 집이다

주님의 몸 된 교회에 관한 이미지 중에서 내가 가장 좋아하는 것이 있다. 그것은 구약성경 창세기 28장에 소개된 야곱의 이야기에 등장하는데, 아마도 그 이야기의 추상적인 특성이 나에게 매력적으로 다가온 듯하다. 확실히는 잘 모르지만, 나는 이 이야기 속에 매우 중요한 무언가에 대한 약속이 들어 있음을 알고 있다. 그것을 온전히 밝혀내기 위하여 아주 특별한 한 세대가 동원될 것이다.

> 야곱이 브엘세바에서 떠나 하란으로 향하여 가더니 한 곳에 이르러는 해가 진지라 거기서 유숙하려고 그 곳의 한 돌을 가져다가 베개로 삼고 거기 누워 자더니 꿈에 본즉 사닥다리가 땅 위에 서 있는데 그 꼭대기가 하늘에 닿았고 또 본즉 하나님의 사자들이 그 위에서 오르락내리락 하고 … 야곱이 잠이 깨어 이르되 여호와께서 과연 여기 계시거늘 내가 알지 못하였도다 이에 두려워하여 이

르되 두렵도다 이 곳이여 이것은 다름 아닌 하나님의 집이요 이는 하늘의 문이로다 하고 … 그 곳 이름을 벧엘이라 하였더라 이 성의 옛 이름은 루스더라 (창 28:10-12, 16-17, 19)

성경에서 하나님의 집에 관해 최초로 언급된 곳이 바로 이 본문이다. 성경해석에 있어서 의미 있는 여러 가지 원칙들이 있는데, 그중 하나는 성경에서 최초로 언급된 것은 특별한 중요성을 가진다는 점이다. 특정 주제에 관한 최초의 언급은 하나의 표준이 되며, 나머지 성경구절들은 이 최초의 언급을 뒷받침하면서 덧붙여진다. 하나님의 집에 관한 이 구절에서 우리는 다소 이상한 점을 발견하게 된다. 그것은 그곳에 어떤 구체적인 건물이 존재하지 않고 있다는 사실이다. 여기서 말하는 하나님의 집은, 결코 운반할 수 있는 성막이나 장막도, 영속적인 형태로 존재하는 어떤 성전도 아니다. 그것은 언덕 중턱에 있던 인간과 함께 계시는 하나님을 의미한다. 그것은 하나님의 관점에서 본 실제를 묘사해주는 아주 놀라운 이미지다.

이 이야기의 구성요소들은 열린 하늘, 하나님 아버지의 음성, 오르락내리락하는 천사들, 땅에서 하늘까지 닿아 있는 사다리 등으로 매우 간단하다. 전체적으로 볼 때, 이것은 교회를 묘사하는 그림이다. 그러나 여기서 믿기지 않을 만큼 가장 놀라운 부분은 이 계시의 끝부분에 소개되고 있는 야곱의 결론이다. "이것은 다름 아닌 하나님의 집이요 이는 하늘의 문이로다." 무슨 뜻인지 이해하겠는가? 하나님의 집이 곧 천국의 문이라는 것이다.

문은 매우 단순하면서도 동시에 우리의 일상적인 삶을 구성하는 매우 흥미로운 항목이다. 아마 당신의 집에도 앞마당에서 공공보행로로 나가는 문, 혹은 뒷마당에서 자동차도로로 연결되는 문이 있을 것이다. 문은 당신을 한 영역(장소)에서 다른 영역(장소)으로 데려다주는 전환의 자리다. 이 이미지는 매우 심오하다.

주님의 몸 된 교회는 영원한 하나님의 처소다. 시간 속에서 지금 이 순간, 그것은 두 세계가 맞닿는 가장자리에 세워진 하나의 건물이다. 우리는 이중시민권을 가지고 있어서, 천국의 시민이자 이 세상의 시민이기도 하다. 따라서 우리는 하나님의 나라가 임하도록 기도만 하는 자들이 되어서는 안 된다. 우리는 하나님 나라의 실제를 이 세상에 풀어놓기 위해 하나님께 쓰임 받는 자들이 되어야 한다. 나는 우리가 현재 하고 있는 일이 얼마나 중요한지, 혹은 우리가 얼마나 엄청난 영향력을 끼치는지를 늘 알고 있어야 한다고는 생각하지 않는다. 그러나 우리의 순종이 언제나 주님의 세계를 이 땅에 풀어놓는다는 사실을 제대로 이해하는 것은 매우 유익한 일이다. 우리는 그동안 우리가 가능하리라고 상상한 것보다 훨씬 더 실질적인 방식으로 하나님 나라를 풀어놓을 것이다.

깜짝 놀랄만한 교훈들

하나님은 참으로 많은 것들을 선지자들에게 계시해주셨다. 단지 예언적 메시지만이 계시의 통로가 됐던 것은 아니다. 주님은 그들로 하여금 천상의 체험도 하게 하심으로써 계시를 보여주셨다. 그 계시는 우리가 가능하리라고 생각할 수 있는 것보다 훨씬 더 많은, 엄청나게 많은 무언가를 내포하고 있었다.

갈망하고 꿈꾸고 열망하는 것은 인간이 지닌 본성이다. 만일 달콤한 것이 존재하지 않는다면, 당신이 달콤한 것을 갈망할 이유가 없다. 이와 마찬가지로, 하나님 안에서 간절히 갈망한다는 것 자체가 실제로 무언가 더 나은 것이 존재하고, 보다 더 많은 것을 누릴 수 있다는 사실을 입증해준다. 아브라함으로 하여금 보이지 않는 것을 추구하도록 몰아간 힘도 바로 이것이었다. "그가 하나님이 계획하시고 지으실 터가 있는 성을 바랐음이라"(히 11:10). 그것은 내적인 확신이었다. 구체적이고 보다 실제적이고 영원한 것, 하나님이 직접 지으신 무언가가 모든 사람들을 위해 준비되어 있다는 사실에 대한 확신이었다.

예수님은 제자들에게 이렇게 말씀하셨다. "내 아버지 집에 거할 곳이 많도다 그렇지 않으면 너희에게 일렀으리라 내가 너희를 위하여 거처를 예비하러 가노니"(요 14:2). 예수님이 말씀하시는 방식이 상당히 이상하지 않은가? 아마 당신은 예수님의 말씀을 다음과 같이 이해하고 있는지도 모른다. '만일 정말 그렇다면 너희에게 말해주겠다.' '그렇기 때문에, 내가 너희에게 말하였다.' 주님의 접근방식은 왜 이렇게 우리의 사고방식과 상반되는 것일까? 주님은 제자들이 이미 마음으로 깨달은 바에 관해서는 약속하실 필요가 없었다. 주님은 모든 사람의 마음에 존재하리라고 추정되는 천상의 영역에 대한 깨달음에 호소하신다. 주님은 지금 그 실제를 확인하시는 중이다. 아마도 주님의 임무는 제자들에게, '만일 그렇지 않았다면' 그들의 내적인 깨달음과 내적인 꿈은 진실하지도 않고 실제로 아무런 근거도 없다고 말해주시는 일이었으리라.

예수님은 이 세상 모든 사람들을 깨우쳐주시는 빛이다. 사실 모든 사람들이 이러한 깨달음을 이미 가지고 있지만, 분주함과 수치심, 교만 등으로 인해 계속해서 보이지 않는 것에 대해 제대로 이해하지 못하고 있다. 하나님은 보이지 않는 것에 대한 깨달음을 이 세상에 태어나는 모든 사람들의 의식 속에 이미 심어두셨다. 그러나 이 통찰을 어떻게 다룰 것이냐의 문제는 바로 우리 자신에게 달려 있다.

선지자들의 기도

선지자들이 품었던 꿈의 본질이 무엇이었는지에 대해 나는 단지 상상만 할 수 있을 뿐이다. 그들은 단지 더 나은 것에 대한 선천적인 깨달음을 가지고 있었던 것만은 아니었다. 심지어 그들 중 어떤 이들은 앞으로 도래할 것을 부분적으로나마 보기도 했다. 또한 어떤 이들은 천국과 하나님의 보좌, 그리고 신비한 천사들의 영역까지도 목격했다. 전반적으로 그들은 하나님의 세계가 이 땅에 영향력을 행사하게 되기를 간절히 열망하였다. 심지어 이사야는 이러한 기도까지 드리지 않았는가? "원하건대 주는 하늘을 가르고 강림하시고"(사 64:1). 사실상 이 구절은 기도의 형태로 표현된 예언적인 메시지였다. 기름부으심이 있는 기도는 언제나 그 안에 예언적인 특성을 내포하고 있다.

한 선지자를 통해서 천국이 이 땅에 영향을 미치기를 갈망하는 부르짖음이 마음속 깊은 곳에서 다시 한 번 폭발적으로 터져 나왔다. 하나님은 이 기도에 응답하시기 위해 무대를 이미 꾸며 놓으셨다. 그런 후에야 이사야에게 그것을 기도로 선포하라고 지시하신 것이다.

Chapter 6

오랜 울부짖음에 대한 응답

오랜 세월에 걸쳐 대대로 하나님을 향한 울부짖음이 메아리쳐오고 있었다. 그 안에는 의인들의 울부짖음과 불의한 자들의 울부짖음이 모두 있었다. 나는 어려서부터 모든 사람의 마음속에는 하나님이 만들어 놓으신 빈 공간이 존재한다는 이야기를 들으며 자랐다.

하나님을 향한 이러한 갈망은 매우 다양한 방식으로 나타난다. 여기에는 삶을 더 나아지게 만들고자 하는 욕구도 포함된다. 이제껏 나는 세계 전역을 여행하며 다양한 민족들을 만나보았다. 그런데 흥미롭게도 그들 모두의 마음속에 한 가지 갈망이 존재하고 있음을 깨달았다. 그들에게는 새로운 것들을 발견해내고 싶어 하는 갈망, 현존하는 것을 좀더 나아지게 만들고 싶어 하는 갈망이 있었다. 이러한 열정은 사실 모든 사람들의 마음속에 깊이 뿌리박혀 있다.

하나님은 우리를 창조하시면서 욕구와 열정, 꿈꿀 수 있는 능력을 함께 부어주셨다. 이 모든 특질들은 우리가 진정으로 하나님을 닮은 자로 변화되기 위해 반드시 필요하다. 이러한 능력들을 사용하여, 우리는 하나님과 인생의 목적, 하나님 나라의 아름다움과 충만함에 관해 보다 더 많이 알아갈 수 있다. 만일 이것들이 하나님의 뜻을 위해 사용되지 않을 경우, 어느새 그것들은 우리가 금지된 열매를 먹도록 이끌어간다. 하나님은 그분의 꿈을 이루시기 위해 기꺼이 위험을 무릅쓰셨다. 주님의 형상대로 지음 받은 자들, 의지적 선택으로 주님을 예배하는 자들, 주님의 임재를 온 세상 가운데로 운반해갈 자들이 바로 주님의 꿈이었다.

이사야의 기도는 온 인류의 부르짖음을 대표하는 것이기도 했다. "원하건대 주는 하늘을 가르고 강림하시고!" 천국의 실제들이 이 땅과 보다 더 가까워져야 한다는 것은 이미 어느 정도 알려져 있었다. 그런데 이 기도에서는, 천국이 이 땅에 영향력을 행사하기를 바라는 간절한 부르짖음이 마음 깊은 곳으로부터 다시 한 번 폭발적으로 터져 나오고 있다. 하나님은 이 기도에 응답하시기 위해 무대를 이미 꾸며 놓고 계셨다. 이사야의 기도는 사실 기도의 형태를 띤 예언적 메시지였다.

결국 천국의 응답이 임했다. 지금 풀어지고 있는 계시와 하나님의 구속의 역사는 도저히 막을 길이 없다.

천국으로 옷 입다

요한의 물세례는 회개의 세례로 알려져 있다. 따라서 예수님이 요한에게 세례를 받으신 모습은 참으로 이해하기 어려운 일이었다. 요한은 주님의 요청을 그대로 수긍하고 받아들이기가 쉽지 않았다. 예수님은 회개할 만한 죄가 없으신 분이었기 때문이다. 그러나 요한의 세례는 한편으로 하나님 나라가 가까이 왔다는 선포이기도 했다. 요한이 하나님의 나라가 가까이 왔다고 말하였을 때, 그것은 예수님의 가시적인 나타나심과 풀어지심에 관한 예언이었다.

요한은 자신이 예수님께 세례를 베풀 만한 자격이 없음을 잘 알고 있었다. 실제로 그는 자기야말로 예수님이 베푸실 성령과 불세례를 받아야 하는 사람임을 고백하였다(마 3:11). 그러나 예수님은 요한에게 물세례를 받으시겠다는 입장을 계속해서 고수하셨다. 때로는 당신이 감당할 만한 자격이 없는 일을 기꺼이 수행할 때, 오히려 그것이 당신을 합당한 자격을 갖춘 사람으로 만들어준다.

예수님은 그분께 세례 베푸는 것을 꺼리는 요한을 향해 다음과 같이 대답하셨다. "이제 허락하라 우리가 이와 같이 하여 모든 의를 이루는 것이 합당하니라"(마 3:15). 결국 이를 통해 의가 이루어졌다. 왜냐하면 이 일을 통해 주님은 자신을 죄 지은 인간과 동일시하시고, 모든 이의 종이 되셨으며, 나아가 하나님 나라가 가까이 왔다고 선포하실 수 있는 자리에 서셨기 때문이다. 이 선포가 풀어짐을 가져왔다. 이 땅에서 선포되기 전까지, 하나님 나라에서는 아무 일도 일어나지 않는다.

예수님이 물로 세례를 받으셨을 때, 천국이 이를 주목하고 있었다. 성경은 이 거룩한 순간을 다음과 같이 흥미롭게 표현해주고 있다.

하늘로부터 소리가 나기를 너는 내 사랑하는 아들이라 내가 너를 기뻐하노라 하시니라 (막 1:11)

예수님은 하늘이 열리는 모습을 보셨다. 이제 오랜 세월에 걸쳐 주어져온 약속이 성취되기 시작한 것이다. 한 사람, 하나님의 아들, 사람의 아들의 겸손을 통해 하늘이 이 땅을 침노하는 것, 사실 이것을 기대했던 사람은 아무도 없었다.

'열리다'라는 단어는 '쪼개다,' '분할되다' 등의 의미를 지닌다. 예수님이 죽으신 순간에 성전 안의 휘장이 '찢어진' 것과 바위가 '터진' 것을 묘사할 때에도 동일한 단어가 사용되었는데, 이것은 매우 흥미로운 점이다. 그 순간에 저질러진 불의, 곧 너무나도 온전하신 분이 죽어야 마땅한 사람들에 의해 죽임을 당하신 것을 목격한 하늘과 땅이 진동한 것이다. "이에 성소 휘장이 위로부터 아래까지 찢어져 둘이 되고 땅이 진동하며 바위가 터지고"(마 27:51). 이와 동일하게, 예수님이 요한에게 세례를 받으실 때 하늘이 열린 것은 단순히 구름이 나뉜 현상이 아니었다. 그것은 매우 의미심장한 일이었다. 이것은 가장 먼저 이사야의 언어, 곧 '하늘을 가르고 강림하시고'라는 기도문을 통해 표현된 적이 있었다. 인류를 대표하여 초청장은 이미 발행되어 있었고, 이제는 하나님이 몸소 응답하셨다.

하늘을 가르는 것은 그 자체로 궁극적인 은혜와 영광의 행위였다. 그로 인해 어둠의 세력들은 비참한 결말을 맞이하게 되었다. 동시에 인간이신 예수 그리스도가 천국으로 옷 입으셨다. 주님은 지상에서의 온갖 목적들을 이루시기 위해 만반의 준비를 갖추셨다. 주님이 준비하신 모습은, 머지않아 모든 사람이 누리게 될 것에 대한 일종의 예언적 예시였다.

경탄할 만한 표적들

예수님이 죽으심으로 성전 안의 휘장과 예루살렘 주변의 바위들, 그리고 천국이 모두 동일하게 의미심장한 일을 경험하였다. 이 모든 것은 우월한 왕국의 임금이 이제 막 등장했음을 증언하였다.

* **휘장** – 하나님은 더이상 구약에 매여 있지 않으신다. 율법의 요구들이 예수님의 죽음을 통해 모두 충족되었기 때문이다. 휘장이 위에서 아래로 찢어진 것은 하나님이 행하신 일이었다.
* **바위** – 세상에서 가장 단단한 것들이 계절의 변화에 반응을 보였다. 바위들이 터짐으로써 이 땅에서 이루어지는 영광의 왕 예수님의 통치를 환영한다는 뜻을 나타내주었다.
* **하늘** – 공중의 권세 잡은 자는 예수님께 대해 더이상 아무런 권세도 행사할 수 없게 되었다. 예수님의 죽으심과 부활과 승천

이후에, 주님은 이 세상에 살아갈 모든 신자들의 원형이 되실 것이다.

그렇다면, 이렇게 하늘이 갈라졌을 때 무슨 일이 일어났는가? 하나님의 성령이 내려오셨다. 이것은 이사야의 기도에 대한 응답이자, 이날을 위해 그토록 고통스럽게 외쳐온 왕과 선지자들의 부르짖음에 대한 응답이다. 예수님은 그분의 체험을 우리의 것으로 만들어주시기 위해 길을 닦아 놓으셨다. 성령님, 곧 예수님과 하나님 아버지께서 그토록 강조하신 천국의 보물이 이 땅에 풀어지셨다. 그런데 또 다른 열린 하늘을 기대하는 모습은, 이미 우리에게 임하신 분을 제대로 모시지 못하고 있음을 반증한다.

열린 하늘

열린 하늘은 모든 신자에게 주어져 있다. 그런데 신자에게 있어서, 가장 굳게 닫혀 있는 하늘은 그들의 머릿속에 있다. 마치 우리 위의 하늘이 놋쇠이기라도 한 양 굳게 닫힌 채로 살아가는 모습은 실제로 마귀의 손아귀에 놀아나는 것이다. 이때 우리는 방어적인 자세를 취하게 된다. 이런 삶은 예수님이 이미 성취하신 일에 위배되는 것이다. 주님은 사명을 주시며 우리로 공격적인 태도를 취하게 하셨다. "가라!" 기억하라. 거짓말을 믿는 것은 곧 그 거짓말에 힘을 실어주는 것이다.

물론 그렇다고 해서 어둠이 한 개인이나 혹은 한 도시, 한 나라 전체에 오랫동안 그림자를 드리우지 못한다는 뜻은 결코 아니다. 우리는 종종 우리가 영적으로 어두운 분위기에 휩싸여 있음을 발견하곤 한다. 단지 그곳에 있는 것만으로도 전율이 느껴지는 장소들은 얼마든지 있다. 그만큼 어둠의 영역은 너무나도 편만해 있고, 파괴적이며 지배적이다. 그렇다 할지라도 그것은 열등한 세력에 불과할 뿐이며, 시간을 들여 깊이 생각할 만한 가치가 있는 것은 못된다. 우리의 관심은 언제나 그리스도의 약속과 공급하심, 그리고 내 위에 펼쳐진 열린 하늘에 쏠려 있어야 한다.

그리스도 안에 거한다 함은 최소한 초점을 계속해서 이런 것들에 맞추고 살아가는 것을 의미한다고 나는 확신한다(요 15:4). 그뿐만이 아니다. 우리가 두려워하기를 거절할 때, 이는 마귀에게 그가 이미 끝장난 존재임을 상기시켜주는 것이다(빌 1:28). 만일 어떤 이유로든 당신이 현재 주어진 환경 속에서 무엇을 해야 할지 알 수 없는 듯 느껴진다면, 예배하라. 의심이 들 때에는 언제나 예배하라.

우리는 우리 위에 머물러 있는 천상의 분위기에 관한 지식을 어둠이 좌지우지하지 못하게 해야 한다. 우리 위에 펼쳐진 열린 하늘의 규모는, 어느 정도 우리의 성숙도와 성령께 대한 복종의 정도에 영향을 받는다. 열린 하늘이 마치 한 그루의 큰 떡갈나무라고 생각해보라. 나무가 크고 견실할수록, 더 많은 사람들이 그 나무의 그늘 아래로 들어올 수 있다. 성숙한 신자들도 이와 동일한 방식으로 천국의 분위기를 운반한다. 그들의 그늘의 크기만큼 다른 이들이 아래로 들어와 보호를 받을 수 있게 되는 것이다. 또한, 우리가 이루어낸 돌파로 인해 다른 사람들이 힘을 얻어 변화될 수도 있다.

우리 위에 펼쳐진 열린 하늘을 의식하지 못한 채 살아가면, 성경의 진리에 대한 갈등과 혼란이 야기된다. 그렇게 되면, 우리는 이미 이루어진 일을 누리며 사는 것이 아니라, 늘 일어나지도 않은 일만을 바라보며 살아가게 될 것이다. 하나님께서 이미 성취해 놓으신 바에 관한 지식을 가지고 살아갈 수 있는 것, 또한 우리가 활용하도록 허락해두신 실제를 끌어당길 수 있는 것, 이 모든 것은 하나님이 우리에게 베풀어주신 은혜다. 그렇게 살지 않을 때, 우리는 엄청난 대가를 치르게 된다.

하늘은 이미 열렸다. 귀신의 세력이 아무리 강하더라도, 열린 하늘을 다시 봉합할 수 있을 만큼 강하지는 못하다. 또한, 하나님 아버지는 우리 안에 거하시는 성령을 간절히 바라신다. 어떠한 어둠의 세력이 이 두 분의 연합을 방해할 수 있겠는가? 그러나 원수와 그의 계략에 대한 지식을 가장 중요시할 때, 우리는 본능적으로 어둠에 반응하며 살아가게 된다. 반복해서 말하지만 만일 내가 그렇게 살아간다면, 원수는 나의 삶에 영향력을 행사할 수 있게 된다. 그러나 그는 결코 그럴만한 자격이 없는 존재다. 그러므로 우리는 반드시 하나님 아버지께서 행하시는 바에 반응하며 살아가야 한다. 이것이 바로 예수님이 우리에게 보여주신 모범이다.

천국은 온전한 확신과 평강으로 충만한 곳이다. 반면에 이 세상은 혼동과 하나님을 향한 불신으로 가득 차 있다. 과연 우리는 어느 쪽을 더 많이 의식하고 있는가? 우리의 삶은 언제나 우리가 가장 잘 알고 있는 세계의 본성을 반영하기 마련이다. 그러므로 열린 하늘을 의식하며 살아가는 삶은 어마어마한 열매들을 산출한다.

이미 현존하시는 하나님이 또 임하실 수 있는가?

어떤 이들은 우리가 하나님과 성령님에 관해 이야기할 때마다 무척 괴로워한다. 우리는 하나님이 어떠한 특정 상황 속에 들어오신다고 말하거나, 성령님이 우리 위에 임하시거나, 혹은 집회 중에 운행하고 계신다고 말한다. 종종 우리는 사람들에게 사역하기 위해 준비하는 과정에서, 성령님이 임하시도록 초청하곤 한다. 그런데 이것에 대해 누군가 이렇게 물을 수도 있다. "하나님은 이미 여기에 와 계신데, 왜 또 하나님이 오시도록 초청하는가?" 이것은 참 좋은 질문이다. 하나님의 임재의 차원과 분량은 매우 다양해서 우리가 이것을 제대로 이해하지 못한다면, 이러한 기도를 드리는 것이 전혀 이치에 맞지 않는 일처럼 보일 수 있다. 주님이 '지금 여기에' 계실 때, 반드시 그 이상의 것이 도래한다. 그러므로 그 이상의 것을 갈망하며 주님을 초청하는 것은 매우 중요한 일이다.

이사야는 이미 이러한 실제를 지각하고 있었다. "내가 본즉 주께서 높이 들린 보좌에 앉으셨는데 그의 옷자락은 성전에 가득하였고"(사 6:1). '가득하였고'(filling)라는 말은, 이미 주님의 옷자락이 성전에 가득 차 있었지만, 그 다음에도 계속해서 채우고 있었음을 시사해주는 표현이다. 주님은 이미 오셨다. 그러나 주님은 계속해서 오시고 계신다. 언제나 그 이상의 것이 존재하는 것이다!

다음은 하나님의 임재의 분량에 관한 극히 일부에 해당하는 목록들이다. 각각의 항목은 이전에 비해 훨씬 더 증가된 분량을 보여주고 있다.

* 하나님은 만물보다 먼저 계시고 만물은 그분 안에서 존속한다(골 1:17). 주님은 모든 곳에 편재해 계신다. 주님은 피조물들을 적재적소에 배치하시는 분이다.

* 하나님의 임재의 두 번째 차원은, 거듭난 신자들의 삶 속에 거주하시는 성령님이다. 특히 성령님은 우리를 주님의 성소로 만드시기 위해 임하신다.

* 세 번째 차원은, 신자들이 주님의 이름으로 함께 모였을 때 나타난다. 주님은 다음과 같이 말씀하셨다. "두세 사람이 내 이름으로 모인 곳에는 나도 그들 중에 있느니라"(마 18:20). 기하급수적인 증가의 원리가 작동하는 지점이 바로 여기다.

* 네 번째 차원은, 하나님의 백성들이 주님을 찬양하는 순간에 이루어진다. 주님은 "이스라엘의 찬송 중에 계시는"(시 22:3) 분이다. 주님은 이미 우리 안에 함께 계신다. 그러나 주님은 찬양의 분위기 속에서 더욱더 강력하게 자신을 가시적으로 드러내신다.

* 다섯 번째 차원은, 솔로몬의 성전이 봉헌되던 시점에서 찾아볼 수 있다. 하나님은 제사장들이 능히 서서 섬기지 못할 정도로 강력하게 임하셨다(왕상 8:10-11). 그 누구도 악기를 연주하거나 노래할 수

없었음은 물론이고, 심지어 제대로 서 있을 수조차 없었다. 그러한 임재의 분량 앞에서 그들은 완전히 압도되었다.

나는 이 다섯 가지 수준들을 단지 원리로서만 언급하였다. 이 목록들을 통해 당신이 하나님의 갈망을 조금이라도 이해할 수 있기를 바란다. 하나님은 주님의 백성들에게 더 많은 분량으로 충만하게 임재하시기를 간절히 원하신다. 성령세례를 통해 임하는 은사와 오순절의 광경은, 어쩌면 실제로 이상의 모든 원리들이 조합된 모습을 예증해주고 있었는지도 모른다. 한 도시 전체가 하나님의 가시적인 임재의 영향력 아래 들어오게 되었기 때문이다.

이처럼 하나님의 임재가 지닌 분량의 다양함에 관한 기록은 성경뿐만 아니라 역사 속에도 남아 있다. 우리는 이러한 사실들을 개혁과 부흥의 역사에서 찾아볼 수 있다. 우리가 실어 나르는 하나님의 임재의 분량에 대한 책임은 우리 자신에게 놓여 있다. 우리는 늘 우리가 진정으로 열망하는 것을 갖기 마련이기 때문이다.

단 한 가지 일을 위해

우리는 지나치게 삶의 비전에만 몰두한 나머지, 과정은 놓쳐버리기가 너무나도 쉽다. 우리가 세상을 살아가는 목적은 여러 가지다. 여기에는 예수님의 분량까지 성숙해가는 것, 가능한 한 많은 사람을 주님께로 인도하는 것, 우리의 권세와 영향력 아래 있는 모든 곳을 변화시키는 것 등이 포함된다. 우리는 종종 이 모든 임무들이 불가능한 것들이라는 사실을 잊어버릴 때가 많다. 사실 우리 힘으로는 이것들 중 어느 하나도 제대로 해낼 수 없다. 그러나 이상하게도, 이 임무들은 특정한 단 한 가지의 결과로 주어지는 경우에 한해서는 가능해진다. 이 '한 가지'는 실제로 우리가 할 수 있는 일이다. 이제부터 나의 설명을 들어보기 바란다.

우리는 하나님과의 사귐을 위해 부르심을 받았다. 이 과정에서, 주님은 우리로 하여금 주님을 알 수 있게 해주셨을 뿐 아니라, 우리 안에 거하시고 우리 위에 임하기도 하신다. 우리가 살아가면서 바랄 수 있는 온갖 일들은, 바로 이 한 가지 특권으로부터 흘러나온다. 다윗 왕은 이 개념에 관하여 신약성경에 나오는 대부분의 신자들보다도 훨씬 더 잘 이해하고 있었다. 그는 이것을 가리켜 '한 가지 일'(one thing, 시 27:4)이라고 표현하였다. 삶 전체가 이 한 가지 일, 곧 하나님의 임재를 어떻게 해야 잘 모실 수 있을 것인가에 수렴된다. 하나님의 임재를 돌보는 것, 주님의 임재를 모시는 것이야말로 이 모든 불가능한 꿈들을 성취할 수 있는 유일한 비결이다.

실제로 이 모든 꿈들이 실현되는 것은, 주님을 잘 모심으로써 얻어지는 부산물이다. 예수님도 이러한 삶의 원칙을 확증해주셨다. 주님은 이렇게 가르쳐주셨다. "그런즉 너희는 먼저 그의 나라와 그의 의를 구하라 그리하면 이 모든 것을 너희에게 더하시리라"(마 6:33). 하나님의 나라는 주님의 실질적인 임재와 동떨어진 것이 아니다. 나라에는 왕이 있다. 실제로 하나님의 나라는 하나님의 영의 임재 안에 존재한다. "하나님의 나라는 먹는 것과 마시는 것이 아니요 오직 성령 안에 있는 의와 평강과 희락이니라"(롬 14:17). 예수님이 주신 이 명령의 취지는, 우리가 그 한 가지 일을 우선순위로 삼아야 한다는 데 있다. 그렇게 살아가는 모습이야말로 궁극적으로 의로운 삶임을 입증해주는 것이다.

언젠가 한번은 주님이 밤에 나를 깨우시며 음성을 들려주셨다. 주님은 그분을 주시하면서(watch) 불침번(watch)을 서듯 깨어 있는 자들을 지켜주신다고(watch) 말씀하셨다. 그 만남의 사건 이후로 이미 수많은 세월이 흘러갔다. 그러나 그 순간을 떠올릴 때마다, 나는 아직도 그때와 동일한 흥분을 느끼곤 한다. '불침번'(watch)은 하나님이 부여해주신 책임들을 의미한다. 이는 파수꾼이 하는 일이기도 하다. 파수꾼은 여러 가지 사항들이 안전하게 되어 있는지, 제대로 된 돌봄을 받고 있는지 등을 확인하기 위해 자신에게 부여된 책임들을 점검한다. 본질적으로 그때 하나님께서 나에게 하신 말씀은 이런 의미였다. "만일 네가 '나를 바라보는 것'을 유일한 책임으로 삼는다면, 내가 너의 책임들을 돌봐주겠다." 주님은 나에게 하나님의 임재 중심으로 살아가는 사람이 되라는 초청장을 보내신 것이다.

우리가 삶에서 감당해야 할 책임들에 관해 생각할 때, 수많은 좋은 일들이 머릿속에 떠오른다. 그러나 지금 내 삶에 있어서 그 모든 책임들은 언제나 단 한 가지로 요약된다. 바로 주님의 임재다. 주님의 임재와 함께 무엇을 해야 할 것인가? 나의 사고방식이나 삶의 방식은 하나님의 임재의 나타나심과 어떠한 연관성을 갖는가? 하나님의 임재가 내 삶의 비전과 초점에 영향을 미치고 있는가? 그 한 가지 일이 내 행동에 어떻게 영향을 주고 있는가?

도시를 변화시킨 문

사도행전 1장에서, 예수님은 5백여 명이 모인 곳에 모습을 나타내신다. 주님은 그들에게 하나님 아버지가 약속해주신 것을 받을 때까지 결코 예루살렘을 떠나지 말라고 당부하셨다. 당시 예수님의 열한 제자들도 이들 무리 속에 함께 있었다. 요한복음 20장에 보면, 이 열한 명의 제자들은 이미 성령을 받은 자들이었다. 그런데도 주님은 이들에게 하나님 아버지께서 약속하신 것을 받을 때까지 예루살렘에 머물러 있으라고 명령하신다. 예수님께서 승천하신 후 기도모임이 결성되었고, 그로부터 열흘이 지나자 겨우 120명의 사람들만이 남아 있었다.

이날은 교회 안에서 매우 의미있는 날로 평가되고 있다. 하지만 우리가 그날의 진정한 의미에 대해 제대로 이해하고 있다고 확신하기는 어렵다. 오순절이 되었을 때, 성령세례가 임했다. 이 성령세례를 가리켜 하나님 아버지의 약속이라고 일컫는다. 하나님 아버지, 오직 좋은 것만을 주시는 분께서 이것을 우리에게 선물로 주셨다. 모든 생명은 오직 주님으로부터만 흘러나온다. 주님은 생명을 지휘하고 관리하시는 분이다. 그분이 우리에게 약속을 주셨는데, 이것이 바로 그 약속이다. 이것은 주님의 특별한 선물이다. 이 약속은 우리를 다시금 인간을 향한 최초의 목적, 즉 이 땅에서 하나님의 충만하심을 운반하기에 적합한 사람이 되도록 인도한다(엡 3:19). 이러한 일은 오직 성령세례(불세례)를 통해서만 가능하다!

> 홀연히 하늘로부터 급하고 강한 바람 같은 소리가 있어 그들이 앉은 온 집에 가득하며 (행 2:2)

두 세계가 만나는 순간, 어떠한 소리가 하늘로부터 들려왔다. 그것은 마치 급하고 강한 바람 같은 소리였다. 여기서 '강한'(rushing)에 해당하는 헬라어는 '페로'(phero)다. '페로'라는 헬라어는 신약성경에서 67번이나 등장하지만, '강한'이라고 번역된 경우는 유일하게 이곳뿐이다. 다른 곳에서 이 단어는 '산출시키다, 낳다, 가져오다' 등의 의미를 지니고 있다. 번역 자체를 바꾸자고 한다면 어리석은 일일 것이다. 다만 나는 이 구절을 보다 잘 이해하기 위해 '산출시키다'라는 측면을 추가해볼 것을 제안한다. 만일 그렇게 한다면 이 구절은 '무언가를 그 근원지로부터 운명의 자리로 산출시키거나 가져오는 급하고 강한 바람 같은 소리'로 해석할 수 있다.

'소리'(noise)는 '포효'(roar)라고도 번역할 수 있다. 하나님은 선포하심으로써 세상을 존재케 하셨다. 주님의 말씀에는 창조적인 힘이 있다. "여호와의 말씀으로 하늘이 지음이 되었으며 그 만상을 그의 입 기운으로 이루었도다"(시 33:6, 창 1:3-24). 이 소리는 무언가를 이 땅 위에 풀어놓기 위해 하나님의 입에서 나왔을 것이다. 선지자들은 그 무언가를 볼 수 있기를 얼마나 갈망해왔는지 모른다. 그들은 처음부터 그것에 동참하기를 간절히 바랐었다. 그뿐만이 아니라, 하나님은 몸소 바람을 타고 다니시는 분이다(시 104:3).

자, 이제 우리는 이때를 하나님이 바람, 소리, 하늘의 숨을 타시고 인간을 원래의 목적대로 회복시켜주시는 순간으로 이해할 수 있다. 의심할 나위 없이, 천국이 가장 극적으로 이 땅에 침노하는 일이 바로 이 순간에 이루어졌다. 그야말로 결정적인 순간이었다. 하나님 아버지의 약속하신 바가 바로 이것이었다.

천상의 소리를 운반하는 전파

이 소리는 실제로 저 세상으로부터 이 세상 가운데로 하나의 실제를 운반해왔다. 이 천상의 소리는 예루살렘 도성의 분위기를 변화시켜 놓았다. 예수님을 못 박은 도시인 예루살렘이 순식간에 구원받기 위해 무엇을 해야 하는지 알고 싶어 하는 도성으로 바뀐 것이다. 어떻게 이런 일이 일어날 수 있었을까? 바로 하늘로부터 임한 소리 때문이었다. 소리도 진동이고, 빛도 진동이다. 바로 이날 천국의 진동이 한 도시 안에 이전과는 전혀 다른 새로운 북소리를 가져왔다. 그들은 자신들이 지금 누구의 북소리에 맞추어 행진하고 있는지를 알지 못했지만, 이전에는 볼 수 없던 것들을 보게 되었다.

하나님의 집은 하늘의 문이다. 기억하라. 하나님의 집은 두 세계의 가장자리에 세워져 있다. 이 문이 주변 환경에 영향을 미치기 시작한 시점은, 사람들이 하나님의 행하시는 바에 대해 마음 문을 열었을 때부터였다. 그 순간 그 세계로부터 실제로 무언가가 풀려나왔다. 그 문을 통해 이 세계 가운데로 무언가가 풀려나온 것이다. 그로 인해 이 도시는 이전에는 상상조차 할 수 없었던 엄청난 변화를 경험할 준비를 갖추게 되었다.

사람들은 이 땅에서 천상의 소리를 듣고 경험하였다. 천국의 포효 소리로 인해 이 도시는 원래의 목적과 부르심의 자리로 복귀하였다. 바로 그 순간 두 세계가 충돌하였다. 보다 열등한 어둠의 영역은 하나님 나라의 탁월한 본질 앞에 굴복했다. 우리는 하나님의 임재를 운반할 수 있는 유일무이한 특권을 가지고 있다. 그것을 통해 우리는 천국과 세상이라는 두 개의 실제가 완벽한 조화를 이루어 춤추게 할 수 있다.

이 장면은 예수님이 세례를 받으시던 순간과도 매우 흡사하다. 예수님이 세례를 받으시던 순간에도 하늘로부터 어떤 강력한 현상이 나타났다. 이 일은 그동안 늘 관습적으로 그곳을 차지하고 있던 세력들을 당혹스럽게 했다. 사도행전 2장에 보면, 성령님은 예수님이 세례를 받으실 때와 동일한 방식으로 풀어지셨다. 이번에는 다만 성령께서 예수님 위에 머무신 것이 아니라 주님의 백성들 위에 머무셨다는 점만 다를 뿐이다. 그런데 여기서 우리가 주목해야 할 중요한 사실이 있다. 그것은 영적인 영역에서 이루어지는 그러한 격렬함은 하나님의 백성들에게 있어서 언제나 평화로 충만한 순간이라는 것이다. 이것이 바로 평강의 하나님께서 사탄을 쳐부수시어 우리의 발 아래에서 짓밟히게 하시는 방법이다(롬 16:20). 이를 달리 표현하면, 당신이 경험하는 충만한 평강의 시간은 어둠의 세력들이 공포에 떠는 순간들이라고 할 수 있다. 오직 하나님의 나라 안에서만 평강은 전쟁의 무기가 된다.

도시가 회복되다

신비스러운 소리가 오순절에 풀어졌을 때, 수천 명의 사람들이 120명이 모여 있던 다락방으로 몰려들었다. 때는 아침 9시 무렵, 아직 사람들이 하루의 일과를 시작하기 전이었다. 그런데 그들은 만사를 내려놓았다. 남자들은 손에 쥐었던 연장을 놓아버렸고, 여자들은 자녀들에게 장난감을 내려놓게 하였다. 어떤 소리가 그들의 대기를 가득 메웠고, 동시에 그들의 마음도 그 소리로 충만해졌다. 한 도시 전체의 분위기가 전환되고 있는 모습을 한 번 상상해보라.

이 도시는 예수님을 십자가에 못 박기 위해 폭동까지 일으켰던 곳이다. 그들에게도 단 한 가지 좋은 것, 곧 주님의 임재를 가졌던 때가 있었다. 그러나 그들은 살인의 영으로 반응함으로써 그것을 파괴시켜버렸다. 문명화된 사람들은 이 한 가지 일에 대해 저항하는 것을 매우 자랑스럽게 여긴다. 그런데 하나님의 마음속에서 분출되어 나온 무언가가, 즉 열린 하늘을 통해 풀어진 그 소리가 도시 전역에서 폭발하듯이 터져 나왔다. 아무도 수많은 무리들이 왜 그 다락방 앞에 모여들었는지 알지 못했다. 광고지나 포스터조차 배포된 적이 없었고, 사전에 광고방송이 나간 것도 아니었다. 다만 한 소리가 풀어져 도시 전역을 감싸고 있었다.

난생처음으로 그들은 그 소리로 인해 대기가 깨끗해졌음을 느꼈다. 그들의 생각은 명료했고, 하나님의 거룩한 목적을 감지했다. 마치 하나님이 전혀 새로운 사람들을 불러 모으신 것만 같았다. 정말로 그러했다.

예전에는 사람들이 이렇게 모여든 이유가 120명의 신자들이 방언을 하였기 때문이라고만 생각했다. 그들은 예루살렘을 찾은 사람들이 사용하는 다양한 나라의 언어로 방언하고 있었다. 그러나 이런 생각은 이치에 맞지 않다. 더구나 외국인 방문자들이 많은 국제적인 도시의 경우는 특히 더 그렇다. 그들은 사실 한 가지 소리를 듣고 모여들었다. 그것은 분간하기 어려운 소리였지만, 그것이 사람들의 마음속 깊은 곳으로 가닿은 것이다. 하나님이 하신 일이 아니었다면, 수천 명의 사람들이 직장과 가정에서 일손을 내려놓은 채 알지도 못하는 이유로 모여든다는 것은 거의 불가능했다.

이 소리는 도시의 깊은 심장부에 있던 무언가를 일깨웠다. 그것은 본래의 목적을 회복하라는 부르심이었다. 이 도시는 원래 주님의 임재가 머물러 있는 곳으로 알려져야 했다. 일찍이 다윗 왕은 이미 오래 전에 그러한 봉헌식을 거행한 적이 있었다. 다윗은 그 도시 안에 성막을 세우고, 그 성막을 쉼 없이 24시간 동안 예배를 드리는 곳으로 주님께 올려드렸다.

이 소리의 본질을 구체적으로 설명하기 위해, 나는 이것을 악기 소리에 비유하곤 한다. 재능이 있는 음악가라면, 악기의 마우스피스(관악기에서 입을 대고 부는 부분 - 역주)에 적절하게 위치한 리드(관악기의 발음원이 되는 얇은 진동판 - 역주)를 가로질러 능숙하게 숨을 불어넣음으로써 환상적인 소리를 낼 수 있을 것이다. 이와 동일한 이치로, 하나님의 호흡이 120명의 마음이라는 리드를 불고 계신다고 생각해보라. 한 소리가 도시 전역을 감싸면서 그곳의 분위기를 변화시켜 놓고 있다. 분위기를 바꿀 수 있으면, 운명도 바꿀 수 있다. 사람들이 들은 소리가 바로 그것이었다.

어떤 조화로운 소리가 그들에게 들려왔다. 그 소리는 하나로 연합되어 있는 120명에게서 시작되었다. 그러나 그들은 서로에게 연합되어 있었을 뿐 아니라, 부활하신 그리스도의 영과도 함께 연합되어 있었다. 이것이 바로 2천 년 전에 들려온 소리였다. 하루에 3천 명이 주님께 돌아온 사건도 바로 이 소리를 기점으로 하고 있다. 이 열린 하늘 사건을 통해 구원받는 사람들이 날마다 늘어나고 있었다(행 2:47). 시간이 지날수록 하늘은 점점 더 많이 열려지고, 주님께 돌아오는 사람들의 수는 단순히 '늘어나는' 것이 아니라 '배가되고' 있었다(행 9:31).

한번 겁쟁이가 영원한 겁쟁이는 아니다

몰려든 무리들을 보며, 베드로는 메시지를 선포해야 한다는 주체할 수 없는 부담감에 사로잡혔다. 그는 며칠 전만 해도 한 여종 앞에서조차 쩔쩔매던 겁쟁이였다(막 14:66-72). 그런데 지금은 그가 복음을 전하기 위해 수천 명 앞에 의연한 모습으로 서 있다. 여기서 우리가 명심해야 할 것이 있다. 베드로가 단순히 수많은 무리들 앞에서 복음을 증거해야 했다는 사실 자체가 중요하지는 않다. 지금 베드로의 눈앞에 서 있는 무리들은 모여들자마자 목격한 광경에 대해 조롱하기까지 하는 상황이었다. 베드로의 이 설교는 하나님의 선택받은 사람들을 통해 이루어진 최고로 비범한 현상 가운데 흘러나왔다.

모여든 무리들은 사실 120명의 사람들이 술에 취한 것이라고 생각했다. 그러나 우리가 세상을 복음으로부터 멀어지게 만든다고 여기는 바로 그것이, 실제로는 복음으로 인도해주는 경우가 종종 있다. 오직 복음에 저항하도록 배운 자들만이 복음으로부터 떨어져나갈 뿐이다. (대체로 사람들은 우리가 품위를 지켜야 하나님의 명성도 보호될 것이라고 생각한다. 그러나 하나님은 지금도 계속해서 우리에게 권리를 내려놓으라고 요구하신다. 여기에는 심지어 우리의 체면도 포함된다.) 순간 베드로의 마음속에서 용기가 솟구쳐 올라왔다. 그는 모든 것을 이해하고 있었고, 바로 이 순간에 꼭 필요한 완벽한 메시지를 선포하였다. 이처럼 겁쟁이도 단 한번만 하나님의 만져주심을 경험한다면, 위대한 능력을 지닌 용감한 선포자로 변화될 수 있다.

베드로의 말씀을 들은 무리는 이렇게 말했다. "우리가 어찌할꼬?"(행 2:37) 바로 몇 주 전만 해도 예수님을 십자가에 못 박았던 사람들의 반응치고는 참으로 굉장하지 않은가? 베드로의 설교 때문이었을까? 물론 나는 베드로에게서 엄청난 용기가 드러나던 순간을 조금도 폄하하고 싶은 마음은 없다. 그러나 그의 설교는 열린 하늘 아래서 이루어진 것이었다. 이 분위기가 하늘의 소리를 운반해주었고, 순식간에 한 도시 전체의 사고의 틀을 변화시켜 놓았다. 그의 메시지는 매우 간단명료했으며, 동시에 능력으로 가득 차 있었다. 그 메시지로 인해 경솔한 비웃음들이 잦아들었고, 사람들은 마음속에 숨겨져 있는 삶의 문제들이 무엇인지를 비로소 보기 시작했다. 이 단 한 번의 메시지를 통해 3천 명이나 되는 사람들이 구원을 받았다.

이 사건은 마귀에게 있어서는 그야말로 상상도 할 수 없었던 최악의 악몽이 되고 말았다. 기름부으심(열린 하늘)은 한때는 단 한 사람, 즉 예수님 위에만 머물러 있었다. 그런데 이제는 상황이 전혀 다르게 전개되어 가고 있었다. 예수님 위에 머물던 기름부으심(열린 하늘)이 120명에게로 옮겨갔고, 나아가 지금은 3천 명의 새 신자들에게 접목되었다. 이 운동의 잠재가능성은 무한대다. 온 땅이 주님의 영광으로 가득 찰 때까지 말이다! 또한 이렇게 되는 것이 하나님의 의도이기도 하다. 하나님은 주님을 잘 모실 뿐 아니라, 놀라우신 성령님께 복종하는 모든 사람들을 통해 이 일을 이루기 원하신다.

도대체 무엇에 관한 것인가?

나는 신앙에 있어서 오순절 계통의 배경을 가지고 있다. 이 점에 대해 나는 매우 감사하게 여긴다. 나의 선조들은 성령세례와 방언이 오늘날에도 여전히 유효하다는 사실을 수호하고, 그것에 대해 설교하기 위해 상당한 대가를 치렀다. 나는 선조들이 일궈낸 성취들을 거저 취하며 살아가는 은혜를 누리고 있다. 나는 다만 그들의 성취에 내가 할 수 있는 온갖 일들을 추가할 뿐이다. 그러나 나는 그동안 수많은 사람들이 성령세례에 관하여 잘못된 결론에 이르는 모습을 보아왔다. 성령세례는 방언을 위한 것이 아니다(물론 방언은 모든 사람이 사용할 수 있고 매우 중요한 것이다).

성령세례는 능력을 위한 것이다. 그것도 단순히 기적들을 일으키는 능력을 위한 것이 아니다. 능력으로 충전되어 있는 하늘의 분위기는 한 사람 위에 임하여 머물 수 있으며, 나아가 한 가정이나 기업, 도시 전체의 분위기를 변화시키는 힘으로 작용할 수 있다. 성령세례는 우리를 주님의 부활에 대한 사례이자 살아있는 증인들로 만들어준다. 예수님의 부활이야말로 하늘의 능력이 궁극적으로 나타난 사건이다. 오순절에 대기를 가득 채운 것은 바로 부활하신 그리스도의 영이었다.

오랜 기다림 끝에 임하신 성령

함께 모여 기도를 시작한 지 열흘 정도 지났을 때, 과연 그들은 어떤 모습이었을까? 나의 상상에 의하면, 그들은 아마도 지쳐버렸을 것이다. 그뿐 아니라 이미 생각해낼 수 있는 기도제목들은 모조리 짜내어 기도했기 때문에, 더이상 무엇을 위해 기도해야 좋을지조차 알지 못했을 것이다. 그런데 너무나도 갑작스럽게 예수님을 향한 그들의 열정이 이전에는 결코 경험해보거나 알지 못했던 수준으로 확 끌어올려졌다. 바로 성령님이 그들의 영에 권능을 부어주신 것이다. 그들은 활기가 넘쳤다. 그렇게 활력이 넘친 적은 그들의 인생에서 그때가 처음이었다. 또한 그들은 자신들도 전혀 이해하지 못하는 일들에 관해 말하기 시작했다. 두 세계가 충돌하여 천상의 영역에 존재하고 있는 하나님의 총명이 이 세상에 있던 120명의 언어에 영향을 미쳤다. 그들은 매우 신비스런 방식으로 하나님의 능하신 일들에 관해 말하였다.

이 세례는 물이 아니라 포도주에 비유될 수 있다. 물은 상쾌하게 해 주지만, 포도주는 영향력을 행사한다. 하나님이 어느 특정한 세례를 가리켜 불세례(baptism of fire)라고 일컬으실 때, 이는 단순히 원기를 북돋워 주는 세례를 말하는 것이 아니다. 이 불세례를 통하여 하늘이 임했고, 이 세상에 영향력을 행사했다. 급하고 강한 바람이 임하고 그들의 입술에서 하늘의 언어가 터져 나왔을 때, 그들은 자신들에게 영향을 준 것으로 인해 새로워지는 경험도 하게 되었다. 나중에 바울은 방언으로 기도하는 것은 우리의 덕을 세워주는 일이라고 하였다.

이 작은 무리들 안에서 무슨 일이 벌어지고 있는지는 거의 의심할 여지가 없었다. 그뿐 아니라 그들은 그야말로 완벽하게 만족스럽고, 너무도 정확하고 강력한 무언가를 말하고 있었다. 그들은 마치 전혀 새로운 날을 경험하고 있는 것만 같았다. 그들은 실제로 그러했다. 이 천상의 언어는 마치 그들의 마음속으로부터 폭발되어 나온 것인 듯했다. 그러나 이런 일은 그들이 난생처음 하는 경험이었다. 아니, 실제로 온 인류 역사 속에서 이런 일은 처음이었다. 그들은 어떤 식으로든 모자라거나 빠뜨리는 일 없이, 말해야 할 것을 완벽하게 말하고 있었다.

하나님의 성령은 하늘의 놀라운 총명으로 그들을 통해 말씀하고 계셨다. 그들의 찬양은 하나님의 성령으로부터 나와서 그들의 입술을 통과하여, 다시 하나님께로 돌아가고 있었다. 그 순간, 인간의 지성은 잠시 기능을 멈춘 상태였다. 그들은 다양한 언어로 하나님의 큰 일을 말하였다(행 2:11). 이때 그들은 찬양의 언어를 사용하였다. 그것은 단순한 기도가 아니었다. 한때 주님을 배척했던 한 도시 전체를 향해 위대하신 하나님의 신비스러운 본성을 선포한다는 것이 얼마나 큰 특권인지를 상상해보라. 어림잡아 표현하더라도, 굉장히 흥분되는 경험이었을 것이다.

주님은 이 불세례를 통해 모든 사람들의 마음에 불을 붙이고자 하셨다. 이것은 사역에 이끌리는 것이 아니라 임재에 이끌려 살아가는 사람을 통해 가장 잘 실현될 수 있는 일이다. 다시 말해, 내가 하나님을 위해 무엇을 성취할 수 있느냐에 관한 것이 아니라, 오히려 내가 누구와 함께 행하느냐, 또는 가장 소중한 관계를 보호하기 위해 내가 할 수 있는 것이 무엇이냐에 관한 것이다.

끊임없이 더 많은 것을 구하다

이 놀라운 성령의 부흥운동이 터져 나온 후 여러 해가 지났다. 상황들은 상당히 잘 진척되어가고 있었다. 실제로 주님께로 돌아오는 사람들의 수도 날마다 늘어갔다. 종종 도시 전체가 기적들로 인해 들썩거리곤 했다. 베드로와 요한은 다리를 저는 한 남성을 치유하는 기적을 베풀었는데, 그 기적은 듣는 이들의 마음을 뒤흔들어 놓았다(행 3:1-10). 그들은 엄청난 용기를 가진 자들로 인정받았다. 그러나 그로 인해 그들은 체포를 당했고, 심문을 받고, 처벌을 당한 후에 풀려났다. 그러나 풀려난 직후에도 그들은 전혀 위축되지 않았고, 기도모임에 참석하여 이전보다 더 담대하게 기도했다.

> 주여 이제도 그들의 위협함을 굽어보시옵고 또 종들로 하여금 담대히 하나님의 말씀을 전하게 하여 주시오며 손을 내밀어 병을 낫게 하시옵고 표적과 기사가 거룩한 종 예수의 이름으로 이루어지게 하옵소서 하더라 (행 4:29-30)

그러자 하나님의 성령이 다시금 그들에게 임하셨다. 우리에게는 언제나 더 많은 것이 필요하다.

방언으로 기도하는 사람들 중 대부분은 자신들이 성령으로 충만한 상태라고 생각한다. 그러나 단순히 방언 자체가 성령 충만의 증거가 될 수는 없다. 충만한 상태야말로 성령 충만을 입증해준다. 당신은 유리컵이 빈틈없이 가득 차 있음을 어떻게 알 수 있는가? 바로 물이 넘쳐흐르는 것으로 알 수 있다. 무엇이든 가득 차면 흘러넘치기 마련이다.

오순절에 이미 성령으로 충만해진 베드로는 사도행전 4장에서 다른 많은 이들과 함께 기도하였다. 하나님께 울부짖는 그들의 모습은 가히 압도적이었다. 베드로는 더 많은 것을 달라고 기도했다. 단지 핍박에서 건져달라고 기도한 것이 아니다. 그는 더 많은 담대함과 하나님의 역사하심을 간구하였다. 그는 어둠의 영역에 보다 깊이 들어가 좀더 많은 영혼들을 구출해올 수 있기를 원하였다. 그 다음 상황에 대해 성경은 다음과 같이 말씀하고 있다.

> 빌기를 다하매 모인 곳이 진동하더니 무리가 다 성령이 충만하여 담대히 하나님의 말씀을 전하니라 (행 4:31)

사도행전 2장에서 베드로는 성령으로 충만해진 상태였다. 그러나 사도행전 4장에서 그는 다시 새롭게 충만해져야 했다. 그 이유가 무엇인가? 만일 우리가 하나님 안에서 온전히 행하려면, 반드시 재충전을 받아야 한다. 물론 세례는 단 하나다. 하지만 우리는 이전 것을 내려놓고, 주님을 더욱 갈망해야 한다. 우리가 성령으로 충만하여 흘러넘치는 삶을 살려면, 오직 주님을 계속해서 더 많이 구해야 한다. 매번 새롭게 충만해져야 한다는 것은, 결코 무언가가 잘못되어가고 있다는 의미가 아니다. 끊임없이 주님을 의지하는 것은 좋은 것이며, 그때마다 주님은 넘치도록 부어주신다.

성령을 부어주시는 목적

성령세례가 먼저는 우리를 좀더 유용한 사역자로 만들어준다는 것을 이해하기는 어렵지 않다. 이러한 사실은 원래는 친밀함을 위해 허락된 것을 통해 사역에 능숙한 전문가가 된다는 점에서 우리를 매우 부담스럽게 한다. 내 친구인 밥 킬패트릭은 그러한 접근방식을 가리켜 '기술'(art) 보다는 '법'(law)이라고 부르기를 좋아한다.[7] 우리가 그리스도와 동행하는 삶 속에는 결코 여러 목적과 성취 목록으로 축소되어서는 안 될 영역들이 존재한다. 우리는 주님의 임재를 모신다는 이 상상할 수 없을 만큼 엄청난 특권으로 인해 결코 하나님을 위해 일하는 노동자로 전락해서는 안 된다. 지금도 날마다 많은 사람들이 '종'이 될 것인가, 아니면 '친구'가 될 것인가를 선택하며 살아간다. 물론 하나님을 온전하게 섬기는 것은 우리가 누릴 수 있는 최고의 특권 중 하나다. 하지만 그것은 사랑으로 인한 부산물일 뿐이다. 성령세례는 우리를 더할 나위 없이 최고수준의 친밀감으로 이끌어주며, 그것이야말로 우리가 추구해야 할 가장 핵심적인 것이다.

하나님은 이것에 관하여 어떤 마음을 품고 계실까? 우리는 에스겔의 놀라운 예언을 통해 하나님의 마음이 어떠한지를 명확하게 볼 수 있다. "내가 다시는 내 얼굴을 그들에게 가리지 아니하리니 이는 내가 내 영을 이스라엘 족속에게 쏟았음이라"(겔 39:29). 성령을 부어주심은 하나님의 얼굴을 계시해주시는 것이다. 이보다 더 위대한 것이 또 무엇이 있겠는가? "왕의 희색은 생명을 뜻하나니 그의 은택이 늦은 비를 내리는 구름과 같으니라"(잠 16:15). 비는 성경적인 은유에서 성령의 운행하심, 곧 성령을 부어주심을 의미한다. 이 구절도 성령의 부어주심을 하나님의 얼굴, 하나님의 은총과 연결시키고 있다.[8]

성령의 부어주심을 통한 하나님의 얼굴의 계시는 모든 사람이 누릴 수 있다. 사도행전 2장에 소개된 성령의 부흥운동은 그 시작점이었다. 성령의 부어주심은 하나님의 얼굴을 구한 것에 대한 성취이기도 하다. 즉, 부흥이 이루어지는 동안 우리가 어디를 가든지 주님의 얼굴을 그냥 지나칠 수는 없다는 뜻이다. 우리가 나아갈 수 있는 유일한 방향은, 부홍운동을 통해 주님의 임재가 보다 더 위대한 분량으로 나타나기를 바라며 부르짖는 것일 뿐이다.

시편 80편은 주님의 얼굴의 은총을 주께서 손으로 행하신 일과 연결시키고 있다. 친밀함 가운데 주님의 얼굴을 구하는 의인들은 놀라운 위업을 위해 쓰임 받을 수 있는 자들이다. 남녀를 불문하고 믿음의 영웅들은 '하나님의 오른손'(시 80:17)의 사람들이었다. 주님은 마치 장갑을 끼시듯 그들을 입으시고, 주님의 표적과 기사들을 나타내시는 일에 그들을 사용하셨다. 우리는 보다 더 위대한 분량으로 주님의 은총을 입기 위해 무엇을 사용해야 하며, 어떻게 고군분투해야 하는지를 잘 알아야 한다.

모세는 변화를 가져오는 주님의 임재가 자신의 얼굴에 임하신 것을 실제로 경험하였다. 이는 하나님과 얼굴을 대면하여 만난 사건으로 인한 결과이기도 했다. 성령의 부흥운동은 우리로 하여금 다시금 주님의 얼굴을 구하도록 인도해간다. 믿겨질지 모르겠지만, 사실 모세의 체험조차도 우리의 경우에 비하면 오히려 하찮은 것에 불과하다. "하물며 영의 직분은 더욱 영광이 있지 아니하겠느냐"(고후 3:8). 주님의 임재 모시기를 최우선의 과제로 삼고 살아갈 때, 우리는 이 세상에 주님의 은총의 얼굴을 풀어놓는 법을 배우게 된다. 이것이야말로 큰 은총을 입은 사람들이 행할 수 있는 일이다.

Hosting The Presence

Chapter 7
궁극적인 원형

　오순절 사건 이후 약 10년의 세월이 흘렀을 즈음, 교회는 또다시 성장통을 겪게 되었다. 사도행전 6장에 따르면, 몇몇 과부들이 기본적인 필요조차 채움 받지 못하는 상황이 일어났다. 사람들을 제대로 돌보기 위해서는 오로지 봉사에만 전념하는 이들이 필요하다는 것이 분명해졌다. 그래야만 사도들이 기도와 성경연구에 전념할 수 있기 때문이다. 이렇게 새롭게 결성된 봉사자들은 '집사들'이라 불렸다. 그런데 이제는 훨씬 더 중대한 문제가 대두되었다.
　당시 이방인들 중에 구원을 받는 이들의 숫자는 엄청나게 늘어나고 있었다. 그들은 교회라고 불리는 이 새로운 유기체의 본질과 문화에 모종의 영향을 미치고 있었다. 어떤 이들은 이런 상황을 가리켜 '주객이 전도되었다'라고 표현하기도 한다.

이방인들이 교회 안에서 중점사안으로 부각되기까지는 상당한 시간이 걸렸다. 사실상 그들은 예루살렘에 모여 매우 행복하게 살고 있었다. 물론 박해가 시작되기 전까지는 그러했다. (열린 하늘을 경험한다고 해서 결코 반대세력까지 모두 사라져버리는 것은 아니다. 마귀에게 동의한 사람들이 존재하는 한, 하나님의 사람들에 대한 다양한 수준의 반대세력들은 언제나 뒤따라온다.) 박해 후에 교회는 세계 여러 곳으로 흩어졌다. 반면에 사도들은 여전히 예루살렘에 남아 있었다. 이때 지도자가 될 것이라고 전혀 생각지 못했던 사람들이 리더가 되었다.

이따금씩 우리는 섬김의 자리에 서기 전까지는 우리 안의 잠재가능성을 결코 알아차리지 못할 때가 있다. 새로운 사람들이 섬김의 자리로 나아가는 순간 그들은 깊은 수준의 기름부으심 가운데로 발걸음을 내디뎠다. 그것을 통해 그들은 자신들이 이미 능력을 가지고 있었음을 어렵지 않게 깨달았다. 새로운 일꾼들이 세워진 후 하나님의 말씀이 점점 왕성하여 구원받는 사람들의 수는 엄청나게 늘어났다. 그제야 그들은 이미 10여 년 전에 예수님으로부터 부여받은 사명에 관심을 기울이기 시작했다.

그러므로 너희는 가서 모든 민족을 제자로 삼아 (마 28:19)

오직 성령이 너희에게 임하시면 너희가 권능을 받고 예루살렘과 온 유대와 사마

리아와 땅 끝까지 이르러 내 증인이 되리라 하시니라 (행 1:8)

예루살렘 이외의 지역에서 일어난 부흥운동은 급속도로 성장해갔다. 이제 그들은 영적인 지도자들인 사도들에게 도움을 요청하기에 이르렀다. 그들은 기적에 관한 것뿐 아니라, 관리에 관해서도 시급히 해결해야 할 문제들을 바로잡아야 했다. 그렇게 자연스럽게 그들의 주안점이 새로운 곳으로 옮겨가 교회는 이방인 신자들에 관한 사안들을 다루기 시작했다.

새로운 고민

나는 이런 일들이 오늘날 우리 시대에도 일어나는 것을 줄곧 보고 있다. 교인들이 안락함을 구가하는 중 어느 순간 갑자기 부흥이 엄습해 온다. 물론 부흥에 반대하는 이들은 이것을 참된 하나님의 운동이라고 부르기를 꺼려할 것이다. 그러나 그들의 평가가 어떠하든, 엄청난 수의 사람들이 교회 안으로 일시에 몰려들어온다. 그들은 어떻게 보면 이제껏 '전기세도 지불한 적이 없는' 사람들이다. 흥분된 채 교회로 들어온 그들은, 저쪽에 그저 앉아만 있는 사람들에 대해 의아스러워한다.

이러한 혼란 속에 수많은 개종자들이 더해지게 되면, 이제는 온갖 종류의 문제들이 표면화되기 시작한다. 이전에 나의 삼촌이 즐겨 했던 말이 있다. "모든 가정이 두 살짜리 아기를 필요로 한다." 물론 그는 생활적인 차원에서 그렇게 이야기했다. 하지만 이러한 진리는 영적인 측면에서도 동일하게 적용될 수 있다. 아기들이 주변에 있는 동안에는 자동적으로 우선순위가 결정된다. 코스타메사에 있는 갈보리채플의 척 스미스도 이러한 선택에 직면한 적이 있다. 그는 '예수사람운동'(Jesus People Movement)을 시작한 초창기에 이런 문제와 맞닥뜨렸다. 기존의 멤버들은 히피족들이 교회에 맨발로 걸어 들어와 새 카펫을 망가뜨려 놓는 것에 대해 심히 우려하고 있었다. 척 목사는 그런 그들에게 그렇다면 앞으로 그 카펫을 뜯어내 버리겠다고 말했다. 그것은 매우 간단하지만 심오한 해결책이었다.

종종 비난을 정당화시켜야 할 상황이 되면, 사람들은 적절한 영적 용어를 찾아내려고 애를 쓴다. 이런 경우에 대체로 거룩이나 분별과 관련된 용어들이 사용되곤 한다. 나를 깜짝 놀라게 하는 사실은, 많은 사람들이 수년 동안 부흥을 위해 기도해왔음에도 불구하고 막상 바라던 부흥이 도래하면 교회를 떠나가는 경우가 많다는 것이다. 위대한 하나님의 운동은 모든 것들을 뒤엎어 놓는다. 결코 아무것도 고스란히 그대로 남아 있지 않을 것이다. 사람을 낚는 어부들인 우리는 그들을 낚아야 한다. 그리고 주님이 그들을 깨끗케 해주시도록 해야 한다.

사도들이 품고 있던 관심사는 한두 가지가 아니었다. 그들이 다룬 것은 주로 거룩에 관한 사안들이었는데, 그것은 주로 정통성에 관한 문제였다. 그들은 은혜로 받은 구원이 실제로 어떤 모습으로 나타나야 하는지를 처리해야 했다. 이 새로운 신자들은 유대인 신자들이었다면 결코 제기하지 않았을 여러 가지 질문들로 도전해왔다. 뒤죽박죽된 상황 속에 과거의 방식들에 대한 건강하지 못한 애착이 가세되면(예를 들면 모세의 율법에 대한 애착처럼), 모든 것이 불분명하고 혼돈스러워지고 만다. 나는 각각의 사도들이 이러한 사안들에 대하여 나름대로의 신념을 가지고 있었으리라고 확신한다.

하나님의 은혜로 말미암아 주어지는 구원에 대한 그들의 신념에는 의심의 여지가 없었다. 하지만 그들이 모든 것에 대해 동일한 생각을 품고 있지는 않았던 것 같다. 그러나 땅 끝까지 복음을 전하는 일을 성공적으로 지속해나가기 위해 그들은 다양한 기준을 제시하는 것이 중요하지 않다고 생각했다. 다만 중요한 몇 가지 사항들에 관해 결정해야 했다.

예루살렘 공회

사도들을 중심으로 최초의 지도자 컨퍼런스가 소집되었다. 모임이 개최된 곳은 예루살렘이었다. 그곳은 하나님이 교회를 위해 선택하신 본부이기도 했다. 한 자리에 모인 그들은 여러 가지 사안들에 대해 이야기를 나누었다. 그들이 결론에 도달하게 된 방식을 살펴보면 상당히 흥미롭다.

먼저 그들은 서로 간증거리들을 주고받았다. 제각각 경험한 이방인들 사이에서 일어난 부흥운동에 관한 이야기를 나누면서, 그들은 한 가지 공통적인 주제를 깨달아가기 시작했다. 그것은 바로 하나님께서 이방인들 위에도 성령을 부어주셨다는 사실이었다. 이방인들이 미처 유대인의 전통에 대한 충분한 지식을 구비하고 익히기 전임에도 불구하고 말이다. 심지어 주님께서는 그들이 진정한 성령의 부흥운동을 맞이할 준비를 갖추고 있었는지조차 중요하지 않은 듯했다.

이 대목에서 특히 나는 마음에 깊은 감동을 받았다. 그들은 하나님이 행하시는 바를 목격한 것을 중심으로 하여 자신들의 신학을 발전시켜갔다. 그들이 당면한 사안에 대하여 어떻게 행해야 할지 알기 위해 예수님의 설교들을 주석적으로 연구하는 식으로 접근하지 않았다. 물론 이러한 연구는 얼마든지 고상하고 좋다. 그러나 현재 일어나고 있는 일을 온전히 이해하고 설명하지 못한다 할지라도, 당신은 하나님께서 그분의 뜻대로 운행하시도록 맡겨드려야 한다. 나는 이제까지 연구를 통해 부흥에 이르렀다는 사람의 이야기는 한 번도 들어본 적이 없다.

어쩌면 많은 이들에게 있어서 이 이야기는 아주 위험한 영역에 발을 들여놓는 것처럼 보일 수 있다. 그러나 나에게는 충분히 위험을 무릅쓸 만한 가치가 있는 일이다. 당신은 왜 하나님의 새로운 운동들이 언제나 자신들이 무엇을 하고 있는지조차 모르는 사람들 사이에서 시작되었다고 생각하는가?

우리는 종종 하나님이 운행하시는 방식에 관해 우리가 이해할 수 있는 한계 안에서만 인정하려 한다. 그러는 동안에도 줄곧 우리는 하나님이 우리 안에 새 일을 행하시기를 기도한다. 사실 현재 우리가 가지고 있는 지식은, 반드시 알아야 할 것을 알지 못하도록 방해하는 요인이 될 수도 있다. 우리 스스로 전문가가 되어버린 순간, 바로 그때부터 우리의 성숙은 하향세로 접어들기 시작한다. 그러므로 여전히 주님은 어린아이와 같은 마음으로 하나님 나라의 진보를 이루어야 한다고 요구하신다.

다윗의 장막과 신약 교회

사도 야고보는 간증시간을 성경적인 결론으로 이끌어갔다. 그는 다음과 같이 말했다. "선지자들의 말씀이 이와 일치하도다"(행 15:15). 그리고 이어진 내용은 아마 야고보 자신에게도 새로운 내용이었을 것이다. 왜냐하면 이 계시가 기록상으로도 쉽게 접할 수 있던 내용이 아니었기 때문이다. 내 생각에는, 그들이 대화를 주고받는 동안 하나님께서 이 성경구절을 야고보의 마음속에 떨어뜨려주신 듯하다. 바꾸어 표현하자면, 그 순간에 거론되고 있던 이야기들이 얼마나 타당한지를 입증해주시려고 하나님께서 야고보에게 이 말씀을 주셨다는 것이다.

성경적 뒷받침은 매우 중요하다. 그러나 이제까지 일어났던 위대한 하나님의 운동들 중 그 일에 대하여 계시가 먼저 임했던 적이 많지는 않았다. 계시가 먼저 임한 경우에는, 현상이 나타나기 전에 사람들이 미리 이해하였다. 우리는 보통 경험을 통해 이해에 도달한다. 그러나 완벽한 이해를 우선시하는 것은 하나님께서 그의 백성들에게 요구하시는 신뢰의 문제에 있어서는 많은 방해가 된다. 하나님은 우리가 당장 이해되지 않아도 그분을 온전히 신뢰하기 원하신다. 아무튼 야고보는 그 상황에 필요한 성경적 근거를 제시할 수 있는 메시지를 하나님으로부터 받았는데, 그 내용은 다음과 같다.

> 말을 마치매 야고보가 대답하여 이르되 형제들아 내 말을 들으라 하나님이 처음으로 이방인 중에서 자기 이름을 위할 백성을 취하시려고 그들을 돌보신 것을

시므온이 말하였으니 선지자들의 말씀이 이와 일치하도다 기록된 바 이 후에 내가 돌아와서 다윗의 무너진 장막을 다시 지으며 또 그 허물어진 것을 다시 지어 일으키리니 이는 그 남은 사람들과 내 이름으로 일컬음을 받는 모든 이방인들로 주를 찾게 하려 함이라 하셨으니 즉 예로부터 이것을 알게 하시는 주의 말씀이라 함과 같으니라 그러므로 내 의견에는 이방인 중에서 하나님께로 돌아오는 자들을 괴롭게 하지 말고 다만 우상의 더러운 것과 음행과 목매어 죽인 것과 피를 멀리하라고 편지하는 것이 옳으니 (행 15:13-20)

기억하라. 이 문제는 이방인들과 관련해서 매우 중요한 사안이었다. 사도들은 이방인들도 구원받을 수 있다는 것을 이미 알고 있었다. 그러나 그들은 이 새 신자들에게 있어서 유대인의 종교와 역사가 어느 정도나 중요한지, 그것을 어느 선까지 적용해야 할지를 확신할 수 없었다.

여기서 우리가 주목해야 할 사실이 있다. 사도행전 15장에는 다윗의 장막에 관한 내용이 언급된다. 그리스도인의 삶에 관해 다루고 있는 이 주제를 이해함에 있어, 구약성경의 다른 어떤 구절들(삼하 6장, 대상 15장)보다도 여기에 소개된 구절만큼 심오한 토대를 제공해주는 표현은 없다. 다윗의 장막은 마음의 중심과 주님의 임재, 열정적인 예배, 열방들을 향한 특별한 목적 등에 관한 이야기다. 무엇보다 이 이야기는 은혜에 대해서도 중요한 사안으로 다루고 있다.

오늘날 우리가 잘 알고 있다시피, 다윗의 장막은 신약 교회의 중요한 배경이 되었다. 다윗의 장막은 다윗 왕과도 관련이 있었다. 그는 제사장으로서 기능하였지만, 사도행전 2장에서는 선지자로도 불린다. 나에게 다윗은 구약시대 인물 중 은혜 아래 살아가는 삶에 대한 가장 위대한 본보기다. 왕이자 제사장이며 선지자였던 그는, 앞으로 오실 그리스도에 대해 완벽한 예언적 그림을 보여준 인물이었다. 아울러 이는 다가올 신약시대의 신자들이 어떤 모습일지를 묘사해주는 것이기도 했다.

다윗의 장막은 거의 40년 동안 존속되었다. 제사장이 피의 희생 없이 하루도 빠짐없이 날마다 24시간 동안 하나님을 예배한다는 것은, 하나님께 대한 이제까지와는 전혀 다른 새로운 접근법이었다.

구약에 등장하는 하나님의 집

구약성경에는 몇 가지 종류의 하나님의 집이 등장한다.

첫 번째 하나님의 집은 창세기 28장에서 찾아볼 수 있다. 밧단아람으로 향하던 중 꿈속에서 하나님을 만난 야곱은 그곳을 '벧엘'이라 불렀다. 벧엘이란 하나님의 집이라는 뜻을 갖는다(이것에 관해서는 이 책의 제1장에서 이미 다루었다). 사실 실제로 어떤 건물이 존재했던 것은 아니지만, 하나님이 그곳에 계셨다. 그곳이 하나님의 집이 된 까닭도 이런 이유 때문이었다.

'모세의 성막'은 우리에게 예수님에 관한 그림을 보여주었다. 성막의 모든 기물들은 앞으로 오실 메시아에 관한 것을 말해주고 있었다. 성막은 하나님이 모세와 얼굴을 대면하여 만나시는 동안 알려주신 그대로 건축되었다.

'솔로몬의 성전'은 지구상에 세워진 다른 어떤 건물보다도 가장 아름답고 영광스러운 자태를 뽐내었다. 이 성전은 인간이 할 수 있는 최고의 노력을 기울여 만든 하나님의 처소였다. 그곳은 참으로 하나님이 거하시기에 합당한 곳이었다. 그것은 하나님의 영원한 처소를 상징하는 것으로서, 매우 상세한 계획에 따라 지어졌다.

'회복된 솔로몬의 성전'은 원래의 것에 비해 규모가 두 배나 더 컸다. 하나님은 회복시키실 때, 이전보다 훨씬 더 위대한 자리로 회복시키신다. 그러나 회복된 성전의 아름다움은 본래의 것만 못했다. 이전 성전의 영광을 보았던 사람들은 회복된 성전을 바라보며 안타까운 마음에 눈물을 흘렸다. 그러나 이전 성전의 영광을 못 보았던 사람들은 회복된 성전을 바라보며 기뻐했다.

'다윗의 장막'은 예배를 위해 지어진 것이었다. 그것이 구체적으로 어떤 건축 재료로 지어졌는지, 어느 정도의 규모였는지에 대해 언급된 것은 없다. 다만 그곳에는 언약궤가 있었고, 하나님의 임재가 그 위에 머물러 계셨다. 제사장들은 그곳에서 온종일 24시간 동안 예배를 드렸다. 여기서 우리가 주목해야 할 것은, 하나님이 장막에 영광 가운데 임하여 계셨다는 것과 제사장들이 쉬지 않고 하나님을 예배했다는 점이다.[9]

이방인의 구원

아모스 선지자는 다윗의 장막이 새롭게 복원될 시기에 관해 이렇게 예언하였다.

> 그 날에 내가 다윗의 무너진 장막을 일으키고 그것들의 틈을 막으며 그 허물어진 것을 일으켜서 옛적과 같이 세우고 그들이 에돔의 남은 자와 내 이름으로 일컫는 만국을 기업으로 얻게 하리라 이 일을 행하시는 여호와의 말씀이니라 (암 9:11-12)

아모스는 다윗의 장막을 재건하는 일을 하나님이 원하시는 결과를 풀어놓는 것과 동일시하고 있다. 여기서 하나님이 원하시는 결과란, 에돔의 남은 자들과 주님의 이름으로 일컬어지는 모든 민족들을 기업으로 얻는 것이다. 회복의 프로젝트는 하나의 구체적인 결실을 풀어놓을 것이다. 그것은 바로 이방인들이 하나님의 나라 안으로 들어오는 것이다.

야고보는 열매를 보고 나무를 식별하였다. 다시 말해, 그는 선지자들이 예언한대로 이방인들이 돌아왔다는 결과(열매)에 주목하였다. 그리고 이 사실을 통해 하나님께서 행하고 계신 일이 무엇인지를 분별할 수 있게 되었다. 하나님은 다윗의 장막을 회복시키시는 일을 행하셨다. 이것은 이 상징적 비유 가운데서 나무에 해당한다. 열매를 맺게 하신 것은 하나님이 특별히 행하신 일을 말한다. 이것을 좀더 구체적으로 말하자면, 교회가 영적인 제사를 하나님께 드리는 예배공동체로 기능하게 된 것을 가리킨다.

> 너희도 산 돌 같이 신령한 집으로 세워지고 예수 그리스도로 말미암아 하나님이 기쁘게 받으실 신령한 제사를 드릴 거룩한 제사장이 될지니라 (벧전 2:5)

제사장으로서의 예배자들이야말로 하나님의 회복 프로젝트다. 예배하는 교회는 열린 하늘을 가져왔고, 열린 하늘로 말미암아 이방인들은 처음으로 진리를 목격하고 깨닫게 되었다. 그리고 예배가 공기의 파장을 정화시켜 놓았다. 사도행전 2장에 소개된 예루살렘의 사건처럼 말이다.

나는 아모스 9장 12절에 대한 야고보의 해석이 무척 마음에 든다. 아모스는 다음과 같이 예언하였다. "그들이 에돔의 남은 자와 내 이름으로 일컫는 만국을 기업으로 얻게 하리라"(암 9:12). 그러나 야고보는 아모스의 구절을 인용하면서 다음과 같이 이야기한다. "그 남은 사람들과 내 이름으로 일컬음을 받는 모든 이방인들로 주를 찾게 하려 함이라"(행 15:17). 그는 아모스의 구절을 신약의 정황에 맞게 해석하고 있다. 아모스 9장 12절에 나오는 에돔은 원래 에서의 땅이었다. 에서는 동생 야곱에게 장자권을 팔아버린 자로, 유업을 상속받을 기본권이 없는 사람의 성경적 본보기가 되었다. 그러나 은혜로 말미암아 우리는 하나님이 그분의 백성들을 위해 세워두신 계획 속에 들게 되었다.

이 예언에서 핵심적인 사항은 하나님이 다윗의 장막을 회복시키실 것이며, 그때는 이방인들이 돌아와 예수님을 믿게 된다는 것이다.

무엇을 회복해야 하는가?

그렇다면 회복되어야 할 것은 무엇인가? 주님의 임재에 대한 다윗의 특별한 기름부으심을 가진 교회야말로, 아모스의 예언이 성취된 모습이라 할 수 있다. 우리는 예배자들로 이루어진 공동체다. 그러므로 우리의 주된 초점은 다른 그 무엇이 아닌 하나님을 섬기는 일이다. 그러나 이 책의 중요성은 다음과 같은 한 가지 사실에 놓여 있다. 즉, 오직 제사장들만이 하나님의 임재를 운반할 수 있었다는 점이다. 하나님은 이 점을 우리에게 매우 강력하게 요구하신다.

이 특별한 우선순위에 있어서 하나님이 재건하시는 것이 무엇이고, 그것이 우리에게 어떤 영향을 주는지 알기 위해 우선 최초의 프로젝트에 관해 살펴보자. 다윗의 열정이 그 길을 예비하였다.

생각지 못한 죽음

사울은 다윗 이전의 왕이었다. 사울 왕이 하나님의 임재(언약궤)에 대해 거의 관심을 두지 않는 동안, 다윗은 순차적으로 유다와 이스라엘의 왕이 되었다. 그는 아버지의 양떼를 돌보던 광야시절부터 이미 하나님의 임재에 관해 잘 알고 있었다. 그는 예배자였다. 하나님과의 은밀한 교제를 나누는 가운데, 그는 하나님이 황소나 염소의 피보다는 철저히 복종된 마음을 더 바라신다는 사실을 분명히 깨달았다. 하나님에 관한 최고의 교훈들 중 몇몇은 결코 교실에서는 배울 수 없는 것들이다. 그것은 오직 여정 중에서만 터득할 수 있다.

다윗은 즉각적으로 언약궤를 예루살렘에 들여오기 위한 작업에 착수했다. 그는 언약궤를 두기 위해 이미 장막을 마련해 놓았다(삼하 6:17). 이것이야말로 다윗에게 있어서는 최고의 우선순위를 차지하는 일이었다. 하나님의 임재가 다윗과 함께 머무시는 것, 그분의 임재가 이스라엘과 함께 머무시는 것 외에 더 중요한 우선순위는 없었다. 이 이야기는 흥미롭고 호기심을 자아낼 뿐 아니라 다소 극단적이기까지 하다.

이스라엘 백성들은 이날을 위해 철저히 계획을 세웠다. 그들은 하나님의 임재를 다윗 성, 곧 예루살렘 안으로 모셔오기 위한 예배 의식을 지켜보고자 거리에 줄지어 섰다. 악기를 다룰 줄 아는 사람들은 주님을 환영하는 축하예배의 자리에 와서 악기를 연주했다. 이 행사를 위하여 최고급 수레가 동원되었고, 제사장들은 거룩하신 분을 맞아들이기 위해 각각 지정된 자리를 지키고 있었다. 그런데 갑자기 수레를 끌던 소 한 마리가 비틀거려 언약궤를 운반하고 있던 수레가 거의 뒤집혀질 뻔했다. 하나님의 임재가 염려되었던 웃사는 손을 내밀어 흔들거리던 언약궤를 바로잡았다. 그러나 그의 불경스러움에 대해 심히 진노하신 하나님은 그를 죽이셨다.

주님의 임재는 결코 사람의 힘으로 다룰 수 있는 것이 아니다. 이 한 가지 이야기만으로도, 기름부으심을 개인적인 이득을 위해 남용하려는 경향이 있는 사람을 향해 경계경보가 울려난다. 하나님은 결코 인간에 의해 이용당하지 않으실 것이다.

그 일로 언약궤를 옮기는 것을 두려워하게 된 다윗은 그것을 오벧에돔의 집에 놓아두었다. 그러자 하나님의 임재로 말미암아 오벧에돔의 온 집안이 복을 받았다(삼하 6:11).

성경에서 답을 찾다

다윗을 거룩한 사람이라고 말한다면, 이는 지나치게 절제된 표현이다. 그는 이 일을 반드시 수행해야 한다고 굳게 확신하고 있었다. 그가 품고 있었던 하나님을 향한 갈망은 진실하였다. 그러나 신실함만으로는 아무도 구원하지 못한다. 스트리크닌(극소량이 약품으로 이용되는 독성 물질 - 역주)을 먹으면서 아무리 과일주스를 마신다고 상상한들, 그 독성을 조금이라도 줄일 수는 없는 것과도 동일한 이치다.

오벧에돔의 집이 모든 면에서 복을 받았다는 소식은 다윗의 귀에도 들어갔다. 이제 다윗은 웃사가 죽던 날 저질러진 잘못이 무엇인지에 관해 좀더 열심히 알아보기 시작했다. 그가 통찰을 얻기 위해 성경을 펼쳐들었음은 분명했다. 사실 복 받기 원하는 마음의 동기는 결코 잘못된 것이 아니다. 심지어 예수님도 눈앞에 있는 즐거움을 위하여 십자가를 인내하지 않으셨는가?(히 12:2) 보상은 하나님 나라에 대한 인식에 있어서 매우 큰 부분을 차지한다.

마침내 다윗은 오직 제사장들만이 하나님의 임재를 운반할 수 있다는 것을 알게 되었다(대상 15:2). '영원히' 말이다. 아, 나는 '영원히'라는 단어가 포함된 명령이나 약속을 발견할 때마다 얼마나 좋은지 모른다. 이는 자동적으로 천국에서의 삶뿐 아니라 은혜 안에 살아가는 이 세상에서의 삶에까지 영향을 미치는 하나의 원리가 작용하고 있음을 의미한다. 이 구절이 바로 이러한 사실을 내포하고 있다. '오직' 제사장들만이 하나님의 임재를 운반할 수 있다!

하나님은 소가 끄는 수레 같은 곳에 타시는 분이 아니다. 블레셋 사람들이 수레를 이용해 언약궤를 옮기긴 했지만 말이다(삼상 4-6장). 하나님의 임재는 결코 인간이 만든 것에 머물지 않는다. 다만, 주님은 우리 위에 머무신다. 나는 이러한 진리가 단체나 건물 등에도 적용된다고 믿는다. 사람들은 종종 위대한 사역들을 촉진시킬 목적으로 만들어진 단체를 바라보려고 한다. 그러나 그 단체나 조례나 명성이 아무리 뛰어나다 한들, 하나님은 그런 것들 위에 머물지 않으신다. 주님이 머무시는 곳은 사람들이다. 복종된 사람들이야말로, 삶의 여러 가지 상황들 속으로 하나님을 모실 수 있는 특권을 가진 자들이다.

또 한 번의 시도

다윗은 하나님의 임재를 다윗 성에 모셔오기 위한 새 계획안을 공표했다. 모든 것이 준비되어 있었다. 제사장들도 준비되어 있었고, 그들 중 악기를 연주할 수 있는 이들도 그날을 위해 연습을 해두었다. 하나님의 임재가 머무는 언약궤를 운반할 임무를 부여받은 사람들은, 아마도 자신들의 임무에 수반된 엄청나게 흥미진진한 특권에 관해 궁금했을 것이다. 어찌됐든, 언약궤에 그토록 가깝게 가닿았던 마지막 사람이 죽지 않았는가? 그러나 이번에는 하나님의 뜻이 무엇인지를 알고 있었다. 그들이 행하는 절차를 지원해줄 수 있는 하나님의 뜻이 성경에 명확히 계시되어 있었다.

이것은 성경 속의 가장 위대한 이야기들 중 하나다. 모든 신자들이 이 이야기를 알고 있어야 한다. 왜냐하면 이 이야기가 오늘날 우리의 임무를 명확하게 달성하기 위한 비결이기 때문이다.[10] 그것은 시대를 앞서 전개된 우리들의 이야기다.

마침내 그날이 왔다. 다윗 왕은 왕복을 벗고 제사장의 의복으로 갈아입었다. 다시 말해, 그는 제사장의 속옷인 에봇을 입은 것이다. 이것은 왕으로서 흔히 볼 수 있는 차림새가 아니었다. 하지만 이미 당시에 다윗은 평범한 왕이 아니었다. 앞으로 그는 하나님의 마음을 추구하는 사람, 곧 하나님의 임재의 사람으로 알려질 것이었다. 그는 여섯 발자국을 내디딜 때마다 매번 황소를 잡아 주님께 번제를 드렸다. 그런 다음 그는 언약궤 앞에서 온 힘을 다하여 춤을 추었다.

언약궤 앞에서 춤을 추는 다윗의 모습은 지독하리만치 아름다운 광경이었음에 틀림없다. 온 이스라엘 백성들은 거리에 줄지어 서서, 진정한 하나님의 임재 안에서 즐거워하고 있었다. 음악가들은 매우 기교 넘치는 솜씨로 악기를 연주하였다. 이것은 가능한 범위 안에서, 한 민족 전체가 참여한 행사였다. 그 장엄하고 웅장하며 엄청난 규모는 틀림없이 압도적이었을 것이다. 그곳에 있던 모든 사람들이 일생에 두 번 다시

볼 수 없는 광경에 큰 감동을 받았다.

여기서 우리가 눈여겨볼 만한 사실이 있다. 언약궤(하나님의 임재)는 다윗을 따라 예루살렘으로 들어갔다. 어디서든 다윗이 춤추는 곳으로, 하나님도 함께 따라가셨다. 주님은 우리의 온갖 헌신에 응답해주신다. 이 이야기에서 감사와 찬양의 헌신은 춤의 형태로 표현되었다. 많은 이들이 우선 하나님의 임재를 알아차린 후에야 비로소 하나님께 반응을 보인다. 그러나 어떤 이들은 하나님이 실제로 임하시기도 전에 반응을 보인다. 이들은 바로 영광의 왕의 임재를 모셔오는 사람들이다. 또 다른 관점에서 이야기하자면, 하나님은 다윗 왕이 다소 품위가 없어 보이더라도 진심으로 그분을 기뻐하며 춤을 추는 곳이면 어디든지 나타나주셨다. 진정으로 하나님을 매혹시키는 것이 무엇인지를 안다면, 아마 당신은 깜짝 놀랄 것이다.

미갈의 무지

그런데 이 장면에서 중요한 누군가가 빠져 있었다. 사울의 딸이었던 미갈은 왕궁의 창문을 통해 이 행사를 보고 있었다. 먼발치에서 바라보는 사람의 눈에 열정적인 예배는 언제나 굉장히 어리석게 보인다. 어떤 일들은 함께 동참할 때에야 비로소 제대로 이해된다. 진정한 예배의 경우가 그러하다.

다윗은 자신의 열정과 그로 인해 흐트러진 차림새에 대해 사람들이 어떻게 생각할지에 대해 거의 무관심했다. 그런 다윗을 보면서 미갈은 매우 놀랐다. 왕으로서의 품위를 어쩌면 저렇게도 무시할 수 있단 말인가? 이에 미갈은 예우를 갖추어 다윗에게 인사를 하는 대신, 오히려 그에게 무안을 주려고 애를 썼다.

> 다윗이 자기의 가족에게 축복하러 돌아오매 사울의 딸 미갈이 나와서 다윗을 맞으며 이르되 이스라엘 왕이 오늘 어떻게 영화로우신지 방탕한 자가 염치 없이 자기의 몸을 드러내는 것처럼 오늘 그의 신복의 계집종의 눈앞에서 몸을 드러내셨도다 하니 (삼하 6:20)

이때 다윗의 대답은 여러 가지 면에 있어서 매우 거침없었다.

> 다윗이 미갈에게 이르되 이는 여호와 앞에서 한 것이니라 그가 네 아버지와 그의 온 집을 버리시고 나를 택하사 나를 여호와의 백성 이스라엘의 주권자로 삼으셨으니 내가 여호와 앞에서 뛰놀리라 내가 이보다 더 낮아져서 스스로 천하게 보일지라도 네가 말한 바 계집종에게는 내가 높임을 받으리라 한지라
> (삼하 6:21-22)

다윗은 하나님이 그녀의 아버지 사울을 마다하시고 자신을 선택해 주셨음을 분명하게 말하였다. 그것은 참으로 신랄한 표현이었다. 하나님의 임재를 무시하는 미갈의 태도는, 그녀가 어느 정도 아버지 사울과 동일한 모습을 견지하고 있었음을 드러내고 있다. 왕으로 치리하던 동안

사울은 하나님의 임재를 귀히 여길 줄 몰랐다. 우리는 결코 하나님의 임재의 중요성을 희석시키는 집안에 있는 미갈들을 수용해서는 안 된다. 계속 이어지는 다윗의 말은, 기본적으로 그녀가 보고 배워야 할 것이 아직도 많이 남아 있음을 의미하고 있었다. 달리 말하자면, 이번 일로 당혹스러웠다면 앞으로 그녀의 미래가 그리 밝지 않을 것이라는 뜻이었다. 이 정도로는 다윗에게 있어서 워밍업 단계에 불과했다. "그러므로 사울의 딸 미갈이 죽는 날까지 그에게 자식이 없으니라"(삼하 6:23). 이것은 너무나도 비극적인 일이었다.

누군가 열정적인 예배를 경멸한다면, 이는 스스로를 극단적으로 위험한 지경에 빠뜨리는 일이 된다. 예배를 무시함으로써 초래되는 자연스런 결과는 잉태치 못함이다. 그들은 예배를 무시함으로써 우리가 살아가는 목적 자체를 배척해버린다. 잉태치 못함과 예배의 부재는 나란히 병행된다. 이와 동일한 광경이 예수님의 시대에도 다시 한 번 재현되었다. 한 여인이 값비싼 향유를 예수님께 부어드린 사건이 있었다. 이것을 본 제자들은 화를 냈다(마 26:8). 마귀는 실제로 지루한 예배에 대해서는 전혀 관심이 없다. 그러나 열정적인 예배는 모든 사람들 속에 있는 종교성을 노출시킨다.[11]

열정적인 예배가 잉태치 못함에 어떤 영향을 주는지에 관해 보여주는 멋진 성경구절이 있다.

잉태하지 못하며 출산하지 못한 너는 노래할지어다 산고를 겪지 못한 너는 외쳐 노래할지어다 이는 홀로 된 여인의 자식이 남편 있는 자의 자식보다 많음이라

여호와께서 말씀하셨느니라 (사 54:1)

이 얼마나 놀라운 약속인가? 본문에서 우리는 아기를 낳지 못하는 한 여인의 모습을 보게 된다. 그러나 그녀는 임신하지 못한 상황이라 할지라도 기쁨의 함성을 외치라고 권고 받는다. 결과적으로 그녀는 줄곧 아이를 낳아왔던 여인에 비해 훨씬 더 많은 자녀들을 갖게 될 것이다. 이는 우리에게 매우 예언적인 그림을 제시해준다. 예배하는 사람들은 상황이 어떠하든 관계없이, 이유를 불문하고 여러 모로 결실을 맺게 될 것이다.

기적이 일어난 후에 기뻐하는 것은 누구나 할 수 있는 일이다. 그러나 응답이 임하기도 전에 찬양하기는 쉽지 않다. 그는 분명 응답을 경험하게 될 것이다. 이것이 바로 믿음의 본질이다. 믿음이란 미리 앞날을 내다보고, 바라본 대로 살아가는 것이다.

목적을 회복하다

아마도 이쯤에서 창세기 1장 28절의 단락을 또다시 소개하는 것이 적절할 듯하다. 예배자들은 진실로 '생육하고 번성하여 땅에 충만하고 땅을 정복하게' 될 것이다. 그렇다면 미갈과 이사야 54장의 여인의 사례가 실제로 그렇게도 중요한 것인가? 나는 그렇다고 믿는다. 다윗의 장막 안에서 우리는 예배자로서의 본래의 목적에 연결된다. 우리의 목적은 영광을 운반하는 자들이 되는 것이며, 원수의 손아귀에 시달려온 사람들의 삶 속에 존재하는 불모지들이 풍성한 결실을 맺도록 회복시키는 것이다. 마귀가 온 목적은 '도둑질하고 죽이고 멸망시키기'(요 10:10) 위해서다. 그러나 예수님은 마귀를 패배시키고, 그들의 소행을 폭로하고, 그로 인한 결과들을 되돌려 놓으시려고 오셨다. 주님은 생명을 주시기 위해 오셨다. 우리는 예수님이 행하신 방식 그대로 그리스도의 승리를 집행할 수 있도록 특권과 사명을 유산으로 상속받았다. 예배자들은 천성적으로 이런 일을 행한다.

새것은 옛것 안에 있었다

이따금씩 우리는 구약의 이야기들을 읽으면서 그것이 실제로 얼마나 극적이고 혁명적이었는지를 전혀 알아차리지 못할 때가 많다. 다윗과 그의 장막에 관한 이야기가 이런 경우에 해당한다.

당시 율법은 여전히 유효했다. 예수님이 죄 없는 삶을 사신 후 고난당하시고 우리를 대신하여 죽으심으로써, 죄로 말미암아 율법이 요구하는 대가를 지불하시기 전까지는 말이다.

그러므로 구약에서 제사장은 오직 피의 제사를 통해서만 하나님의 임재 가운데로 들어갈 수 있었다. 그뿐만이 아니라, 지성소에는 오직 대제사장만이 일 년에 단 하루, 속죄일에만 들어갈 수 있었다. 지성소는 가장 안쪽에 있는 방으로, 그곳에서는 하나님의 임재가 가시적으로 나타나고 있었다. 지성소에서는 오직 영광스런 하나님의 임재만이 유일한 빛이었다. 바로 그곳에 언약궤를 보관해두고 있었다.

다윗은 왕이 되었을 때 하나님이 뭔가 다른 것을 찾고 계신 것을 감지했다. 주님은 순종하는 마음과 깨어진 마음으로 감사와 찬미의 제사를 드리는 제사장들을 찾고 계셨다. 율법시대 속에 살았던 그는 비록 율법이 금지하는 것이었음에도 불구하고 이런 제사를 드렸다. 이 제사에는 노래하는 자들의 목소리와 악기들이 동원되었다. 이런 맥락에서 볼 때, 모든 제사장들은 피의 제사를 드리지 않고서도 얼마든지 날마다 하나님 앞에 나아올 수 있었다. 이런 예배는 매일 24시간 동안 지속적으로 드려졌다. 이것은 예수님이 성취하신 일로 말미암아 제사장이 된 모든 성도들(벧전 2:9)이 담대하게 하나님 앞으로 나아갈 수 있게 될 날을 가리키고 있었다. 야고보가 말한 다윗의 장막이 재건되는 때는 바로 이 때를 의미했다.

다윗은 하나님의 마음을 추구한 사람이었다. 그가 가지고 있던 하나님에 대한 인식은, 훗날 예수님이 오셔서 모든 사람을 위해 피흘려주시기 전까지는 결코 온전히 이해할 수 없을 만큼 대단한 것이었다. 다윗의 체험은 앞으로 도래할 것에 대한 일종의 예언적인 맛보기였다. 이런 체험은 다음 시대를 위해 예비되어 있었다. 그럼에도 불구하고 다윗은 어떻게 이러한 체험을 자신의 시대로 끌어당길 수 있었을까? 나는 그가 품었던 하나님을 향한 갈망이 이런 일을 가능케 해주었다고 믿는다.

다윗이 언약궤를 두기 위해 세운 장막은 시온 산 위에 위치해 있었다. 우리가 산에 관해 말할 때, 보통 지리적으로 어떤 특별한 구역을 지

칭한다. 내가 사는 캘리포니아 북부지역의 섀스타 산은 해발 1만 4천 피트 이상이다. 반면에 시온 산은 아주 아담한 높이로 솟아 있는 산으로, 예루살렘 성 안쪽에 위치해 있다. 시온(Zion)이란 '양지바른 곳'을 의미한다. 이곳이 태양빛이 가장 먼저 비취는 곳이기 때문이다. 비록 높은 산은 아니지만, 이를 만회해주는 요인은 바로 그것이 지니는 의미에 있다. 언제나 의미는 가시적인 것보다 훨씬 더 중요하다.

시온 산에 관해 언급하고 있는 몇몇 구절들을 살펴보기로 하자. 이 구절들을 보면서 우리는 깜짝 놀랄만한 사실을 발견하게 된다.

* "터가 높고 아름다워 온 세계가 즐거워함이여 큰 왕의 성 곧 북방에 있는 시온 산이 그러하도다"(시 48:2). 시온 산은 온 세상의 기쁨이 되어야 한다.

* "온전히 아름다운 시온에서 하나님이 빛을 비추셨도다"(시 50:2). 시온은 완벽한 아름다움이다. 바로 그곳으로부터 하나님이 빛을 비춰주신다.

* "여호와께서 야곱의 모든 거처보다 시온의 문들을 사랑하시는도다"(시 87:2). 문들은 곧 찬송을 의미한다(사 60:18). 주님은 찬양 속에 거하신다. 시온의 찬양(문들)은 주님이 좋아하시는 처소이다.

* "너희 높은 산들아 어찌하여 하나님이 계시려 하는 산을 시기하여 보느냐 진실로 여호와께서 이 산에 영원히 계시리로다"(시 68:16). 하나님은 시온 산을 거처로 삼으셨고 다른 모든 산들이 그

것을 시기한다. 여기서도 '영원히'가 언급되고 있다. 다시 말해 이 구절은 계속해서 신약에 대해서도 적용되며, 이는 하나님의 산 시온으로서의 예배 공동체를 가리킨다. 거듭 말하지만, 비록 높은 산은 아니지만 이를 만회해주는 요인은 바로 이 산이 지니고 있는 의미에 있다.

예배가 열방에 미치는 영향

시편은 놀라운 예배서다. 이 노래들이 기록된 목적은 하나님을 송축하기 위해서였다. 그러나 이들 중 몇몇 시 안에서 무언가 이례적인 일이 일어났다. 시편기자는 열방들을 향하여 일어나서 하나님께 영광을 돌리라고 선포하기 시작했다. 모든 열방들에게 참되고 유일하신 하나님을 예배하라는 명령이 선포된 것이다. 자, 당신은 열방을 향한 하나님의 계획 속에서 이것이 어디에 들어맞는지에 관해 생각할 것이다. 그러나 당신의 생각이 어떠하든 상관없이, 예배자들은 우선 그것을 선포한다.

예배자들은 열방들로 하여금 각자의 목적을 회복하여 하나님이 주신 운명적 부르심을 성취하라고 촉구하는 자리에 서 있다. 이는 예배하는 사람들이 누릴 수 있는 신성한 특권이다. 이해를 돕기 위해 몇 개의 구절들을 아래에 소개하기로 한다.

땅의 모든 끝이 여호와를 기억하고 돌아오며 모든 나라의 모든 족속이 주의 앞

에 예배하리니 (시 22:27)

온 백성은 기쁘고 즐겁게 노래할지니 주는 민족들을 공평히 심판하시며 땅 위의 나라들을 다스리실 것임이니이다 (시 67:4)

그의 이름이 영구함이여 그의 이름이 해와 같이 장구하리로다 사람들이 그로 말미암아 복을 받으리니 모든 민족이 다 그를 복되다 하리로다 (시 72:17)

주여 주께서 지으신 모든 민족이 와서 주의 앞에 경배하며 주의 이름에 영광을 돌리리이다 (시 86:9)

너희 모든 나라들아 여호와를 찬양하며 너희 모든 백성들아 그를 찬송할지어다 (시 117:1)

다윗의 장막의 회복

이사야와 미가가 선포한 예언 중에는 오랜 세월 동안 이어져 지금 이 순간까지도 줄곧 내 마음에 울려오는 메시지가 있다. 그것은 하나님의 집으로서의 산에 관해 이야기하는 내용으로, 다름 아닌 시온 산에 대한 것이다. 이 일은 예언적으로 마지막 때에 성취된다. 나는 그것이 다윗의 장막의 회복(모든 열방에서 온 신약신자들의 연합으로서, 예배자들이라 일컬어지는 일단의 무리)을 가리킨다고 믿는다.

> 말일에 여호와의 전의 산이 모든 산 꼭대기에 굳게 설 것이요 모든 작은 산 위에 뛰어나리니 만방이 그리로 모여들 것이라 (사 2:2, 미 4:1)

모든 산 가운데서 으뜸가는 산으로 서 있는 이곳이 행사하는 영향력에 주목해보라. '산 꼭대기'란 '머리'(head)를 의미한다. 이 정부는 다른 모든 정부의 머리가 될 것이다. 결과적으로 모든 열방이 하나님의 말씀을 듣기 위해 그리로 몰려갈 것이다. 나는 이것이 이 세상의 끝이 오기 전에 이루어질 대규모의 추수를 일컫는다고 믿는다. 이런 일이 예배자들에 의해 이루어질 것이다. 다윗의 장막을 회복한다는 것은 바로 이것이다. 예배는 열방의 운명에 영향을 끼친다.

Chapter 8

하나님의 임재 모시기

　　예수 그리스도는 완벽한 신학이시며, 우리가 마땅히 따라야 할 유일한 기준이시다. 그러나 살면서 종종 나를 깜짝 놀라게 하는 사실이 있다. 그것은 너무도 많은 사람들이 이미 주님이 우리에게 보여주신 모범을 좀더 개선시키려고 애를 쓴다는 것이다. 그들은 또 하나의 새로운 기준, 즉 시대적으로 보다 더 적절한 것을 만들어내려고 노력한다. 이 문제에 관해서는 두 가지 극단이 존재하는 듯하다.

　　하나는 구약의 선지자 타입의 사역이다. 이들이 하나님과 사람을 바라보는 관점은 구약시대의 선지자들의 수준과 정확히 들어맞는다. 그러나 그것을 우리가 몸담고 살아가는 이 시대에 적용하려면 얼마나 불완전한지 모른다. 이런 사람들의 관점에는 한 가지 중대한 요소, 곧 화해자이신 예수님이 빠져 있다. 주님은 율법의 요구들을 만족시키셨을 뿐 아니라, 하나님과 우리의 화해를 가능케 하셨다. 주님은 구약의 율법적 차원으로 사역하도록 허락해달라는 야고보와 요한의 요구를 들어주지 않으셨다(눅 9:54). 율법의 계절은 이미 끝났다!(눅 16:16)

다른 한편으로는, 복음으로 인해 기분 상하는 사람이 아무도 없게 하려고 열심히 노력하는 사람들도 있다. 솔직히 말해, 예수님은 그러한 가치를 추구하지 않으셨다. 이는 모든 사람을 가족으로 포함시키려 한다는 점에서 좋은 마음이기는 하다. 그러나 우리가 예수님의 메시지를 희석시킴으로써 개종자들을 얻는다면, 과연 그것은 누구를 위한 것인가? 만일 그들이 예수님처럼 모든 것을 포기하고 희생해야 한다는 복음을 듣지 않았다면, 과연 그들이 들은 것은 누구의 메시지였는가? 자, 우리 한번 정직하게 생각해보자. 예수님 시대에 자신의 모든 소유를 기꺼이 팔아버리기를 원치 않았던 사람들이, 과연 우리 시대에는 개종하려 하겠는가?

지난 천년 동안 교회 안에는 대비되는 이 두 가지 도전들을 둘러싸고 갈등이 상존해왔다. 이것은 후퇴하지 않고 예수님이 세워 놓으신 기준들을 그대로 고수하는 것과 관련이 있다. 너무도 많은 사람들이 구시대의 종교에 지나치게 집착한 나머지, 더이상 하나님께서 중요하게 생각하지 않으시는 것들을 지키려고 애를 쓴다. 또 다른 도전은 문화의 현 시류에 계속해서 편승하려는 모습이다. 수많은 사람들이 시대에 뒤지지 않기 위해 순전한 복음의 닻을 저버리는 경우가 많기 때문에, 이것은 사실 쉽지 않은 문제다. 그러나 언제나 예수님은 그 누구보다도 훨씬 더 동시대적이고, 현재적이며, 시의적절한 삶을 사셨다. 성부, 성자, 성령님은 세대를 초월하시며 항상 그 시대에 합당하게 행하신다.

성경학교나 신학교에서는 행함보다 강의를 더 우선시하는 경향이 강하다. 물론 그리스어와 히브리어는 중요하긴 하다. 그렇다고 해서, 주님의 음성을 식별하는 법을 배우는 것이나 혹은 누군가에게 치유의 기적을 풀어놓는 것보다 더 중요하지는 않다. 리더십강좌가 중요하긴 하나 누군가를 그리스도께로 인도해올 수 있는 능력, 혹은 축사를 통해 주님께로 이끄는 것보다 더 중요하지는 않다. 요즘은 재정 관리능력이 크게 강조되는 편이다. 이는 오늘날 재정적인 면에서 얼마나 많은 실패들이 빚어지고 있는가를 생각해보면 매우 당연한 모습이다. 그러나 예수님은 단지 돈뿐만 아니라 우리의 가정과 혀를 관리하는 것의 중요성에 관해서도 가르쳐주셨다. 이런 주제들은 경험이 없는 교수들은 가르치기 어려운 과목들이다. 바로 여기에 문제가 있다. 이론만을 구비한 사람들이 이론에 만족하는 세대를 키워내고 있는 것이다. 많은 이들이 하나님과의 거룩한 만남을 경험하는 지점에까지 이르지 못한 채 그저 훌륭한 신학에 만족한다. 그러나 신학의 진정한 목적은 우리를 하나님과의 만남으로 이끌어주는 데에 있다.

오늘날 시대에 맞게 교회를 운영하기 위해 온갖 시도들이 동원되고 있다. 그러나 수많은 사람들이 깨닫지 못하고 있는 중요한 문제가 있다.

그것은 바로 우리가 그리스도를 떠나서는 결코 살아갈 수 없다는 점이다.

우리는 아주 탁월한 성경학교에서 공부하고 심지어 외국의 유명한 신학교에도 다닐 수도 있다. 그곳에서 성서학, 리더십, 음악, 경영 등에 관한 강좌들을 듣거나 타종교와 대화하는 법 등에 관해서 배울 수도 있다. 이런 과목들은 제각각 고유한 중요성을 지니고 있다. 그러나 나라면 오직 성경을 진실하게 믿는 학교나 거듭남을 설교하는 학교들 중에서 선택하겠다. 과목들을 잘 살펴보라. 병자들을 치유하는 법이나 죽은 자를 살리는 법에 관해 가르치는 학교는 어느 정도나 되는가? 기도와 금식, 혹은 귀신을 쫓아내기, 혹은 변화가 일어날 때까지 열방을 위해 중보하기 등에 관한 과목은 어느 정도나 되는가?

물론 개설된 과목들은 훌륭하고 소중한 것들이다. 그러나 혹시라도 그것들이 예수님이 우리에게 배우고 행하도록 명하신 것들보다 훨씬 더 중요하게 다뤄지고 있지는 않는가? 어쩌면 이런 과목들이 개설되지 않는 이유는, 교수들이 그것을 어떻게 가르쳐야 할지를 모르기 때문일 수도 있다. 이러한 것들은 단지 머리로만 가르칠 수 있는 것이 아니기 때문이다. 그것은 결코 개념이 아니다. 사실 체험과 동떨어져 있는 진리는 본질적으로 분열을 초래한다. 반면 체험된 진리는 매우 포괄적이다.

동정녀 탄생에서부터 그리스도의 기적에 이르는 모든 것에 대해 의문을 품는 수많은 학교들은 아예 고려의 대상도 되지 않는다. 이런 학교들은 참으로 혐오스럽다. 사람이 품을 수 있는 가장 어리석은 생각 중 하나를 꼽자면, '하나님은 현존하시는 분'이시라는 사실을 시대에 맞지 않다고 여기는 것이다. 물론 교회가 시대에 부합하지 못할 수도 있다. 그러나 하나님은 결코 그렇지 않으시다.

교회가 세상의 문화를 반영한다고 해서 시대에 맞는 것은 아니다. 다만 세상이 우리에게 진정으로 갈망하는 모습으로 변화될 때 비로소 시대적 요구를 만족시킬 수 있다. 너무도 많은 사람들에게 익숙해진 사고는, 복음은 끊임없이 배척을 받기 마련이고 우리 중 극소수만이 성공적으로 주어진 사명을 감당할 수 있을 것이라는 생각이다. 나는 이것이 잘못된 생각이라고 믿는다. 예수님은 열방들이 갈망하는 분이시다. 그러므로 우리가 주님의 백성으로서 그분을 제대로 드러내며 살아갈 때, 사람들은 우리를 통해 자신들이 그토록 추구하던 바를 보게 된다. 우리가 그들이 마음속에 품고 있던 갈망을 실제적으로 명확하게 보여준다면, 많은 이들이 우리를 환영할 것이다. 우리는 이 땅에 있는 주님의 몸이다. 사람들이 오직 우리를 통해서만 주님을 보게 되므로, 우리가 주님을 올바르게 대표할 수 있어야 한다.

주님이 가져오신 것

최근에 나는 사랑하는 친구인 루 잉글을 통해 굉장한 메시지를 들었다. 역사상 가장 중대한 기도운동을 이끌고 있는 그는 마태복음 5-7장의 산상수훈을 본문으로 한 매우 귀한 메시지를 선포하였다. 루는 예수님의 메시지와 삶, 사역과 사명 모두가 오늘날 우리가 반드시 따라야 할 모범이라고 역설하였다. 하나님 나라 안에서는 제2안이란 존재하지 않는다. 하나님은 제1안을 훌륭히 성취해내실 수 있는 주님의 능력을 확신하신다.

예수님이 가르쳐주신 모든 것들은 내 영혼에 강력하게 도전해왔다. 그중에서도 나를 매우 놀라게 만든 것들은 미처 말로 표현되지 않은 가르침들이었다. 주님은 성령의 인격을 이 세상에 운반해 오셨다. 주님이 실제로 보여주신 삶의 스타일은 우리에게도 얼마든지 가능할 뿐 아니라, 반드시 추구해야 할 방식이기도 하다. 물론 그것이 자동적으로 습득되지는 않을 것이다. 삶에 필요한 많은 것들이 자연스럽게 주어지기도 하지만, 우리가 원하는 거의 대부분의 것들은 몸소 찾아가서 얻어야 한다. 이것이 바로 하나님 나라의 방식이다.

내가 처음 사역을 시작할 때만 해도 온통 구약의 교훈들만을 다루었다. 그렇다고 해서 모세의 율법을 가르쳤다는 뜻은 아니다. 다만 나는 구약의 이야기들을 매우 좋아했고, 그 이야기들로부터 신약에 적용할 수 있는 점들을 배우곤 했다. 사역의 초창기는 내게 있어서 그 무엇과도 바꿀 수 없는 매우 중요한 시절이었다. 그러나 최근에 나는 다른 무엇과도 결코 맞바꿀 수 없는 일을 경험하였다. 예수님이 내 삶 속에서 이전에는 전혀 알지 못했던 방식으로 생생한 존재가 되시기 시작한 것이다. 사실 주님이 보여주신 본보기가 이 책을 쓰도록 영감을 불어넣어 주었다. 주님이 살아가신 방식을 살펴볼 때, 내 마음속에 거룩한 질투가 솟아났다. 그것은 주님께서 '머물러 계신 비둘기 같은 성령님'을 성공적으로 운반해오신 것에 대한 것이었다.

뜨거운 갈망

나는 예수님이 살아가신 방식을 우리도 충분히 따라갈 수 있음을 깨달았다. 그러자 주님의 삶 속에서 자연스럽게 이루어진 수많은 일들이 내 삶에서도 일어나기를 원하는 갈망이 솟아나기 시작했다. 마치 욕망(lust)이 타오르듯, 나의 마음은 예수님이 운반해오신 것에 대한 열정으로 불붙고 있다. 그것은 모든 사람에게 열려 있다. 공짜이긴 하지만, 그것은 결코 값싼 것은 아니다.

여기서 내가 '욕망'(lust)이라는 표현을 사용한 것에 대해 불편하게 생각하지 말라. 실제로 바울도 우리에게 영적인 은사들을 열렬히 추구하라고 가르칠 때 이 단어를 사용했다. 성적인 의미를 내포하지는 않지만, 이 단어는 내면의 타오름과 관련되어 있다. 탐욕스럽게 추구하라는 뜻을 지닌 이 말은 정신적으로 편안하게 동의하는 것을 훨씬 뛰어넘는 의미다. 이것은 바람에 의해 타오르는 우리 내면의 불길이다. 이와 관련하여 예수님과 관련된 일화 중 우리에게 아주 잘 알려진 이야기 하나를 떠올려보자.

거리마다 사람들로 넘실거린다. 그들은 보다 더 많은 것을 받고 싶다는 갈망으로 가득 차 있다. 어떤 이들은 하나님을 추구하고 있었고, 다른 이들은 단지 놀라운 일들을 통해 매우 유명해진 이 사람 옆에 가까이 가보기를 원할 뿐이다. 그분은 죽은 사람을 살리셨고, 아픈 사람을 낫게 해주셨다. 이제 그분은 장안의 유일한 화젯거리가 되었다. 사람들은 예수님이 가시는 곳이면 어디든지 따라갔다.

수많은 무리들이 길을 따라 내려오는 동안 매우 절박한 한 여인이 기적을 체험할 기회만 엿보고 있다. 그녀는 오랜 세월동안 고통에 시달려왔지만, 회복될 기미는 전혀 보이지 않았다. 군중들 틈새를 헤집고 들어간 여인은 이제 예수님을 만질 수 있을 만큼 가까운 곳에 도달했다. 그러나 어찌나 머쓱한지 주님께 말을 걸 수도 없고, 주님의 관심을 끌기 위한 어떤 시도조차 할 수 없었다. 단지 그녀는 손을 뻗어 주님의 옷자락에 대었다.

그녀는 열두 해 동안 혈루증을 앓아오고 있었다. 가지고 있던 재산을 온통 의사들에게 쏟아부었지만, 아무리 해도 병은 낫지 않았다. 그런 그녀가 지금 예수님 뒤편으로 가서 그분의 옷단에 손을 갖다 대었다. 그러자 바로 그녀의 혈루증이 나았다. 이 사실을 아신 예수님이 말씀하셨다. "내게 손을 댄 사람이 누구냐?" 모든 사람이 자기는 아니라고 부인하고 있을 때, 베드로와 그의 일행은 이렇게 말했다. "선생님, 무리가 선생님을 에워싸서 밀치고 있습니다. 그런데도 선생님은 '내게 손을 댄 사람이 누구냐?'고 물으십니까?" 그러나 예수님은 계속해서 말씀하셨다. "누군가가 내게 손을 댔다. 나는 내게서 능력이 빠져나간 것을 알고 있다."

더이상 자신의 존재를 숨길 수 없음을 깨달은 여인은 떨면서 예수님 앞으로 나아갔다. 주님 앞에서 바닥에 무릎을 꿇은 채로, 그녀는 모든 사람들이 보는 앞에서 자신이 주님께 손을 댄 이유와 곧 낫게 된 경위에 관해 설명하였다. 그러자 주님은 그녀에게 말씀하셨다. "딸아, 네 믿음이 너를 구원하였다. 평안히 가거라"(눅 8:43-48).

여기서 우리가 이해해야 할 중대한 사실이 있다. 하나님 나라에서 능력은 인격의 형태로 존재한다. 그것은 결코 하나님과 동떨어진 독립체가 아니다. 예수님은 그러한 기름부으심, 성령님의 인격이 다른 누군가의 믿음의 요구에 의해 그분으로부터 풀어졌음을 알아차리셨다. 참으로 놀라운 일이 아닐 수 없다.

예배 가운데 하나님의 임재를 인식하는 것과 사역 속에서 우리를 통해 성령이 풀려나옴을 깨닫는 것은 전혀 별개의 문제다. 때때로 나는 누군가의 치유를 위해 기도하는 동안 성령의 기름부으심이 내 손에서 풀어지는 것을 느끼곤 한다. 그런 경우에 나는 큰 용기를 얻는다. 그러나 성령이 우리 위에 임하여 계시는 동안 다른 누군가가 믿음으로 그것을 요구하고 있음을 알아차리는 것은 전혀 새로운 차원의 일이다. 우리는 그 여인이 예수님의 계좌에서 예금을 인출해갔다고도 표현할 수 있다.

이처럼 우리에게서 능력이 흘러나가고 있음을 알아차리기 위해 우리는 성령님을 어떻게 의식할 수 있을까? 이에 덧붙여, 예수님은 이 일이 일어나는 동안에도 여전히 다른 사람들과 함께 이야기하며 걸어가셨다. 나를 깜짝 놀라게 하는 점이 바로 이것이다. 주님은 심지어 다른 사람들의 의견이나 질문을 듣기 위해 대화하시는 동안에도 여전히 성령의 임재를 의식하고 계셨다. 이 점이 바로 내가 제일 부러워하는 바다.

성령을 한량없이 받으신 주님으로부터 인출이 이루어졌다. 기름부으심은 결코 고갈되지 않는다. 주님이 알아차리신 것은 결코 기름부으심의 부족함이 아니었다. 그분이 깨달으신 것은 성령의 운행하심이었다. 성령님이 주님으로부터 풀어지고 있었고, 주님은 그것을 알고 계셨다.

이 점이 나를 형언할 수 없을 정도로 놀라게 한다.

어깨에 임하신 비둘기 같은 성령

예수님이 물로 세례를 받으시는 장면은 성경에서 내가 제일 좋아하는 이야기 중 하나다. 이 이야기에 관해서는 이미 이전에도 부분적으로나마 살펴본 적이 있다. 그러나 이 이야기는 이 책의 중심주제이기도 한 또 다른 부분을 내포하고 있다. 이 순간에 대해 요한은 다음과 같이 증언한다.

> 내가 보매 성령이 비둘기 같이 하늘로부터 내려와서 그의 위에 머물렀더라 나도 그를 알지 못하였으나 나를 보내어 물로 세례를 베풀라 하신 그이가 나에게 말씀하시되 성령이 내려서 누구 위에든지 머무는 것을 보거든 그가 곧 성령으로 세례를 베푸는 이인 줄 알라 하셨기에 내가 보고 그가 하나님의 아들이심을 증언하였노라 하니라 (요 1:32-34)

예수님은 전혀 새로운 계절을 위한 장을 마련하고 계셨다. 구약의 선지자들은 이 부분에 대해 좋은 모델이 되어주었다. 그들은 특별한 임무를 위해 한 사람 위에 임하신 하나님의 임재가 어떠한 파급효과를 가져오는지를 잘 보여주었다. 그러나 이것을 삶의 스타일로 계시해주신 분은 예수님이셨다. 성령님은 계속해서 주님 위에 머물러 계셨다.

이제 나는 우리가 느낌에 근거하여 살아서는 안 된다는 것을 이해하고 있다. 감정은 정말 멋진 것이기는 하지만, 결코 하나님의 임재와 운행하심에 대한 믿을만한 지표들은 되지 못한다. 그런데 어떤 느낌은 감정을 초월할 뿐 아니라, 솔직히 말해서 감정적인 상태와는 전혀 상관없이 작동한다. 그것은 바로 성령의 분위기다. 주님의 운행하심에 따라 우리의 움직임을 조율할 때, 이런 분위기를 느낄 수 있다.

우리는 거듭난 신자로서 성령께서 우리 안에 살아계심을 알고 있다. 이러한 실제와 함께 수반되는 놀랄만한 약속은 그분이 결코 우리를 떠나지 않으신다는 것이다. 이 얼마나 굉장한 약속이며, 위로가 되는 말씀인가? 그러나 애석하게도 성령께서 모든 신자 위에 머무시는 것은 아니다. 그분이 내 안에 거하시는 것은 나를 위해서다. 그러나 그분이 내 위에 머무시는 것은 다른 사람들을 위해서다. 성령께서 어떤 사람 위에 계속해서 머물러 계신다면, 이는 그동안 줄곧 그분이 최고로 영예로운 방식으로 환영받으셨음을 말해준다.

나는 종종 사람들에게 이렇게 묻는다. 만일 실제로 비둘기 한 마리가 날아와 당신의 어깨 위에 앉는다면 어떻게 하겠는가? 만일 그 비둘기가 날아가지 않고 계속 머물기를 원한다면, 과연 당신은 어떤 모습으로 걸어 다니거나 행동하겠는가? 이 질문에 대해 대부분의 사람들은 조심스럽게 걸어 다닐 것이라고 대답한다. 매우 훌륭한 답변이다. 그러나 그것만으로는 충분치 않다. 내가 말하려는 요지는 이렇다. 당신은 한 걸음 한 걸음을 그 비둘기를 염두에 두고 내디뎌야 한다. 나는 이것이야말로 성령님을 계속해서 머무시게 하는 비결이라고 믿는다. 주님은 유일무이한 최고의 기준점이시다. 단지 사역과 관련된 방향제시와 능력만을 위해서가 아니라, 인생 자체를 위한 기준점이시다. 우리는 하나님의 임재를 운반하도록 선택된 존재들이다. 이 얼마나 놀라운 일인가?

관계성 살피기

청년시절에 들었던 메시지가 생각난다. 당시 설교자는 성령 충만한 삶에 관한 내용으로 설교하였다. 강력한 오순절 계통의 배경을 가지고 있었던 나에게 성령 충만한 삶이라는 주제는 그리 새로울 게 없었다. 그 설교자는 단지 두 가지 성경구절을 언급하였는데, 사실 두 구절 모두 성령세례와는 직접적인 관련성이 없었다. 성경에서 성령세례를 언급하는 부분은 여러 곳이 있지만, 나는 교리적인 진술보다는 관계성에 관해 이야기하고 싶다. 이에 대해 지침이 되는 구절은 다음과 같다.

> 하나님의 성령을 근심하게 하지 말라 (엡 4:30)

> 성령을 소멸하지 말며 (살전 5:19)

이 말씀을 깊이 통찰하면서, 나의 초점은 놀랍게 변화되었다. 그동안은 성령의 다양한 표현(주로 은사)에 초점을 맞추었다면, 이후로는 성령님이 실제로 나로 인해 느끼시는 것이 무엇인지에 대해 관심을 기울이기 시작했다. 한 마디로 그분과의 인격적인 관계에 초점을 맞추게 된 것이다. 그때부터 성령님과 동행하면 할수록, 점점 더 그분과의 관계에 도움이 되는 것들을 우선순위로 삼았다. 이를 통해 이전에는 전혀 생각지도 못했던 새로운 영역 안에서 하나님과 동행하게 되었다.

성령님을 근심시키지 않는다는 것은, 주로 죄의 문제와 관련된 명령이다. 다시 말해, 생각, 태도, 행위에 있어서의 죄를 말한다. '근심시키다'라는 단어는 '슬픔이나 번민을 야기시키다'는 뜻을 지닌다. 이것은 우리가 삶 가운데 무엇인가를 하려고 하거나 묵인하려고 할 때, 성령께서 느끼실 수 있는 마음의 고통을 묘사하는 말로 매우 인격 중심적인 표현이다. 하나님의 임재를 보다 강력하게 모시기 원하는 사람이라면, 이러한 부분에 특별히 관심을 기울여야 한다.

성령님을 소멸시키지 말라는 것은, 관계성을 중시하며 그분과 협력하는 일에 온 신경을 집중하라는 명령이다. '소멸시키다'(quench)란 흐름을 중단시킨다는 뜻이다. 원어에서는 이 단어를 '끄다' 혹은 '무효로 하다' 등의 의미로 정의한다. 하나님과의 연결성을 설명하기 위해 이 단어는 매우 탁월한 비유를 사용하여 표현될 수 있다. '흐름을 중단시키다'의 경우, 정원용 호스를 접어 더이상 물이 흘러나오지 못하게 하는 모습을 예로 들 수 있다. 또한 '무효로 하다'는 하나님과 동행하는 삶에 대한 우리의 열정을 빗대어 표현한다. 하나님을 향한 열정을 상실하는 것은, 성령께서 우리를 통해 주변의 상황들을 변화시키시는 데 크나큰 영향을 준다. 그런 의미에서 이 말은 능력을 초점으로 한 표현이다.

실패한 시도?

나는 죄에 대해 아무렇지도 않게 생각하는 사람들을 보면 도무지 이해할 수가 없다. 특별히 능력사역과 관련된 은사를 받은 듯한 사람들의 경우는 더욱 그러하다. 사실 은사가 나타나지만, 행실이 덕이 되지 못하는 사람들로 인해 아예 성령의 은사 자체를 완전히 거부해버리는 사람들이 적지 않다. 그들의 관점에서 볼 때, 이러한 은사들이 하나님으로부터 말미암지 않은 것은 분명하다. 왜냐하면 하나님은 그렇게 죄에 빠져 살아가는 사람들을 사용하시는 분이 아니실 테니 말이다.

반면, 어떤 이들은 또 다른 극단으로 치우친다. 그들은 죄에 빠진 사람들이 여전히 은사를 가지고 사역하도록 허용하시는 하나님께 화를 내기도 한다. 나도 어느 정도 그들의 생각에 동의한다. 이런 일은 그야말로 이해하기 힘든 미스터리다. 그러나 아무리 그릇에 문제가 있다 해도 하나님이 언제나 그분의 말씀에 충실히 행하시는 분이라는 것을 알게 된다면, 아마도 괴로움을 조금은 덜 수 있을 것이다. 주님의 말씀은 그분의 인격을 계시하지, 우리의 인격을 계시하시는 것이 아니다. 따라서 주님이 그분의 말씀에 응답하지 않으시는 것은, 곧 주님이 만드신 언약을 스스로 거스르시는 일이 된다.

이쯤 되어서 말하자면, 나는 죄를 묵인해주는 모습이 사라져버릴 날이 머지않아 반드시 오리라고 굳게 소망한다. 그리스도의 몸 안에 있는 이러한 연약함을 만회하기 위해, 그동안 수많은 사람들이 인격이 능력보다 더 중요하다고 가르쳐왔다. 나 역시도 오랜 세월 동안 이런 가르침으로 스스로를 채찍질해왔다. 우리의 이런 견해를 입증해주는 충격적인 사례들은 얼마든지 많이 있다. 그런데 우리가 이러한 이야기 속에서 놓치고 있는 한 가지 세부사항이 있다. 그것은 바로 예수님은 그런 식으로 가르치시거나 본을 보여주지 않으셨다는 점이다.

이를 위해 누가복음 9장을 살펴보자. 1절부터 예수님이 제자들에게 능력과 권세를 주시는 장면이 나온다. 그런데 곧바로 제자들은 실수를 저지르고 만다. 예수님으로부터 능력과 권세를 받자마자, 그들은 예수님을 따르던 다른 사람이 능력을 행하는 것을 보고 배척하며 그것을 금하려 한다. 제자들의 마음이 배타성이라는 독소에 감염된 것이다.

한편, 바로 직전의 장면에서는 그들이 자기들 중 누가 더 큰 자인지를 놓고 서로 다투기도 했다. 그들이 다투었던 시점은 이제 막 사역을 마치고 고향마을로 돌아왔을 때였다. 어떤 면에서 제각각 자신이 제일 낫다고 뽐내는 것도 당연했다. 사역을 성공적으로 마치고 난 직후였으니 말이다. 사역의 결과만 놓고 보면 그야말로 그들은 대단한 사람들이었다! 심지어 야고보와 요한은 불을 끌어내려 사마리아 온 도성을 태워버리고 싶어 했을 정도였다. 그들은 사역과 분별이라는 미명 아래 살인의 영을 인식하지 못하고 있었다.

이 모든 엄청난 결함들은 그들이 예수님으로부터 능력과 권위를 부여받은 영광스런 순간 이후 백일하에 드러났다. 그들의 인격은 심각하게 손상되어 있었다. 이 미스터리의 가장 놀라운 부분은 따로 있다. 어떤 면에서 우리는 누가복음 9장에 소개된 일에 대해 실패한 시도라고 부를지도 모른다. 그러나 예수님은 계속해서 10장에서도 동일한 기름부으심을 다른 칠십 인들에게도 풀어놓으셨다. 주님은 비범한 기름부으심 안에 살아갈 자격이 전혀 없어 보이는 사람들에게 능력을 부여해주셨다. 때때로 진정한 인격은 오로지 치열한 전쟁과 삶의 현장에서 빚어진다.

은사와 인격, 모두 중요하다

능력이 인격보다 더 중요하다는 말은 맞지 않다. 그러나 이와 마찬가지로 인격이 능력보다 더 중요하다는 말도 맞지 않다. 우리가 이 점을 오해할 때마다, 성령의 은사는 더이상 선물이 아닌 보상이 되고 만다. 사실 우리는 그동안 인격이 능력보다 중요하다고 강조함으로써, 결과적으로 성령의 은사 안에서 효율적으로 행하지 못하도록 크나큰 타격을 입혔다. 실제로 이러한 접근방법은, 결함을 가진 인격이 세상에서 증인으로 살아가는 것에 지장을 준 것만큼이나 초자연적인 은사활용의 영역에 손상을 가했다. 결론적으로 능력과 인격 모두가 필수적인 것들이다. 인격과 능력은 우리를 지탱해주는 두 다리와도 같이 어느 한쪽으로 치우칠 수 없을 만큼 모두 중요한 것들이다.

은사는 갖추고 있으나 인격이 부족한 사람들이 있는 반면, 수많은 사람들이 인격은 구비되어 있으나 능력은 없는 삶을 살아간다. 이러한 현상은 우리 세대에 교회 안에서 매우 민감한 문제가 되어왔다. 수많은 사람들이 능력 없이 살아가는 삶을 정상적인 것으로 생각해왔다. 그로 인해 그들은 자신이 몸담고 살아가는 세상에 아무런 변화도 가져오지 못하고 있다. 이제는 우리의 한쪽 눈을 가리는 상대평가를 중단해야 한다. 보편적인 기준에 끼워 맞추기 위해 능력과 인격 중 하나를 아무렇지 않게 포기하는 것을 그만두어야 한다. 대신 우리는 예수 그리스도께로 돌아가야 한다. 예수 그리스도야말로 완벽한 기준이시다. 그분은 능력과 인격, 곧 성령의 은사들이 성령의 열매 속에서 역사하는 모습을 보여주신 최고의 모범이시다.

여기서 우리가 눈여겨볼 흥미로운 사실이 있다. 그것은 능력 없는 삶을 살아가는 사람들일수록, 마지막 때가 가까워질수록 교회가 점점 더 약해질 것이라고 믿는 경향이 훨씬 강하다는 것이다. 그들은 마지막 때에는 끝까지 견디는 자들이 거의 없을 것이라고 보려고 한다. 이러한 관점은 그들의 능력 없음을 합리화시키고, 능력 없는 삶에 대한 명분을 실어주는 듯하다. 그러나 이것은 참으로 어처구니없는 일이다.

반면에, 능력 안에서 살아가는 사람들은 세상의 절망적인 상황과 동시에 세상 사람들이 하나님을 향해 마음의 문을 열어두고 있는 모습을 바라본다. 세상 사람들은 그들로서는 전혀 불가능해 보이는 일들이 우리의 선포를 통해 예수의 이름 앞에 굴복하는 모습을 보기 원한다. 교회가 자신의 정체성을 올바로 발견할 때, 더이상 구조되기만을 바라지 않고 그 이상의 역할을 감당하게 될 것이다. 끔찍한 마귀로부터 간신히 구출되는 것과 영광스런 혼인잔치의 신부가 되는 것은 크게 다르다. 신앙을 가진 신자는 이 둘 중 오직 한 가지 모습으로 살게 된다.

우리는 하나님의 마음을 소중히 여기고 살핌으로써 계속해서 초점을 바르게 유지할 수 있다. 이것이 바로 다윗이 가진 힘이었다.

하나님 중심으로 돌아가기

예수님의 사역의 비밀은 하나님 아버지와의 관계성에 있었다. 예수님의 일차적인 사명은, 하나님 아버지의 본성과 뜻을 계시함으로써 그분을 드러내는 일이었다. 그러한 과정 속에서 주님은 다음과 같이 깜짝 놀랄만한 말씀을 하셨다. "아들이 아버지께서 하시는 일을 보지 않고는 아무 것도 스스로 할 수 없나니 아버지께서 행하시는 그것을 아들도 그와 같이 행하느니라"(요 5:19). "내가 그에게 들은 그것을 세상에 말하노라"(요 8:26). 예수님은 하나님 아버지를 의지함으로써 그분의 나라를 이 세상 가운데로 가져오셨다. 바로 이런 방식을 통해 주님은 "천국이 가까이 왔다!"고 말씀하실 수 있었다.

예수님은 그분이 행하신 모든 일들을 통하여 온 인류에게 성부 하나님을 가시적으로 드러내 보여주셨다. 그 이전까지 사람들이 목격해온 것은 죄의 본성과 죄악 된 행위로 인한 결과들뿐이었다. 그러나 예수님이 오셔서 누락되어 있던 가장 중요한 한 가지를 채워주셨다. 그것은 바로 하나님 아버지였다. 히브리서 기자는 예수님을 가리켜 하나님의 본체의 형상이라고 표현하였다(히 1:3). 예수님의 생명은 이 세상에 나타난 가장 정확하고 완벽한 하나님 아버지의 계시다. 예수님은 이렇게 말씀하셨다. "나를 본 자는 아버지를 보았거늘"(요 14:9). 이 말씀은 지금까지도 여전히 진리다. 인간에게 생명을 주시고(요 10:10), 마귀의 일들을 멸하시는 것이야말로(요일 3:8) 온전하신 하나님 아버지의 마음이다(요 10:10). 성령께서는 하나님 아버지의 마음을 우리에게, 또한 우리를 통하여 계시해주시는 분이다(요 16:12-15).

하나님 아버지의 일 분별하기

예수님께서는 매우 실제적이었으나 오늘날 우리에게는 매우 추상적인 것이 되어버린 일들이 있다. 이런 상황은 마땅히 시정되어야 한다. 오직 하나님 아버지가 행하시는 일만을 행한다는 것은, 삶의 여러 문제들 중에서도 보다 더 중요한 것이다. 이런 모습은 지극히 자연적인 것을 지나치게 영적인 것으로 해석하려는 경향으로 인해 손상되어왔다. 이제 나는 조금씩 하나님 아버지께서 행하시는 바를 다양한 방식을 통해 경험하고 이해하는 법을 터득해가고 있다. 그중 몇 가지 방식을 아래에 소개한다. (어쩌면 우리의 팔찌에 새겨진 문구가 WWJD[What Would Jesus do, 예수님이라면 어떻게 하셨을까?]에서 WIFD[What is Father doing, 하나님 아버지라면 어떻게 하실까?]로 바뀌어야 할지도 모르겠다.)

* **직접적인 메시지**: 어떤 특정상황 속에서 성부 하나님께서 예수님이 어떻게 행하실지를 알려주시기 위해 직접적인 메시지를 들려주셨음은 분명하다. 이와 관련하여 내가 개인적으로 믿고 있는 바가 있다. 아마도 이런 식의 지시들 중 대부분은 예수님이 사역에 앞서 밤새 기도하시던 중에 임했을 것이다. 그러나 이와 더불어 성령께서 언제나 주님 위에 머물러 계시면서, 성부 하나님이 예수님을 통해 무언가를 행하기 원하시

는 순간마다 필요한 바를 계시해주셨을 것이다. 우리가 하나님이 말씀하시는 다양한 방식들을 터득할 때, 이러한 가능성을 염두에 두고 살아갈 수 있을 것이다.

* **다른 사람 안에 있는 믿음 보기:** 예수님은 무엇을 행하셔야 할지에 대해 언제나 미리 아셨던 것 같지는 않다. 종종 주님은 다른 사람 안에 있는 믿음을 보심으로써 하나님 아버지의 지시를 알아차리셨다. 이것이야말로 예수님이 우리에게 보여주신 보다 고무적인 가능성들 중 하나다. 이 가능성은 때때로 우리 역시 성령의 일하심에 대한 사람들의 반응을 지켜봄으로써 하나님의 지시를 받을 수도 있다는 것을 의미한다. 다시 말해, 다른 사람들 안에 있는 믿음을 잘 관찰함으로써 하나님 아버지께서 행하시는 바를 알 수 있게 된다는 것이다.

그러나 만일 나 자신의 믿음을 인식하는 일에 익숙하지 못하다면, 다른 사람 안에 있는 믿음을 보기는 훨씬 더 어려울 것이다. 이와 관련하여 백부장의 경우는 아주 훌륭한 본보기가 된다. 예수님은 그의 안에 있던 믿음을 보시고는 깜짝 놀라셨다. 이에 주님은 백부장의 믿음대로 그의 종을 고쳐주시기 위해 말씀을 선포하심으로써 응답해주셨다. "내가 진실로 너희에게 이르노니 이스라엘 중 아무에게서도 이만한 믿음을 보지 못하였노라"(마 8:10). 예수님은 그 사람의 믿음에 맞게 하나님 나라의 실제를 풀어놓으셨다. "예수께서 백부장에게 이르시되 가라 네 믿은 대로 될지어다 하시니 그 즉시 하인이 나으니라"(마 8:13).

* **우리 자신의 믿음 사용하기:** 종종 우리는 특정한 상황 속에서 하나님의 구체적인 뜻을 분명하게 알지 못할 때가 있다. 나 또한 하나님 아버지의 지시가 언제나 또렷하게 이해되는 것은 아니다. 이런 상황 속에서, 우리는 성경 속에 계시된 바를 믿음으로 하나님의 뜻을 찾아낼 수도 있다. 때때로 우리는 하나님이 직접 찾아오셔서 상황을 명료하게 이해시켜 주시기를 바라는 실수를 범하곤 한다. 정작 우리가 믿음을 활성화시켜 밀고 나가야 하는 순간인데도 말이다. 이처럼 많은 이들이 자신의 무기력으로 인해 이러지도 못하고 저러지도 못한 상태로 머물러 있는 경우가 많다.

다시 말하지만, 우리가 살면서 필요로 하는 것들은 자연스럽게 우리에게 찾아올 것이다. 그러나 우리가 갈망하는 것들은 의지적으로 추구해야만 비로소 얻을 수 있다. 지속적인 믿음은 하나님의 뜻을 찾아낼 때까지 계속해서 밀고 나아가는 것이다. 만일 우리가 완벽하게 이해되는 일에 대해서만 반응하며 살아간다면, 기적의 영역에는 결국 미치지 못하고 말 것이다. 이제껏 내가 경험해온 돌파들 중 가장 위대한 예들은, 하나님이 행하실 것이라는 실낱같은 감동이나 생각에 응답했던 경우에 이루어졌다. 다름 아닌 바로 우리 자신의 믿음을 통해 하나님이 지금 행하시는 바가 무엇인지를 알 수 있는 것이다.

임재의 결과

세례요한은 비둘기 같은 성령이 내려오시어 예수님 위에 임하여 계신 모습을 보았다. 세례요한 외에 아무도 그것을 보았다는 기록은 남아 있지 있다. 그러나 모든 사람이 성령님의 임재로 인한 결과는 목격했다. 순결함에 있어서나 능력에 있어서나, 성령님은 이 땅을 향한 하나님의 마음을 유감없이 계시해주셨다.

성령님이 하나님 아버지의 뜻을 예수님께 계시해 주셨듯이, 오늘 우리에게도 하나님 아버지의 마음을 계시해주신다. 그분의 임재와 능력은 우리를 통해 하나님 아버지를 드러내신다. 주님의 뜻을 계시하는 것이 곧 주님을 계시하는 것이다.

예수님은 이 세상에서 하나님의 뜻을 드러내시는 궁극적인 계시가 되셨다. 그러나 이 일은 단지 주님이 성취하신 것들을 통해서만 이루어지지 않았다. 주님은 비둘기 같은 성령을 지속적이고도 끊임없이 모심으로써 이 일을 이루셨다.

우리의 가장 큰 기쁨이요, 보물인 하나님의 임재를 위해 자리를 내어 드리는 것은 결코 기적을 체험하기 위해 사용하는 속임수가 아니다. 기적이 없다면 우리는 하나님 아버지를 제대로 드러내 보일 수가 없다. 기적은 하나님의 본성을 계시하는 일에 있어 필수적인 것이다.

우리는 자연적인 것과 초자연적인 것을 구분하며, 이 두 가지 영역 속에서 살아가고 있다. 그러나 하나님께는 오직 하나의 영역만이 존재한다. 주님께는 모든 것이 자연스럽고 가능하기 때문이다.

Chapter 9

성령님을 풀어놓기

성령님은 비둘기 같이 예수님 위에 임하신 후 계속해서 머물러 계셨다. 이 이야기가 나에게 얼마나 큰 감동을 주었는지는 도저히 말로 다 표현하기 어렵다. 거룩한 질투가 내 안에서 솟구쳐 올라왔다. 그것은 나도 예수님이 사셨던 것과 같은 실제 속에서 살고 싶다는 갈망이었다. 주님의 본보기를 통해 가능성을 본 이후로, 나 또한 그러한 삶을 살 수 있음을 확신하고 간절히 소망하게 되었다. 지난 수년에 걸쳐 이 경험은 점점 성장해왔고, 현재도 계속해서 진행되고 있다. 내 안엔 여전히 그러한 갈망으로 가득하다.

주님은 우리가 추구해야 할 바가 무엇인지를 언제나 말씀해주시지는 않는다. 어떤 것들은 이미 우리 삶의 일부가 되어 있다. 우리가 하나님의 방식들을 보고 그대로 추구하기 때문이다. 이 실제에 관해서는 또 다른 맥락에서 이미 언급한 바 있다. 예수님은 사람들에게 주님의 옷자락을 만지면 온전해질 것이라고 가르치신 적이 없다. 그들은 그저 주님을 통해 일하시는 하나님의 본성을 지켜보았고, 자신들이 본 바에 따라 반응하였다. 자신들이 지켜본 사례를 그대로 활용한 것이다. 이제 우리도 예수님이 지속적으로 운반해오신 것을 지켜봄으로써 동일한 원리를 사용할 수 있다. 그렇게 주님은 실제로 어떻게 살아가야 하는지에 대한 선례를 남겨 놓으셨다.

우리가 주님이 명령하신 바를 추구하는 것은 당연하다. 그러나 명령에 따르는 삶은 더이상 로맨스가 될 수 없다. 우리는 어떤 것에 대해서는 단지 존재하고 있다는 이유 하나만으로 추구해야 한다. 모세는 간절한 마음의 부르짖음을 다음과 같은 단순한 기도로 순화시켜 표현하였다. "원하건대 주의 길을 내게 보이사 내게 주를 알리시고"(출 33:13). 주님의 길을 찾는 것은 주님께로 가서 계시된 방식을 통해 주님을 알게 되는 것이다. 주님의 본성에 관한 계시들은 주님을 체험하도록 우리를 초대한다. 주님이 성령님의 운행하심을 통해 그분의 본성을 계시하실 때, 종종 그분은 아무것도 명령하지 않으신 채 우리를 그냥 두실 것이다. 그 대신 주님은 우리 마음에 무엇이 들어 있는지를 살피신다. 사랑에 빠진 마음은 언제나 만남으로 안내하는 열린 문에 반응하기 때문이다.

비둘기 같은 성령님과 제자들

제자들이 거듭나기 전까지 성령님은 그들 안에 거하실 수 없으셨다. 또한 거듭남은 예수님이 죽으시고 죽음에서 부활하시기 전까지는 불가능한 일이었다. 그러나 비록 하나님의 성령이 열두 제자들 안에 거하시지는 않았어도 그들과 함께 계시기는 하셨다.

> 그는 진리의 영이라 세상은 능히 그를 받지 못하나니 이는 그를 보지도 못하고 알지도 못함이라 그러나 너희는 그를 아나니 그는 너희와 함께 거하심이요 또 너희 속에 계시겠음이라 (요 14:17)

주님은 그들에게 말씀하셨다. "너희는 그를 안다." 나는 이 말씀을 읽으면서 깜짝 놀라지 않을 수 없었다. 그들은 아직 거듭나지도 않은 상태이지 않는가? 그러나 거듭나기 이전임에도 불구하고 그들은 성령과 더불어 일정분량의 관계성을 주고받고 있었다.

우리는 누군가와 함께 일함으로써 그 사람에 관해 잘 알게 된다. 예수님께서 의도하신 상황도 이런 것이었다. 그들은 사역을 통해 성령과의 관계성을 계발시켜가야 했다. 이는 후에 놀랄만한 진보를 경험하기 위해 토대를 마련해가는 과정이기도 했다. 그들은 이 땅에서 하나님의 처소가 될 자들이었다.

예수님은 완벽한 선생님이셨다. 주님이 열두 제자들과 함께 보내신 시간은 여러 가지 이유로 매우 중요한 의미를 담고 있었다. 그중 한 가지는, 주님께서 그 시간에 제자들의 남은 삶을 위한 실제적인 가르침을 베풀어주셨다는 점에 있다. 주님은 가르침과 본보기를 통해서, 성령 하나님과 함께하는 이 놀라운 모험이 우선순위가 되어야 함을 보여주셨다. 그러나 조금도 숨김없이 솔직히 말해보자면, 주님의 가르침 중 몇몇은 내게 있어 지극히 추상적이고 다소 이해하기 어렵기도 하다.

당시의 상황은 지금 우리가 살아가는 오늘날의 분위기와는 사뭇 다르다. 따라서 때로는 그 교훈들이 우리에게는 비현실적인 것으로 보일 수도 있다. 예를 들어, 예수님은 제자들에게 오히려 훨씬 더 실제적인 방법으로 비둘기 같은 성령의 임재를 보호하는 법을 보여주실 수 있었다. 왜냐하면 제자들은 3년 동안 매순간 성령의 임재의 증거를 목격할 수 있었기 때문이다. 반면에 우리는 성령의 임재가 거의 가시적으로 드러나지 않는 분위기에서 자라났다. 그러므로 우리가 예수님의 가르침을 언제나 잘 이해할 수는 없는 것이다. 당시 주님의 가시적인 임재와 삶의 스타일로 인해 형성된 분위기는, 가르침을 베푸시는 데 엄청나게 큰 도움이 되었다.

그러나 우리는 현재 나날이 증가되고 있는 임재와 능력의 계절을 살아가고 있다. 우리를 둘러싼 모든 것들이 변화되고 있는 것에 대하여 나는 감사하게 생각한다. 결과적으로 이제껏 우리에게 감추어져 있었던 성경 속의 비밀들이 갈수록 더 많이 계시되고 있다. 그만큼 우리가 그것들을 받아들일 준비가 되었기 때문이다.

주님의 방식

예수님은 70명의 제자들에게 사명을 부여해주시고는, 그들을 둘씩 짝을 지어 마을들로 보내셨다. 여기서 매우 흥미로운 사실은, 주님께서 그들을 온전히 준비된 자들로 여기셨다는 점이다. 솔직히 말해서, 오늘날의 교회라면 자격미달의 사람들로 구성된 이 그룹에게 웬만하면 안내위원이나 주차안내와 같은 임무를 맡기려 하지 않을 것이다. 전도캠페인의 지도자로 삼는 것은 고사하고 말이다. (나는 우리가 종종 사람들을 지나치게 훈련시키고 있다고 믿는다. 이러한 과도한 훈련으로 인해 오히려 우리의 영적인 근육이 뻣뻣해질 때가 많다.) 주님은 그들을 파송하시면서 이렇게 말씀하셨다.

> 전대나 배낭이나 신발을 가지지 말며 길에서 아무에게도 문안하지 말며 어느 집에 들어가든지 먼저 말하되 이 집이 평안할지어다 하라 만일 평안을 받을 사람이 거기 있으면 너희의 평안이 그에게 머물 것이요 그렇지 않으면 너희에게로 돌아오리라 (눅 10:4-6)

무엇보다도 먼저 우리가 주목해야 할 것이 있다. 주님은 그들을 보내시면서 아무것도 손에 들려 보내지 않으셨다. 돈도, 호텔 예약권도, 임대한 강당도, 아무것도 없었다. 다만 주님은 지리적인 방향만 제시해주신 채 그들의 등을 떠미셨다. 내가 자녀들을 위해 열심히 애쓰는 일 중 하나는 온갖 문제들을 미리 예방함으로써 그들이 성공적인 삶을 살 수 있도록 해주는 것이다. 그러나 예수님은 그렇게 하지 않으셨다. 의도적으로 주님은 버거워하는 상태 그대로 그들을 보내셨다. 그들이 발걸음을 내디딘 상황은 서로를 필요로 할 수밖에 없었다(둘씩 짝을 지어 파송되었으므로).

더불어 그들은 하나의 팀이 되어 하나님의 영의 인도하심을 알아내야 했다. 그들의 목적은 결코 고향에서 강력한 집회를 인도하는 것에 있지 않았다. 물론 실제로 그들은 경우에 따라 그렇게 하기도 했다. 그러나 어떠한 형식을 떠나 성령님과 함께 일하는 법을 배우는 것이야말로 궁극적인 목적이었다. 성령님이 그들과 함께 계셨다. 예수님의 관심은 그들을 하나님의 임재를 모시는 과정에 연결시켜주는 것이었다. 예수님께 있어서 그들이 인도한 집회를 통해 나타난 결과들은 부차적인 관심사였다. 주님은 성령님이 임하시고 계속해서 머무실 수 있는 무리들을 양성해내고 계셨다.

우리가 반드시 배워야 할 교훈들 중 대부분은 다른 사람을 섬기는 과정 속에서만 체득될 수 있다. 결과적으로 그 칠십 인은 고향에서 매우 강력한 사역들을 수행했다. 사실 고향은 성공적인 사역을 일궈내기가 몹시 힘든 자리다. 이것에 관해서는 예수님도 이미 다음과 같이 말씀하신 적이 있다. "내가 진실로 너희에게 이르노니 선지자가 고향에서는 환영을 받는 자가 없느니라"(눅 4:24). 고향에서 사역하는 법을 배우는 것은 여러 가지 면에 있어서 매우 중요하다. 그중 한 가지 이유를 들라면, 전혀 존경받지 못하는 자리에서 섬김의 소중함을 배울 수 있기 때문이다. 우리는 사람의 칭찬을 받는 일에 중독되어서는 안 된다. 만일 우리가 사람들의 칭찬에 의지하여 살지 않는다면, 그들의 비판으로 인해 죽을 일도 없을 것이다. 이런 일은 그들이 가장 먼저 성령님의 자리를 마련하고 모시는 법을 배웠을 때 비로소 가능해졌다.

우리가 주목해야 할 두 번째 사항이 있다. 예수님이 그들에게 일단 머물 장소를 찾아낸 다음에 행하라고 당부하신 바는 무엇이었는가? 바로 머물게 된 그 집에 평안이 임하도록 빌어주는 것이었다. 사람들에게 '샬롬'이라고 인사하는 것이 과연 단순한 명령이었을까? 나는 그렇게 생각하지 않는다. 아마도 그들은 그 교훈을 아주 소박하고 조용한 방식으로 배울 수 있었을 것이다. 개인적으로 나는 그들이 처음부터 이 가르침의 의미를 진정으로 이해했다고는 믿지 않는다. 그들도 아마 나중에 가서야 비로소 이해했을 것이다. 어찌됐든, 그들은 평안을 풀어놓아야 했다. 여기서 흥미로운 사실이 있다. 만일 평안을 받을 만한 사람이 없을 경우에는, 그들이 빌어준 평안은 되돌아오게 된다(마 10:13). 누가복음은 그 평안이 자동적으로 그들에게 되돌아올 것이라고 기록한다.

평안은 인격이다

세상은 평안이란 무언가가 부재한 상태라고 생각한다. 예를 들어 전쟁이 없는 시기, 소란이 없는 때, 갈등이 없는 시기처럼 말이다. 그러나 신자에게 있어서 평안은 인격, 곧 누군가의 임재를 의미한다. 어떤 집안에 평안을 풀어놓으라는 예수님의 명령에 응답할 수 있는 능력이야말로, 사역에 대한 주님의 지침에 있어서 핵심을 차지한다. 그것은 우리가 성령의 임재를 인식할 수 있는 능력과도 직결되어 있다. 사실 자신도 잘 알지 못하는 것을 지속적으로 풀어놓기란 매우 어려운 일이다. 우리를 둘러싼 세상에 영향력을 행사할 시점이 되었을 때, 하나님의 임재에 대한 인식은 언제나 강화될 것이다.

우리가 행하는 일들의 대부분은, 하나님의 임재보다는 오히려 사역의 원리들을 통해 이루어지는 경우가 많다. 삶의 신비 중 하나는 신자의 주된 임무가 한 인격, 지속적인 임재, 곧 머물러 계시는 성령님을 섬기는 일이라는 점이다. 그분은 인격이시지, 결코 막연한 무언가가 아니다. 우리가 하나님을 알아가는 기쁨 대신 돌파를 가져오는 방법을 더 중요시하고, 하나님의 임재보다 원리를 더 중시하는 것은 왕이 없는 왕국을 추구하는 것과도 같다.

성경은 예수님을 가리켜 평화의 왕이라 일컫는다. 성령님은 그리스도의 영, 평화의 인격이시다. 그러므로 그분의 평안이야말로 진정한 천국의 분위기다. 평안이 두 날 가진 칼과도 같은 이유가 여기에 있다. 평안은 신자에게는 고요하고 아름다운 것이지만, 어둠의 세력에게는 대단히 파괴적이고 침략적인 것이다. "평강의 하나님께서 속히 사탄을 너희 발 아래에서 상하게 하시리라"(롬 16:20).

주님을 따르는 자들에게는 다음과 같이 참으로 멋진 임무가 부여되었다. "네가 어느 집에 들어갈 때, 그곳에 평화의 인격을 풀어놓아라. 그렇게 함으로써 너는 복종하는 마음에 진정한 천국의 분위기인 주님의 임재를 풀어놓게 될 것이다. 그와 동시에 너는 그 집에서 활동하고 있는 어둠의 세력들을 무너뜨리게 된다. 왜냐하면 그러한 분위기는 성령님의 인격을 통해 표현되기 때문이다." 주님께는 이것이야말로 사역의 필수적인 원리였다.

하나님이 갈망하시는 것

하나님께 기적은 숨 쉬는 것만큼이나 쉬운 일이다. 그분은 힘들게 노력하지 않아도 기적을 일으키실 수 있다. 부활하신 그리스도의 영이 우리 안에 살아 계시므로, 우리 또한 당연히 기적을 행할 수 있을 것이다. 그러나 우리를 향한 하나님의 갈망은 기적에 초점이 맞춰져 있지 않다. 주님은 우리의 마음을 원하신다. 복종하는 마음이 표현되는 방식은 매우 다양하지만, 하나님은 참으로 그분을 신뢰하는 자들을 찾으신다. 기억하라. 믿음이 없이는 하나님을 기쁘시게 할 수 없다(히 11:6). 그러므로 신뢰가 관건이다.

하나님을 철저하게 공경하기 위해서, 우리는 주님이 함께하시지 않으면 우리가 도모하는 모든 일이 실패할 수밖에 없다는 생각을 견지하고 살아가야 한다. 이러한 삶의 자세야말로 예수님이 이 세상에서 보여주신 삶의 본질이었고, 나아가 오늘날의 신자들이 지켜야 할 신앙의 본질이다. 우리는 수행해야 할 사명을 공동으로 부여받았다. 주님은 이렇게 말씀하셨다. "마을로 들어가라. 머물 곳을 찾아라. 돈은 한 푼도 가져가지 마라. 장기적으로 체류할 때 필요한 여분의 옷가지들도 챙겨가지 마라. 나의 목적들을 위해 철저히 자신을 포기함으로써 스스로 취약한 존재가 되라. 내가 나타나서 너희의 쓸 것을 공급해주고 방향제시를 해주지 않는다면, 아무 소용이 없을 것이다."

예수님은 제자들을 마치 안전하게 살아가는 양을 잡아먹으려는 이리로 가득한 곳과 같은 상황 속으로 집어넣으셨다. 아마도 당신은 위험에 노출되는 것이 가장 불안전한 상황이라고 생각할지 모르겠다. 그러나 하나님 나라에서는 스스로를 낮춤으로써 높임을 받고, 죽음으로써 산다. 하나님으로부터 부여받은 임무에 순종함으로써 위험에 노출된다면, 바로 이때가 우리에게는 최고로 안전한 순간이다. 전쟁터의 최전선이야말로 실제로는 가장 안전한 자리다. 다윗이 가장 치명적인 실수를 저지른 이유도 바로 이런 진리를 놓쳐버렸기 때문이다.

어느 봄날에 일어난 일이다. 왕들이 싸움터에 나가야 할 계절이 도래했다. 그러나 전쟁터에 가지 않고 왕궁에 머물던 다윗은 저녁 즈음 침상에서 일어나서 옥상을 이리저리 거닐고 있었다. 그런데 지붕에서 내려다보니 한 여인이 목욕하고 있는 모습이 눈에 들어왔다. 그녀의 외모는 너무나 아름다웠다. 이에 다윗은 사람을 보내어 그 여인에 관해 알아보도록 하였다. 명령을 받은 사람은 돌아와서 이렇게 보고하였다. "그는 엘리암의 딸이요 헷 사람 우리아의 아내 밧세바가 아니니이까." 다윗은 심부름꾼을 보내어 그녀를 데려오게 하여 그녀와 동침하였다(삼하 11:1-4).

다윗은 자신의 눈과의 싸움에서 졌다. 이로 인해 결국 마음의 전쟁에서 패배하게 되는 문이 열렸다. 이 모든 일들은 그가 지켜야 할 자리였던 전쟁터에 가지 않았기 때문에 벌어졌다. 이 계절에, 전쟁터는 그의 옥상에 비해 훨씬 더 안전한 장소였던 것이다.

최전선과도 같은 사역 가운데 직면하게 되는 위험을 애써 무시하고 외면하는 태도는 지혜롭지 못하다. 그러나 하나님의 임재가 임무를 수행하는 당신과 함께할 때, 가장 위험한 자리는 오히려 가장 안전해진다. 우리가 주님을 얼마나 필요로 하는지를 아는 만큼, 그분을 인식하는 분량도 점점 더 증가된다. 실제로 이 모두가 하나님의 임재, 곧 그분을 모시는 일에 관한 것이다. 칠십 인이 깨달은 바도 바로 이것이었다. 무식하고 미숙하다는 것이 그들에게 자격이 없다고 할 근거가 되지는 못했다. 그들을 보내신 하나님은 언제나 그들과 함께 행하셨다.

참된 공급

보호에 대한 나의 견해는 하나님과는 상당히 다르다. 만일 나라면 여행을 위해 필요한 모든 사항들이 준비되어 있는지를 미리 점검해보려고 할 것이다. 여기에는 연락처, 모임 장소, 재정, 충분한 훈련 등이 포함된다. 한편 나는 몇몇 사람들을 미리 각각의 도시로 보내어, 좀더 효율적으로 사역할 수 있는 방법을 모색하게 할 것이다. 그러나 예수님이 생각하시는 방식은 나와는 너무도 달랐다. 이 점은 언제나 나를 깜짝 놀라게 한다. 주님은 여정을 철저히 준비하신 후에 제자들을 파송하셨다. 그러나 주님의 방식은 내가 중요하게 여기는 것과는 전혀 달랐다.

예수님이 제자들에게 허락하신 여정은, 하나님이 함께 가주신다는 점에서 철저하게 준비되어 있었다. 인원은 두 사람이면 충분했다. 그들은 연합의 원리로 인한 유익을 얼마든지 누릴 수 있었다. 아울러 그들에게는 모세 시대에 가나안 땅을 정탐한 열두 정탐꾼이 겪었던 갈등상황에 빠져들 가능성도 없었다. 다수의 의견이 너무 분분하면 하나님의 목적을 쉽게 훼손시킬 수 있다. 그러나 당시 두 명의 정탐꾼은 좋은 보고를 가지고 돌아왔다. 물론 그렇다고 해서 내가 둘씩 여행하는 것만이 유일한 사역의 모델이라고 말하려는 것은 아니다. 나는 다만 예수님이 파송하신 방식이 언제나 우리가 이해할 수 있는 형태가 아닐 수도 있다는 점을 말하려는 것이다.

그들은 마을을 다니며 평안을 풀어놓고, 병든 자를 고치고, 죽은 자를 살리라는 사명을 부여받았다. 하나님은 사명을 받고 파송되는 그들과 함께 가실 것이다. 예수님은 그들에게 항상 성령님 중심의 자세를 유지해야 함을 확인시키셨다. 그들은 사실 최선의 방식으로 준비되어 있었다. 그들은 예수님이 행하시는 모습을 직접 본 자들이었다. 그런 그들에게 주님은 늘 성령을 의지하는 태도가 요구되는 사명을 위임해주셨다.

앞에서도 언급한 바 있지만, 만일 나였다면 당연히 그들이 필요로 하는 온갖 것들을 공급해주었을 것이다. 그러나 예수님이 그들에게 공급해주신 것은 방향제시와 주님의 임재였다. 이는 주님이 그들에게 능력과 권세를 주시는 장면에서 확인할 수 있다. 그들은 주님께로부터 받은 것을 통해 자연적인 것까지도 공급받을 수 있을 것임을 확신하게 되었다. 왜냐하면 성령께서 일하고 계시기 때문이었다.

마태복음 6장 33절에서 주님이 무리들에게 가르쳐주신 개념이 바로 이것이다. "그런즉 너희는 먼저 그의 나라와 그의 의를 구하라 그리하면

이 모든 것을 너희에게 더하시리라." 주님의 나라는 철저하게 첫 번째 원리를 위해 일한다. 주님의 공급하심은 그저 식탁 위에 놓이는 음식물만이 아니다. 주님의 초자연적인 공급은 거룩한 보호하심이며, 동시에 우리가 임무를 감당함에 있어서 온전한 영향력을 행사하게 되는 것이다. 이것에 대한 가장 중요한 쟁점은 내 삶을 통제하기 위해 쥐고 있던 고삐를 내려놓고, 참으로 성령께서 능력을 부어주시고 방향제시를 해주시도록 허용해드리는 것이다. 주님의 명령은 가서 성령께서 어떻게 행하시는지를 배우라는 것이었다. 가서 주님의 길을 배우라!

노아와 비둘기

놀랍게도 구약성경에서도 제자들을 파송하신 예수님의 방식과 동일한 원리를 찾아볼 수 있다. 바로 노아와 홍수 이야기이다. 이 이야기는 구약성경의 맥락에서 예수님이 제자들을 훈련시키신 방식을 실례로써 잘 보여주고 있다.

> 사십 일을 지나서 노아가 그 방주에 낸 창문을 열고 까마귀를 내놓으매 까마귀가 물이 땅에서 마르기까지 날아 왕래하였더라 그가 또 비둘기를 (자신으로부터) 내놓아 지면에서 물이 줄어들었는지를 알고자 하매 온 지면에 물이 있으므로 비둘기가 발 붙일 곳을 찾지 못하고 방주로 돌아와 그에게로 오는지라 그가 손을 내밀어 방주 안 자기에게로 받아들이고 (창 8:6-9)

여기서 당신에게 상기시켜주고 싶은 것이 있다. 성경에서 비둘기는 성령님을 상징한다. 이 사실은 특별히 예수님이 물세례를 받으신 이야기에서 분명하게 드러난다. 우리는 노아의 이야기에서 노아와 비둘기의 연관성에 관해 묘사해주는 흥미로운 대목을 발견하게 된다. 비둘기만큼 관심을 받거나 노아와의 긴밀한 유대관계를 암시해주는 짐승은 찾아볼 수 없다.

노아가 비둘기를 날려 보낸 목적은, 혹시라도 발붙일 곳이 있는지를 찾아보게 하기 위함이었다. 결국 발붙일 곳을 찾아내지 못한 비둘기는 다시 노아와 방주가 있는 곳으로 되돌아왔다. 누군가의 집에 들어간 제자들이 성령을 풀어놓는 것에 관한 묘사도 바로 이와 같다. 여기서 우리가 알 수 있는 사실은 지금도 여전히 성령께서는 머무실 만한 곳을 찾고 계신다는 것이다. 성령님이 찾으시는 자리란 바로 사람이다. 비둘기가 쉴 곳을 찾지 못했을 때 노아, 곧 보낸 사람에게로 되돌아왔다. 이와 관련하여 어느 한 집을 향해 평안을 풀어놓으라는 예수님의 말씀에 관해 다시 한 번 진지하게 생각해보자. 만일 이 임재를 잘 모실 만한 사람이 그곳에 없다면, 그 평안은 그것을 빈 자에게로 돌아올 것이다(눅 10:6).

비둘기가 쉴 장소를 찾지 못했을 때, 다시 되돌아왔다. 그러면 노아는 손을 내밀어 비둘기를 다시금 방주 안 자기에게로 받아들였다. 이 본문에서 우리는 매우 흥미로운 문구와 만나게 된다. 바로 '자기로부터'(from himself)와 '자기에게로'(to himself)이다. 이를 통해 우리는 신약의 사역이 어떠할지를 보여주는 구약의 예시를 보게 된다.

> 또 칠 일을 기다려 다시 비둘기를 방주에서 내놓으매 저녁때에 비둘기가 그에게로 돌아왔는데 그 입에 감람나무 새 잎사귀가 있는지라 이에 노아가 땅에 물이 줄어든 줄을 알았으며 (창 8:10-11)

노아는 다시 비둘기를 풀어놓았다. 그러자 이번에는 비둘기가 이전보다 조금 더 진보된 보고를 노아에게 가져다주었다. 하나님이 설계하신 방주에는 창문이 없었다. 단지 지붕에 하나가 있어서, 노아는 그 창문을 통해 비둘기를 풀어놓았다. 노아는 오직 하늘만을 바라보며 비둘기가 가져다주는 정보에 전적으로 의지하고 있었다. 물은 지면에서 점점 줄어들고 있었다.

> 또 칠 일을 기다려 비둘기를 내놓으매 다시는 그에게로 돌아오지 아니하였더라 (창 8:12)

노아는 또다시 비둘기를 풀어놓았는데, 이번에는 영영 되돌아오지 않았다. 나는 대부분 이 교훈을 이해하기가 매우 힘들 것이라고 생각한다. 왜냐하면 하나님의 임재를 인식하는 법을 배우는 것과 관련하여 경험과 기회가 거의 전무하기 때문이다. 대부분의 사람들은 사역이 진행되는 중 성령님이 풀어지신 순간에 관해 전혀 알지 못한다. 그런데 하물며 성령님이 되돌아오신 순간을 어찌 알겠는가? 또한 성령님이 우리에게서 풀어지셔서 지금 누군가에게 머물고 계신다는 개념은 참으로 이해하기 어려울 것이다. 이것은 내가 무안을 주려고 하는 말이 아니다. 다만 나는 우리의 특권이자 책임에 대한 갈망을 불러일으키기 원할 뿐이다.

우리는 성령의 임재와 방식들을 잘 알고 있어야 한다. 그래야만 우리가 주님의 방식으로 세상을 변화시키는 일에 쓰임 받을 수 있기 때문이다. 진정한 사역은 바로 이런 것이다.

받을 만한 사람 찾기

예수님이 칠십 인에게 당부하신 지시사항에는 주님의 평안이 임할 가치가 있는 사람들을 찾는 것도 포함되어 있었다. 하나님은 사람의 겉모습을 보시는 분이 아니라는 것은 성경 전체가 가르쳐주고 있는 바이다. 이 점은 사무엘 선지자가 이스라엘을 위해 새로운 왕을 찾는 이야기에서 잘 입증되었다. 그는 이새의 모든 아들들을 자세히 살펴보기 위해 자기 앞으로 지나가게 하였다. 인간적인 관점에서, 사무엘 선지자는 더할 나위 없이 완벽한 후보자를 찾아냈다. 바로 이새의 첫째 아들 엘리압이었다. 그러나 하나님은 그가 아니라고 하셨다. 그렇게 아들들을 모두 살펴본 후, 사무엘은 혹시 또 다른 아들이 있느냐고 물어보았다. 그들은 그렇다고 대답하고는, 가서 막내 아들인 다윗을 데리고 왔다. 당시 다윗은 아버지의 양을 지키고 있던 중이었다. 하나님은 그의 마음을 보셨고, 사무엘에게 바로 그가 이스라엘의 새 왕이라고 말씀하셨다.

사실 다윗은 나머지 형제들과 동일한 대우를 받지 못하였다. 그의 아버지 이새는 다윗이 왕이 될 가능성을 지닌 인물이라고 생각하지 않았다. 나는 그 이유가 정확히 무엇인지는 잘 모른다. 이새가 단순히 간과했기 때문일 수도 있고, 아니면 무언가 다른 이유가 있었을 수도 있다. 다윗은 자신이 죄 중에 잉태되었다는 말을 한 적이 있다. "내가 죄악 중에서 출생하였음이여 어머니가 죄 중에서 나를 잉태하였나이다"(시 51:5). 어쩌면 다윗은 아버지 이새의 또 다른 부인을 통해서 태어났을 수도 있다. 혹은 불륜의 가능성도 배제할 수 없다. 그렇다면 다윗은 다른 형들에게 이복형제가 되었을 것이다. 어찌됐든, 그의 아버지나 형제들은 그를 선택하려 하지 않았다. 그러나 하나님은 그의 마음을 보시고는 다윗을 사울의 뒤를 이어 이스라엘의 왕이 될 인물로 선택하셨다.

당신은 누군가가 자격을 갖춘 사람임을 어떻게 식별할 수 있겠는가? 사실 주님이 먼저 선택하신 사람들은 유능하거나 지위가 높은 자들이 아니었다. 대개는 귀신에 사로잡힌 자들이나 세리, 창녀 등 그야말로 하나님의 도움이 절실하게 필요한 사람들이었다. 나는 이러한 미스터리를 이미 오랜 세월 동안 목격해오고 있다. 동시에 나는 이것이 하나님이 사람을 선택하시는 방식에 관한 최고로 멋지고 신비스런 일 중 하나임을 인정하지 않을 수 없다. 하나님은 이스라엘을 선택하신 이유에 관해서도, 그들이 가장 미약한 자들이기 때문이라고 하셨다. 이는 개인에게도 동일하게 적용되는 원리다.

예수님은 제자들이 어느 집에 들어갔을 때 평안을 받을 만한 사람이 누구인지 알 수 있을 것이라고는 기대하지 않으셨다. 만일 그랬더라면, 주님은 그들에게 오직 자격이 있는 사람에게만 성령의 임재를 풀어 놓으라고 당부하셨을 것이다. 달리 말해, 주님은 만일 평안을 받을 만한 마땅한 징후가 없다면 그 평안이 다시 그들에게 되돌아온다는 말씀을 굳이 덧붙이실 필요가 없었다.

당시 제자들이 자격 있는 사람을 알아볼 수 있는 유일한 방법은, 그 사람이 성령님께 보이는 반응을 통해서였다. 성령님이 그들 위에 머물러 계셨는가? 그들은 성령님의 인격에 대해 민감하게 반응하였는가? 혹은 성령님이 되돌아오셨는가? 자격 여부를 판별하는 방법은 이것이었다. 참으로 놀랍지 않은가?

중대한 범죄자들은 삶의 수많은 영역에서 순수함을 잃어버린 채 살아간다. 그러나 그들 중 대부분은 마음속 깊은 곳에 여전히 순수함이 남아 있다. 그것은 성령님에 대한 순수함이다. 깊은 죄에 빠져 있는 사람들이라 할지라도, 여전히 이 부분만은 순결한 영역으로 남아 있다. 나는 이런 경우를 수없이 많이 보았다. 가장 타락하고, 비도덕적이고, 기만적인 사람들이 성령님이 임하시는 순간 놀랍게 변화되는 것 말이다. 죄로 인해 초래된 온갖 냉담함 이면에 오히려 심오한 유연함이 숨겨져 있었다. 우리 중 누구도 성령님의 도우심 없이는 그 자리를 볼 수 없지만, 놀랍게도 하나님이 나타나셨을 때 그들의 마음이 반응을 보였다. 예수님도 이와 관련하여 다음과 같이 말씀하셨다. "이러므로 내가 네게 말하노니 그의 많은 죄가 사하여졌도다 이는 그의 사랑함이 많음이라 사함을 받은 일이 적은 자는 적게 사랑하느니라"(눅 7:47). 바로 이러한 반응이야말로 성령을 받을 만한 사람임을 말해주는 것이다.

반대로, 하나님의 일들에 지나치게 많이 노출되어 온 사람들일수록 실제로는 주님에 대한 방어벽을 구축하고 있을 때가 많다. 지나치게 많이 노출되었다는 것은, 성경의 가르침을 수없이 많이 듣기는 했으나 철저한 복종의 자리까지는 가지 못한 경우를 말한다. 바리새인들이 바로 이런 문제에 봉착해 있었다. 그들은 메시아를 식별하기 위한 최고의 훈련을 받았음에도 불구하고, 정작 주님이 오셨을 때는 전혀 알아보지 못하고 말았다.

우리는 철저한 복종을 통해 하나님과의 만남을 경험할 수 있다. 하나님과의 만남은 우리를 계속해서 온유한 자로 만들어준다. 만일 이러한 과정이 없다면, 우리를 변화시키기 위해 주어진 말씀이 오히려 우리 마음을 강퍅하게 하는 원인이 되고 만다. 그것은 마치 어떤 특정한 질병에 부분적으로 노출됨으로써 몸에 저항력이 생기는 예방접종과 유사하다. 그러므로 우리는 예수님을 시험적으로 일부분만 경험해보아서는 안 된다. 대신 주님께 철저히 온 맘 다해 순복해야 한다. 전심으로 온전히 순복하지 않을 때, 하나님이 원하시는 것과는 정반대의 결과가 초래될 것이다.

성령님께 민감하게 반응하는 사람들을 찾아내는 것은 매우 흥미진진한 모험임은 확실하다. 그러나 사실 나 자신조차도 주님께 언제나 온전히 순복하며 살지는 못한다. 주님이 나의 걸음을 이끄시도록 허용해드리는 법을 배우는 것은, 여전히 내게는 평생의 과제다.

주님을 의식하며 사는 삶

천국에서는 하나님 없는 삶은 생각조차 할 수 없다. 하나님은 그 나라의 심장이자 생명이며, 빛이시다. 천국은 하나님에 대한 온전한 확신과 신뢰로 충만하다. 반면에 이 세상은 불신과 혼동으로 가득 차 있다. 언제나 우리는 현재 가장 많이 의식하고 있는 것을 실제로 세상에 풀어놓는다.

하나님을 의식하며 사는 삶은, 주님 안에 거하라는 명령의 본질적인 부분에 해당한다. 1600년대에 살았던 로렌스 형제(Brother Lawrence)는 이러한 주제를 놀라울 만큼 탁월하게 예증해주었다. 그의 이야기는 《하나님의 임재 연습》(The Practice of the Presence of God)이라는 책에 소개되어 있다. 로렌스에게는 기도시간이나 부엌에서 일하는 시간이 아무런 차이가 없었다고 한다. 그에게는 그 모든 시간이 하나님에 대한 인식과 주님과의 사귐이라는 면에 있어서 동일했다.

주님을 모시는 삶의 특권이 무엇인지를 이해하는 사람이라면 누구든지, 하나님을 늘 지속적으로 인식하며 살아가는 것을 인생 최대의 목적으로 삼아야 한다. 그분은 거룩한 영이시다. 성령님은 우리로 하여금 거룩을 인생 최대의 초점으로 삼게 하신다. 그러나 주님은 거룩하시기도 하지만 동시에 선하신 분이다. 나는 사람들이 하나님은 선하신 분이라는 사실을 깨닫지 못한 채, 오직 거룩에 대한 야심을 품고 사는 모습을 볼 때마다 걱정이 앞선다.

그동안 살면서 터득한 바가 있다. 그것은 내가 거룩을 위한다는 명목 아래 품었던 모든 야심과 훈련, 깊은 뉘우침 등이 실제로는 거룩에 관한 한 내 삶에 그다지 큰 영향을 끼치지 못했다는 것이다. 거룩한 삶은 거룩하신 하나님, 내 모습을 있는 그대로 받아주시는 하나님 안에서 기뻐함으로써 얻어지는 자연스런 결과다. 내가 땀흘려가며 그토록 애썼던 노력들은 사실 내 삶에 이렇다 할 만한 변화를 가져오지 못했다. 오히려 그러한 노력들로 인해 이전보다 더 교만해지고 비참해졌을 뿐이다. 주님과 동행하는 삶을 살면서, 내가 그리스도인의 삶에 관한 이러한 면을 조금 더 일찍 깨달았더라면 얼마나 좋았을까 아쉬워할 때가 많다. 만일 그랬더라면, 그토록 오랜 세월을 좌절에 빠져 허우적거리지 않아도 되었을 텐데 말이다.

하나님에 대한 인식 계발하기

모든 신자들이 하나님을 알지만, 언제나 의식적인 수준에서 아는 것은 아니다. 그러므로 하나님에 대한 인식을 계발시키는 일은 그리스도 안에서 살아가는 우리의 삶에 있어서 가장 중요한 요소 중 하나다. 우리는 주님을 임마누엘, 즉 '하나님이 우리와 함께 계신다'라고 부른다. 주님을 알되, 우리와 함께 계시는 하나님으로서 알아가는 것은 우리의 성장에 있어서 본질적인 측면이다.

내 친구 중 비행기 조종사가 있다. 한번은 그가 조종사들을 훈련시키기 위해 사용하는 한 테스트에 관해 말해준 적이 있다. 그들은 훈련생을 모의비행장치 안으로 들여보낸다. 그곳에서는 실제로 높은 고도에서 비행하고 있는 듯한 분위기가 연출된다. 그 안에서 조종사들은 비행기에 시스템상의 결함이 생겼을 때 나타나는 증상들을 금방 알아차릴 수 있어야 한다. 예를 들어, 산소 수준이 지나치게 떨어졌을 경우에는 경보음이 울린다. 그런 다음에는 모든 탑승자의 생명을 보호하기 위해 비상용 산소가 사용된다. 그런데 만일 경고시스템마저 고장 난다면 어떻게 할 것인가? 바로 이 점이 테스트의 핵심이다. 그들은 산소 수준이 점점 감소해갈 때 나타나는 사람들의 반응이 천차만별이라는 사실을 발견하였다. 어떤 사람은 다리의 근육이 꼬이는데 반해, 다른 사람은 팔에 소름이 돋는다. 이러한 반응들은 실제로 얼마나 다양한지 모른다.

그래서 반응을 정확히 확인하기 위해 고안해낸 것이 있다. 먼저 높은 고도에서 비행하듯이 모의비행장치를 연출한 후, 아주 천천히 산소의 수준을 감소시킨다. 이때 조종사는 자신의 몸으로 느껴지는 온갖 감각들을 기록해두어야 한다. 비행교관은 그들이 의식을 잃기 바로 직전에 이르면 산소 수준을 다시 정상으로 회복시킨다. 모의훈련 상황을 끝마쳤을 때, 조종사의 손에는 경고의 징후들이 담긴 목록이 들려 있다. 이 목록 덕분에, 조종사는 실제 비행 시에 다리근육이 꼬이는 등 신체 반응이 나타나기 시작하면 곧바로 산소수준을 체크해야 함을 알아차릴 수 있게 된다.

여기서 우리가 명심해야 할 것이 있다. 만약 조종사들이 훈련을 통해 자신의 신체가 보내오는 신호에 관심을 기울이는 법을 배우지 않는다면, 실제로 비행기를 조종할 때 일어날 수 있는 온갖 비상사태에 관해 아무것도 알지 못할 것이다. 그들은 산소량 저하에 관하여 자신의 몸이 경고를 보내도, 그것을 결코 알아차릴 수 없을 것이다. 하나님의 임재에 대해서도 우리는 이와 유사한 무지 속에 살아갈 때가 많다.

모든 신자들은 어떤 방식으로든 하나님의 임재를 경험한다. 그러나 많은 경우에 우리는 훈련받지 못한 상태로 살아갈 때가 많다. 이런 현상은 특히 영적이고 감각적인(신체적인 감각) 능력보다는 인지적인 능력을 훨씬 더 강조하는 문화에서 두드러진다. 사실 우리의 몸은 창조될 때부터 하나님의 임재를 인식할 수 있는 능력을 지니고 있었다. 시편기자는 심지어 자신의 육체까지도 살아계시는 하나님께 부르짖는다고 고백하였다(시 84:2). 히브리서 기자는, 성숙함의 표지가 우리의 지각을 통해 선악을 분별하는 능력에 있다고 말하였다. "단단한 음식은 장성한 자의 것이니 그들은 지각을 사용함으로 연단을 받아 선악을 분별하는 자들이니라"(히 5:14).

위조지폐 식별법을 훈련받는 사람들은 절대로 위조지폐를 연구하지 않는다. 왜냐하면, 위조지폐를 만드는 방식은 헤아릴 수 없이 많기 때문이다. 오히려 그들은 집중적으로 진짜 화폐만을 최대한 많이 접한다. 이렇게 하면 위조지폐는 자동적으로 눈에 띄기 마련이다. 선악을 분별하는 감각을 계발시키는 방법도 이와 동일한 이치다. 우리에게 임하신 하나님의 임재를 깨달아가는 일에 깊이 몰두할 때, 무엇이든 그와 상반되는 것은 쉽게 알아차릴 수 있다. 점차적으로 나의 마음이 무엇이 옳고 그른지를 분별할 수 있게 되는 것이다.

이제까지 나는 하나님이 말씀하시거나 계시하시는 것에 대해, 오직 내 자연적인 감각으로 이해할 수 있는 방식으로만 말씀해달라고 강요해왔다. 그러나 주님은 우리가 그분이 운행하실 때는 언제나, 또한 주님이 말씀하시는 바는 무엇이든 알아차리는 자들이 되기 원하신다. 우리를 주님께 속한 좋은 군사들이 되게 하시려고, 주님은 의도적으로 이런 훈련을 시키신다. 이렇게 함으로써 우리는 '때를 얻든지 못 얻든지' 늘 유용한 사람이 될 수 있다.

주님과 친밀한 교제를 나누라

성령님은 참으로 놀라운 분이시다. 그분은 너무나도 부드러우시며, 언제나 우리 곁에 함께 계신다. 그동안 살면서 깨달은 것은, 내가 주님께 애정을 표현할 때는 언제나 주님도 가시적으로 나타나주신다는 것이다. 주님께 애정을 표현하고 이에 대한 그분의 반응을 감지하는 것을 배워가는 과정은 뭐라고 형언할 수 없을 정도로 소중한 일이다. 주님이 임하시는 모습은 언제나 경탄스럽다.

나는 수년 전부터 줄곧 잠자리에 들 때마다 실행하는 것이 하나 있다. 바로 내 위에 머물러 계시는 주님의 임재가 느껴질 때까지 그분께 애정을 표현하는 것이다. 나는 잠자는 시간을 좋아하기 때문에 그 시간에 중대한 필요에 관해 중보기도를 하거나 큰소리로 찬양을 부르지는 않는다. 다만 주님의 임재로 인해 마음이 따뜻해질 때까지 그분께 사랑을 표현한다. 한밤중에 잠에서 깨면 다시금 마음을 주님께로 향하고 그분과 교제하면서 잠든다.

삶의 원리를 아는 것은 매우 중요하다. 하나님이 만물을 창조하셨을 때, '저녁이 되고 아침이 되니, 하루가 지났다'고 기록하였다. 창세기

1장에는 이와 동일한 표현이 여러 차례 반복된다. 이에 따르면 하루는 밤에 시작된다. 그러므로 밤 시간을 주님께 드리는 것이 우리가 하루를 시작하는 올바른 방식이라 할 수 있다. 만일 사람들이 밤 시간을 주님께 드리는 법을 터득한다면, 낮 시간을 훨씬 더 능률적으로 보낼 수 있을 것이다. 또한 불면증에 시달리는 수많은 사람들의 고통이 이 단순한 행위로 인해 사라져버릴 것이다. 당신의 하루를 밤에 시작하라. 주님이 당신의 마음을 따뜻하게 해주실 때까지, 주님께 당신의 사랑을 표현하라. 밤 시간 내내 주님의 임재에 대한 감각을 유지하는 법을 배우라. 그렇게 하면 당신의 낮 시간이 반드시 변화될 것이다.

옛 교훈의 회복

부활하신 예수님은 한 곳에 숨어 있던 제자들을 만나주셨다. 그들은 예수님을 이런 식으로 만나게 될 줄은 미처 예상하지 못하고 있었다. 당시 그들은 종교지도자들이 예수님에 이어 자신들을 죽일까봐 두려워하여 숨어 있었다. 예수님은 벽을 통과하여 걸어 들어오기도 하셨고, 혹은 갑자기 방에 나타나기도 하셨다. 그럼에도 불구하고 제자들의 두려움은 여전하였다.

예수님은 공포에 질려 있는 그들을 향해 이렇게 말씀하셨다. "너희에게 평강이 있을지어다"(요 20:19). 그들은 예수님이 지금 자신들을 위해 무엇을 해주신 것인지 전혀 이해하지 못했다. 평강이 주어졌을 때, 그로 인한 유익을 누리기 위해서는 반드시 평강을 받아들여야 한다. 이 말씀을 하신 후에 예수님은 양손과 옆구리를 보이시며 십자가 처형으로 인해 받으신 상처들을 보여주셨다. "제자들이 주를 보고 기뻐하더라"(요 20:20). 그들은 예수님의 상처자국을 보고 나서야 비로소 주님이 누구이신지를 알아차렸다. 그러자 주님은 다시 한 번 그들에게 평강을 선포해 주셨다.

예수님은 종종 우리가 전혀 예상치 못한 방식으로 찾아오시곤 한다. 엠마오로 향하던 두 제자들에게도 주님은 그러하셨다(눅 24:13-32). 그들도 예수님을 알아보지 못하였다. 주님이 성경말씀을 풀어주시는 동안 마음이 뜨거워졌음에도 불구하고 말이다. 그러나 저녁식사 자리에서 빵을 떼어주신 후에야 비로소 눈이 열려 주님을 알아보았다. 이 두 가지 경우 모두 주님이 제자들의 관심을 십자가로 이끌어주셨을 때, 비로소 그들은 그분이 누구이신지를 알아차렸다. 주님의 양손에 난 못자국과 옆구리의 창 자국, 주님의 짓이겨진 몸을 상징하는 빵 등은 모두 십자가와 관련이 있다.

하나님의 운행하심이 온전히 지속되려면, 그 중심점에 언제나 십자가가 놓여 있어야 한다. 보좌는 하나님 나라의 중심이며, 그 보좌에는 하나님의 어린 양이 앉아 계신다. 희생당하신 어린 양의 보혈은 영원토록 존중받고 경축되어야 한다. 그리스도인의 삶을 정확하게 실증해주고 권능을 부여해주는 것이 부활이라면, 십자가는 우리를 부활의 자리로 데려다준다. 십자가 없이는 결코 부활도 없다.

"평강이 있을지어다." 예수님은 마태복음 10장 8-12에서 제자들에게 첫 번째 임무를 부여해주실 때에도 이 평강의 교훈을 사용하셨다. 주님은 그들에게 어느 집에든지 들어가면 평안을 빌어주라고 당부하셨다. 예수님은 폭풍도 평강으로 잔잔케 하셨다. "예수께서 깨어 바람을 꾸짖으시며 바다더러 이르시되 잠잠하라 고요하라(Peace, be still) 하시니 바람이 그치고 아주 잔잔하여지더라"(막 4:39). 주님은 폭풍 속에서도 주무실 수 있으셨다. 우리 역시 폭풍 속에서 잠을 잘 수 있고, 그 폭풍을 잠재울 수 있는 권세도 가지고 있다. 그러므로 당신은 반드시 평강을 가지고 있다가 남에게 거저 베풀 수 있어야 한다. 그러면 그 어떤 폭풍이라도 평강 안에 거하는 우리를 보며 무서워할 것이다.

제자들은 예수님이 상처 자국을 보여주신 후에야 믿었다. 그리고 주님은 다시 한 번 그들에게 평안하라고 말씀하셨다. 주님은 두 번째 기회를 허락해주시는 분이다. 이번에는 확실히 제자들의 마음이 열려진 것이 분명했다. 왜냐하면 주님이 곧바로 그들에게 가장 위대한 사명을 부여해주셨기 때문이다. 이제껏 이런 사명을 받았던 사람은 단 한 명도 없었다. "예수께서 또 이르시되 너희에게 평강이 있을지어다 아버지께서 나를 보내신 것 같이 나도 너희를 보내노라"(요 20:21). 예수님의 말씀은 다음과 같은 뜻을 지니고 있었다. '하나님 아버지께서 나를 보내셨으니, 나도 너희를 보낸다.' 정말 충격적이지 않는가? 예수님의 부르심 안에서 살아가는 것만큼 위대한 부르심이 또 어디 있겠는가? 그러나 만일 이것만으로도 충분치 못하다면, 우리는 곧 이어서 이 일을 가능케 해주는 대목과 만나게 된다. "이 말씀을 하시고 그들을 향하사 숨을 내쉬며 이르시되 성령을 받으라"(요 20:22).

만약 예수님이 하나님 아버지께서 주님을 보내셨듯이 주님도 우리를 보내신다고 말씀하신 후 곧바로 가난한 자들을 위해 잔치를 베푸셨다면, 우리는 가난한 자들에게 먹을 것을 주는 일이 우리가 본받아야 할 가장 중대한 사역이라고 강조했을 것이다. 만일 주님이 이 위대한 사명을 주신 후 곧바로 두 시간 동안의 긴 경배를 드리셨다면, 그것이 우리가 본받아야 할 주된 기능이라고 말할 수 있을 것이다. 이 사명을 주시면서 주님이 무슨 행동을 하셨든지 간에, 우리는 그것을 가장 중요한 것으로 강조하였을 것이다. 이는 본문의 상황에도 동일하게 적용되는 사실이다.

하나님의 성령을 풀어놓는 행위는 흔히 접할 수 없는 비범한 것이다. 나는 그 순간 예수님이 성령을 풀어놓으심으로써 모든 사역의 본질에 대한 본보기를 보여주셨다고 생각한다. 예수님이 하신 대로 행하려면 성령을 풀어놓되, 성령이 머무실 자리들(사람)을 발견해내실 때까지 풀어놓아야 한다. 이 단 하나의 행위를 통해, 예수님은 가장 위대한 사명을 수행하면서 주님을 따르는 사람들의 삶을 한 마디로 요약해주신다. "하나님 아버지께서 나를 보내셨듯이, 나도 너를 보낸다." 이것은 바로 하나님의 영을 풀어놓는 것을 의미한다.

능력과 권세

주님은 세상에 계시는 동안 이미 제자들에게 능력과 권세를 주셨다. 제자들은 예수님이 지상사역을 수행하시던 시절뿐 아니라 '선교여행'을 하는 동안에도 성령님과 함께 합력하여 일했다. 그러나 흥미롭게도, 주님이 제자들에게 주신 것(능력과 권세)은 주님의 죽음과 부활 이후에도 계속해서 효과를 발휘하지는 못하였다. 주님은 그분의 사역 가운데로 제자들을 데려가셨고, 그분의 권세와 능력이라는 우산 아래서 기능할 수 있게 해주셨다. 제자들은 예수님의 인도하심에 따라 훌륭하게 해냈다. 그러나 이제 그들은 이 두 가지 필수요건들을 구비하기 위해 자신들이 몸소 하나님을 경험해야 하는 시점에 이르렀다.

성령을 받았을 때 제자들은 거듭났고, 하나님은 그들에게 사명을 위임해주셨다(요 20장). 이 사명은 마태복음에서 다시 한 번 확증되고 확장되었다.

> 그러므로 너희는 가서 모든 민족을 제자로 삼아 아버지와 아들과 성령의 이름으로 세례를 베풀고 내가 너희에게 분부한 모든 것을 가르쳐 지키게 하라 볼지어다 내가 세상 끝날까지 너희와 항상 함께 있으리라 하시니라 (마 28:19-20)

이후에 제자들은 하늘로부터 임하는 능력으로 옷 입혀지기 전까지 결코 예루살렘을 떠나지 말라는 명령을 받았다. "볼지어다 내가 내 아버지께서 약속하신 것을 너희에게 보내리니 너희는 위로부터 능력으로 입혀질 때까지 이 성에 머물라 하시니라"(눅 24:49). 권위는 사명과 함께 온다. 반면에 능력은 하나님과의 만남을 통해 주어진다. 그들은 하나님의 영과의 만남을 체험하기 전까지는 결코 예루살렘을 떠나지 말라는 명령을 받았다. 마태복음 28장에서 그들은 권세를 받았고, 사도행전 2장에서는 능력을 받았다.

이것은 오늘날에도 동일한 진리이다. 권세는 사명으로부터 말미암지만, 능력은 하나님과의 만남을 통해 임한다. 언뜻 보기에 이 두 가지의 일차적인 초점이 사역인 듯하지만, 사실은 우리와 성령님과의 관계 형성에 있어서도 이 두 가지는 최우선적인 필수요인이다. 권세와 능력은 성령의 본성을 보여줄 뿐 아니라, 주님의 임재를 모시는 일에 우선적으로 초점을 맞추도록 해준다. 사역은 성령님과의 관계성으로부터 흘러나와야 한다. 인격이신 성령님이 우리 안에 거하시는 것은 우리를 위해서지만, 우리 위에 머물러 계시는 것은 다른 이들을 위해서다.

주님의 임재 풀어놓기

하나님의 임재를 풀어놓는 방법은 아마 헤아릴 수 없이 많을 것이다. 그중 의도적으로 행할 수 있는 방식 네 가지를 소개하겠다.

* 말

예수님은 이 방법을 자주 사용하셨다. 주님은 오직 하나님 아버지께서 말씀하시는 것만을 말씀하셨다. 다시 말해, 주님이 선포하신 모든 메시지들의 출처는 바로 하나님 아버지의 마음이었다. 예수님이 가장 받아들이기 어려운 메시지를 선포하셨을 때, 무리들은 집단적으로 주님을 떠나갔다. 이러한 일들이 모두 요한복음 6장에서 소개되고 있다. 여기에서 예수님은 그분의 살을 먹고, 피를 마심으로써 주님의 생명에 동참하는 것에 관해 말씀하셨다. 예수님이 이처럼 기괴한 일에 관해 가르치신 것은 이번이 처음이었다. 사람들은 예수님이 인육을 먹는 것에 관해 말씀하신다고 생각했다. 물론 지금 우리는 예수님의 의도가 그런 것이 아니었음을 잘 알고 있다. 그것은 우리가 이미 그 사건 이후의 시점을 살고 있기 때문이다.

여기서 우리가 주목해야 할 것은 예수님이 보여주신 태도이다. 그것은 매우 놀라운 반응이었다. 주님은 그분의 진정한 의도가 무엇인지를 설명하기 위해 일부러 애쓰지 않으셨다. 무리들이 투덜거리면서 결국 떠나간 것을 보면, 아마도 예수님이 말씀하신 바를 사람들이 정확히 이해했는지를 확인하는 사람도 없었던 듯하다. 그러나 오히려 이 일은 사람들이 주님을 강제로 왕으로 삼고자 했다는 점에서 그분께는 도움이 되었다.

주님은 제자들에게 "너희들도 떠나가려느냐?"고 물으셨다. 이때 베드로는 다음과 같이 대답한다. "주여 영생의 말씀이 주께 있사오니 우리가 누구에게로 가오리이까"(요 6:68). 내 생각으로 판단할 때, 베드로의 말은 다음과 같은 의미를 담고 있었다. "우리는 주님을 떠나간 저 사람들만큼이나 주님의 가르침을 잘 이해하지 못합니다. 그러나 우리가 알고 있는 것은, 주님이 말씀하실 때마다 우리의 마음이 살아난다는 것입니다. 주님이 말씀하실 때, 우리는 왜 살아야 하는지를 깨닫게 됩니다!"

이보다 바로 몇 구절 앞에서, 예수님은 그리스도인의 삶에서 특별히 중요한 부분에 관해 설명해주셨다. "살리는 것은 영이니 육은 무익하니라 내가 너희에게 이른 말은 영이요 생명이라"(요 6:63). 예수님은 육신이 되신 말씀이시다. 그러나 주님이 말씀하실 때, 그 말씀은 영이 되었다. 이런 일은 우리가 하나님 아버지의 말씀을 선포할 때마다 일어난다. 우리는 모두 다음과 같은 경험을 해보았을 것이다. 어떤 곤란한 상황에 처해 있을 때, 누군가가 방으로 들어온다. 그리고 그가 무언가를 말하자 방 안의 분위기가 달라진다. 그것은 단순히 그가 훌륭한 아이디어를 가지고 왔기 때문이 아니라, 그가 말한 것이 물질적인 것이 되었기 때문이다. 그 어떤 실체가 분위기를 변화시킨 것이다. 과연 무슨 일이 일어난 것일까? 그는 무언가 시기적절하고 목적성이 있는 메시지를 선포하였다. 그는 하나님 아버지가 말씀하시는 바를 선포하고, 말로 선포된 메시지가 영이 된 것이다.

말은 하나님이 세상을 창조하실 때 사용하신 수단이다. 선포된 메시지는 우리 안에 믿음을 불러일으키는 일에 있어서 가장 중요한 것이다(롬 10:17). 주님이 선포하신 메시지는 본질적으로 창조적이다. 하나님 아버지의 말씀이 선포될 때, 그 공간 안에 창조적인 본질과 하나님의 임재가 풀어짐으로써 변화가 일어난다.

* 믿음의 행동

주님의 임재는 그분의 활동을 수반한다. 실제적인 하나님의 임재는 믿음으로 말미암아 풀려나온다. 예수님의 사역에는 매번 하나님의 임재가 가시적으로 나타났다. 믿음의 행위란, 내면에 있는 믿음이 밖으로 표면화되어 나타난 행동을 의미한다. 예를 들어보겠다. 다리에 심각한 부상을 입은 사람이 뛰어가라는 나의 말을 듣고 뛰었을 때, 그 순간 즉각적으로 치유를 받았다. 어떻게 이런 일이 있을 수 있는가? 주님의 임재가 그의 행동 안에서 풀어진 것이다. 물론 나는 이런 일을 단순히 믿음의 원리에 입각해서 행하지는 않을 것이다. 다만 주님의 임재를 바탕으로 하여 그러한 지시를 할 것이다. 수많은 지도자들이 바로 이 지점에서 엄청난 실수를 저지른다. 나는 결코 누군가에게 단순히 하나의 원리를 토대로 하여 위험을 무릅쓰라고 요구하지는 않을 것이다. 물론 그리스도와 동행하는 가운데 장애물을 만나는 경우에, 때때로 원리에 입각하여 스스로 담대한 행동을 하기도 할 것이다. 그러나 결코 다른 사람에게는 그런 행동을 시키지 않을 것이다.

* 예언적인 행동

이것은 그리스도인의 삶에서 매우 독특한 측면에 해당한다. 왜냐하면 바라는 결과와는 전혀 연관성이 없어 보이는 행동이 요구되기 때문이다. 발목이 부상당한 채로 자리에서 펄쩍 뛰는 행동은 바라는 결과(발목의 치유)와 연관되어 있다. 반면에 예언적인 행동은 원하는 결과와 아무런 연관성이 없다. 이와 관련된 매우 놀라운 사례로서 엘리사의 이야기를 들 수 있다. 어떤 사람이 엘리사를 찾아와 빌려온 쇠도끼를 그만 강물에 빠뜨렸다고 말한다. 그 이후의 상황을 성경은 이렇게 전한다. "엘리사가 나뭇가지를 베어 물에 던져 쇠도끼를 떠오르게 하고"(왕하 6:6). 당신이 하루 종일 아무리 나뭇가지들을 물속에 던져도, 결코 도끼머리를 떠오르게 할 수는 없다. 엘리사의 행동은 언뜻 보기에 전혀 관련성이 없는 듯하다. 그러나 이러한 예언적 행동은 하나님을 출처로 삼고 있다는 점에서 힘을 지닌다. 순종에서 우러나온 예언적인 행동은, 인간의 이성을 초월하는 논리를 담고 있다.

나는 이런 일이 일어나는 경우들을 수없이 많이 목격해왔다. 어떤 사람이 기적이 일어나기를 소원하고 있다. 나는 그들에게 앉아 있던 자리에서 일어나 예배당의 통로 쪽으로 나와 서라고 말한다. 물론 통로 쪽에 성령님의 권능이 보다 더 강력하게 역사하고 있기 때문에 이런 지시를 하는 것은 아니다. 다만 이것은 하나의 예언적인 행동이다. 이런 행동을 통해 성령님의 임재가 그들 위에 풀어지도록 하는 것이다.

예수님은 수많은 경우에 이러한 예언적인 행동을 하셨다. 주님은 앞을 못 보는 사람에게 실로암 연못에 가서 씻으라고 말씀하셨다(요 9:7). 연못 자체가 어떤 치유의 능력을 가지고 있었던 것은 아니다. 기적은 다만 가서 씻는 행위 속에서 풀어졌다. 이상의 두 가지 행동은 원하는 결과와는 논리적으로 아무런 연관성이 없었다.

※ **안수**

안수는 매우 중대한 교회의 교리다. 특히 안수는 그리스도의 교훈으로 언급되고 있으며(히 6:1-2), 구약시대의 관습이기도 하다. 제사장은 염소에게 안수함으로써, 상징적으로 이스라엘 백성들의 죄를 그 염소 위에 전가시켰다. 그런 다음 그는 염소를 광야 가운데 풀어놓아 보냈다. 염소에게 안수하는 이유는, 이스라엘이 원래의 목적을 회복할 수 있도록 도와주는 무언가를 풀어놓기 위해서였다.

안수는 권위를 위임하기 위해서도 사용되었다. 이러한 경우는 모세와 그의 장로들의 사례에서 찾아볼 수 있다. 사도 바울은 디모데에게 안수함으로써 사도적인 사명을 풀어놓았다. 사도행전에서는 사람들에게 성령이 임하시게 하려고 안수하였다(행 8:18). 이처럼 안수는 하나님이 사용하시는 수단이며, 이를 통해서 하나님 나라의 실제와 주님의 임재가 다른 사람에게 풀어진다.

의도성이 없는 방식들

이제까지 우리는 하나님의 임재를 풀어놓기 위해 사용하는 의도적인 방법들에 관해 살펴보았다. 그러나 그 밖에도 하나님의 임재를 풀어놓는 방법은 헤아릴 수 없이 다양하다. 그중에는 우리의 의도와는 전혀 무관한 것들도 있다. 그러나 주님과 함께 협력하여 일할 때, 이러한 방식들은 일상적인 것이 된다.

* 그림자

베드로의 그림자는 주님의 임재가 한 사람 위에 흘러넘치도록 임하신 놀라운 사례 중 하나다. 베드로가 이것을 예상했다거나 지시했다는 징후는 어디서도 찾아볼 수 없다. 그러나 사람들은 그에게 임해 있는 그 무언가에 다가가는 법을 터득했다. 우리의 그림자는 언제나 우리를 뒤덮고 있는 바로 그것을 풀어놓는다. 성령님이 머무시는 처소로 살아갈 때,

그림자와 기름부음 받은 옷과 물건들은 모두 우리 삶 가운데 놀라운 권능을 풀어놓는 품목들로 변화된다. 나는 이 원리가 우리의 그림자와 관련성이 있다고는 믿지 않는다. 그것은 기름부으심과의 근접성과 관련이 있다.

우리의 믿음과는 전혀 연관이 없는 일들이라 할지라도 우리를 통해 가능해지기도 한다. 이런 일들은 전적으로 우리 위에 임하여 계신 분과 관련되어 있다. 우리가 그분께 자리를 내어드리는 상황 속에서는 의도적으로 행했던 것보다 훨씬 더 좋은 일들이 우연히 일어나게 된다.

※ **긍휼**

내가 이 항목을 의도성이 없는 방식에 포함시킨 데에는 이유가 있다. 긍휼은 마치 화산이 터져 나오듯이 마음속에서 우러나오는 것이기 때문이다. 우리는 예수님이 긍휼을 느끼셔서 누군가를 치유하셨다는 이야기를 자주 듣는다. 그리스도의 사랑으로 기꺼이 사랑을 베풀고자 하는 태도는 기적을 가져온다. 종종 사람들은 긍휼과 동정을 혼동한다. 동정은 궁핍한 처지에 있는 누군가에게 관심을 쏟는 것이다. 그러나 동정으로는 그들을 구원해줄 수 없다. 반면에 긍휼은 사람들을 자유케 해준다. 동정은 긍휼의 모조품이다.

※ **옷**

이것은 위에서 언급한 그림자의 경우와 동일한 원리로 작동한다. 한 사람 위에 임한 하나님의 가시적인 임재는 도저히 상상할 수 없었던 일들을 가능케 한다. 그래서 때로 주님의 임재는 옷에 흠뻑 젖어든다.

* **예배**

예배는 우리를 에워싼 환경에 대해 비범한 영향력을 행사한다. 우리는 주님이 우리의 찬양 속에 거하심을 알고 있다(시 22:3). 그러므로 그 가운데 주님의 임재가 풀어지는 것은 당연하다. 예배를 통해 분위기가 달라진다. 실제로 예루살렘의 분위기는 예배로 인해 변화되었다. "우리가 다 우리의 각 언어로 하나님의 큰 일을 말함을 듣는도다"(행 2:11). 이러한 찬양은 도시 전체를 뒤덮고 있던 분위기를 바꾸어 놓았다. 그로 인해 영적인 눈멂이 걷히고 나니, 3천 명이나 되는 영혼들이 구원받는 사건이 뒤따랐다.

나도 이런 일을 몸소 경험해보았다. 우리는 예배를 드리기 위해 한 기관을 임대하여 사용하고 있다. 그런데 우리가 예배를 드린 이후에 곧바로 그 시설을 사용하는 사람들이 그 장소에 남아 있는 하나님의 임재에 관해 이야기하곤 한다.

이미 오래 전의 일인데, 한 친구가 샌프란시스코에서 사람들을 데리고 거리전도를 나가곤 했다. 그런데 그들에 대한 저항이 만만치 않았다. 그때 그의 머릿속에 '하나님이 일어나실 때 원수들이 흩어져 도망가 버린다'(시 68:1)는 말씀이 떠올랐다. 그는 전략적으로 이 방법을 사역에 적용해보기로 했다. 그는 팀을 둘로 나누어서 한 팀은 나가서 예배를 드리고, 또 다른 한 팀은 거리의 사람들에게 사역했다. 경찰의 말에 의하면, 놀랍게도 그들이 거리로 나올 때마다 범죄가 중단되었다고 한다. 이는 성령님이 그 도시에 풀어지심으로써 얻게 된 놀라운 결과였다. 주님의 임재가 공간을 장악할 때, 분위기가 변화된다.

궁극적인 임무

오, 이 얼마나 위대한 특권인가! 성령님의 임재를 이 세상 가운데로 실어 나르는 일, 나아가 성령님을 풀어놓을 수 있는 열린 문들을 찾아 다니는 일만큼 놀라운 특권이 또 어디 있단 말인가! 언젠가 한 친구가 내게 이런 말을 한 적이 있다. "자네가 생각하기에 내가 반드시 가야 하는 교회가 있다면, 내게 알려주게. 내가 반드시 그곳에 가겠네." 그는 기본적으로 다음과 같이 말하고 있었다. "당신은 내게 은총을 입었소. 따라서 당신이 내가 어느 교회로 가기 원한다면, 내가 당신에게 베푸는 은총을 그들에게도 동일하게 베풀어주겠소." 이것은 우리가 가진 이 최고의 부르심의 본질이기도 하다.

우리가 주님의 임재를 관계성 안에서 잘 섬길 때, 주님은 우리의 사역 속에서 그분의 임재를 다양한 상황과 사람들의 삶에 풀어놓을 수 있는 특권이 점점 더 증가될 것이다. 주님은 우리에게 베풀어주시는 은총을 그들에게도 동일하게 베풀어주실 것이다.

Chapter 10

임재의 실제적 측면

　언제부터 그렇게 되었는지는 잘 모르겠다. 또한 어떻게 해서 그런 일이 일어났는지도 모른다. 하지만 교회사 중 어느 시점부터인가, 우리의 집단적 모임의 초점은 설교가 되었다. 그 변화는 포착하기 어려울 정도로 매우 미묘했고, 심지어 정당화되기까지 하였다. 물론 우리가 하나님의 말씀을 귀하게 여기는 것은 매우 중요하다. 그러나 나에게 이 정도의 설명은 그리 충분한 이유가 되지 못한다. 물론 내가 성경의 가치를 평가절하하려는 것은 아니다. 다만 나는 물리적인 성경의 존재가 결코 하나님의 백성들에게 임하시는 성령님을 대체해서는 안 된다는 말을 하고 싶을 뿐이다.
　이스라엘은 모세의 성막을 둘러싸고 진을 쳤다. 당시 모세의 성막은 언약궤를 모셔둔 장소였다. 다시 말해 그곳은 하나님의 임재가 거하고 있던 처소였다. 이스라엘 민족에게 있어서 이 성막은 삶의 절대적 중심지였다. 이것은 그들에게 있어 매우 실질적인 일이었다. 이처럼 이스라엘은 하나님의 임재를 중심으로 진을 친 데 반해, 오늘날의 교회는 종종 설교를 중심으로 진을 치곤 한다. 이제 우리는 온 삶과 존재의 중심이신 하나님의 임재의 실제적인 본질을 재발견하기 위해 필요한 모든 것들을 조정해야만 한다.

흔히들 성령님이 빠지셨다면 초대교회의 활동 중 95퍼센트가 중단되었을 것이라는 말을 한다. 그러나 동시에 지금의 교회는 성령님의 임재를 거의 인식하지 않고 있기 때문에, 성령님이 빠지시더라도 교회 활동의 95퍼센트는 정상적으로 유지될 것이라고 할 수 있다. 그러나 이것은 바람직하지 못한 일이다. 감사하게도 오늘날 이러한 비율은 달라지고 있다. 지금은 마지막 때의 강력한 주님의 임재와 추수를 위해 하나님이 교회를 재정비하시는 중이다. 그러나 여전히 갈 길은 멀다.

온 마음을 다하여

인간이 생각할 수 있는 가장 오만한 생각 중 하나는 하나님의 임재가 실제적이지 않다고 단정짓는 것이다. 이러한 거짓말 때문에 우리는 가까이 계시는 주님을 줄곧 발견하지 못하고 있다. 주님은 성경의 저자이시고, 인생의 설계자이시며, 노래를 위해 영감을 주시는 분이다. 그분은 가장 실제적인 분이시다.

우리와 함께 계시는 주님의 임재를 늘 의식하며 살아가는 것은, 이 땅에서의 삶에 있어 가장 본질적인 부분 중 하나다. 주님의 이름은 임마누엘이다. 이는 하나님이 우리와 함께 계신다는 뜻이다. 예수님은 우리에게 하나님이 함께 계시는 삶을 상속시켜 주셨다. 그러므로 우리가 예수님과 동일한 영향력과 목적을 가지려면, 반드시 주님과 동일하게 임재를 제일의 우선순위로 삼고 살아가야 한다.

> 너는 마음을 다하여 여호와를 신뢰하고 네 명철을 의지하지 말라 너는 범사에 그를 인정하라 그리하면 네 길을 지도하시리라 (잠 3:5-6)

신뢰로 말미암아 우리는 이성을 초월하여 오직 믿음으로만 발견할 수 있는 영역들 안으로 나아갈 수 있다. 신뢰는 상호작용을 토대로 하여 구축된다. 신뢰를 통해 마침내 우리는 하나님의 본성을 발견하게 된다. 하나님의 본성은 어느 모로 보나 선하시고 온전하시다. 우리는 이해하기 때문에 믿는 것이 아니라, 믿기 때문에 이해한다. 이런 식으로 얻은 이해를 가리켜 '새로워진 마음'(renewed mind)이라고 한다. 이 단순해 보이는 신뢰라는 요인으로 인해, 보다 온전하게 표현된 하나님의 본성과 임재를 발견하는 일은 기하급수적으로 증가된다.

주님을 인정해드리는 것은 그분을 신뢰함으로 인한 자연스런 결과다. 우리가 자신의 실존을 초월하여 누군가를 신뢰한다면, 그를 삶의 모든 면에서 인정하게 될 것이다. 여기서 '인정하다'(acknowledge)라는 말은 실제로 '알다'(know)를 의미한다. 이것은 성경에서 자주 쓰이는 특별히 중요한 단어로서, 의미의 폭이 매우 광범위하다. 그 중에서도 내가 보기에 가장 두드러진 점은, 이 단어가 종종 개인적인 경험의 영역을 암시한다는 사실이다. 그것은 머리로 아는 지식을 능가하는 보다 큰 개념으로, 만남을 통한 앎을 의미한다. 실제로 창세기 4장 1절은 다음과 같이 말씀한다. "아담이 그의 아내 하와와 동침하매(knew) 하와가 임신하여 가인을 낳고." 의심할 나위 없이 여기에서 이 단어는 특성상 단순한 개념 이상의 것으로, 심오한 상호작용을 의미한다.

임재의 여정

주님을 신뢰할 때, 우리는 그분의 임재를 훨씬 쉽게 발견할 수 있다. 주님은 신뢰와 기대감을 가지고 그분을 찾는 사람들에게 손에 잡힐 듯 구체적으로 나타나주신다. 이전에도 언급한 바 있지만, 내가 하나님의 임재를 발견하기 위해 사용하는 가장 강력한 도구는 주님께 사랑을 표현하는 것이다. 물론 주도권을 쥐고 계신 분은 주님이시다. 주님은 우리를 얼마나 사랑하시는지 모른다. 그리하여 주님은 이 영광스러운 시대에 우리에게 가까이 다가오시기로 선택하셨다. 나로서는 주님을 사랑할 수 있다는 이 놀라운 특권이 없는 삶은 상상조차 할 수 없다. 주님은 우리에게 가까이, 너무나도 가까이 다가오신다.

앞에서 인용한 잠언 3장의 말씀은 주님을 신뢰하는 자는 그분을 인정해야 한다고 말하고 있다. 이것은 주님을 알게 되고 만날 때까지 줄곧 그분을 인식해야 한다는 말씀이다. 이 본문을 조금 더 쉬운 표현으로 바꾸어 풀어보면 대략 다음과 같다. "주님과의 개인적인 만남을 체험할 때까지 삶의 모든 영역에서 주님을 인정하라. 그러면 주님이 너의 삶을 향상시켜 주실 것이다."

나는 주님과 동행하는 삶의 가치를 떨어뜨리는 임재에 관한 공식들을 제시해보겠다는 발상을 너무나 싫어한다. 여기서 조금이라도 그런 식의 암시를 주고 싶은 마음은 없다. 그러나 하나님의 임재를 인정해드리는 것과 주님과의 만남이 우리의 삶을 향상시켜준다는 점에는 의심의 여지가 없다. 그것은 너무도 당연하다. 우리는 삶 자체를 창조하시고 설계하시고 영감을 주시는 분과 늘 함께 동행해야 한다. 그리고 그분을 전적으로 인정하며 살아가야 한다.

대부분의 신자들이 여러 가지 이유로 믿음의 삶을 추구한다. 기적에 관한 부분도 확실히 그 이유들 중 하나다. 오늘날 기적은 어느새 우리 삶에서 일상적인 부분을 차지하고 있다. 양적인 면에 있어서도 기적들은 이제껏 상상조차 할 수 없었던 분량으로 일어나고 있다. 참으로 놀라운 일이 아닐 수 없다. 그러나 최근에 내가 궁금하게 생각하는 것이 있다. 우리가 기적과 돌파를 위해 사용하는 것만큼 하나님의 임재를 발견하기 위해 믿음을 사용한다면, 그동안 목격해왔던 분량을 훨씬 능가하는 기적들을 체험할 수 있지 않을까? 나는 분명 그렇다고 확신한다. 당신의 삶에 머물러 계신 하나님의 임재를 발견하기 위해 믿음을 사용하라. 그러면 주님은 결코 당신을 실망시키지 않으실 것이다. 그 결과는 매우 강력할 것이다. 당신은 하나님의 임재로부터(from) 삶의 다양한 문제들을 향해 나아가는(toward) 방식을 배우게 된다. 예수님은 이런 생활방식을 완벽하게 보여주셨다.

우리 위에 임하신 하나님의 임재는 늘 정북(正北)을 가리킨다. 따라서 우리 마음의 나침반이 하나님의 임재를 향할 때, 모든 일들이 훨씬 더 수월하게 제자리를 찾아간다. 설사 내가 필요로 하는 특정영역에 대한 해답을 찾지 못하고 있다 할지라도, 나는 주님의 임재가 문제해결로 가는 길을 가로막고 있는 두려움과 불안으로부터 나를 보호해주고 계심을 안다. 하나님의 임재를 최우선순위로 삼는 사람의 삶은 거룩한 신적 질서로 충만하다.

깊은 회개

신뢰는 깊이 회개하는 사람에게서 나타나는 자연스런 표현이다. 히브리서 6장 1절은 이 두 가지 실제의 본성에 관해 다음과 같이 잘 묘사해준다. "죽은 행실을 회개함과 하나님께 대한 신앙과"(repentance from dead works and of faith toward God). 이 단 하나의 구절이 우리에게 회개와 믿음의 본질이 무엇인지를 말해준다. 그것은 바로 '~로부터'(from)와 '~를 향해'(toward)이다. 본문은 180도 방향전환을 하는 사람의 모습, 즉 죄로부터 돌아서서 하나님을 향해 나아가는 모습을 보여준다. 하나님의 임재는 회개를 통해 발견된다.

회개란 우리의 사고방식을 변화시키는 것을 의미한다. 이를 통해 죄와 하나님에 관한 관점이 변화된다. 깊이 슬퍼하며 자백하고(우리의 죄를 변명하지 않고 모조리 철저하게 자백하고), 하나님을 향해 돌아서는 것(하나님을 전적으로 신뢰하는 것)이다.

우리는 사도행전에서 이와 유사한 이미지를 찾아볼 수 있다. "그러므로 너희가 회개하고 돌이켜 너희 죄 없이 함을 받으라 이같이 하면 새롭게 되는 날이 주 앞으로부터 이를 것이요"(행 3:19). 최종적인 결과가 무엇인지를 주목해보라. 결국 새롭게 되는 날이 주 앞으로부터 이르게 된다. 이 두 구절에서 우리는 하나님이 우리를 주님께로, 주님의 가시적인 임재로 이끄시기 위해 만드신 패턴(순서)을 보게 된다. 아직 우리가 죄인일 때, 하나님은 우리를 선택하시어 주님을 경험할 수 있게 해주신다. 주님은 우리가 창조된 본래의 목적을 온전히 회복할 수 있게 해주시며, 주님의 임재 안에서 살아갈 뿐 아니라 그분의 임재를 실어 나르며 살게 하신다.

현재 우리는 회개 가운데 있거나 혹은 회개해야 하거나 둘 중의 하나일 것이다. 회개는 하나님과 대면하여 만나는 삶의 스타일이다. 만일 회개가 **빠져** 있다면, 반드시 돌이켜야 한다. 우리는 회개해야 한다.

성령으로 기도하기

하나님의 임재가 기도 가운데 발견되는 것은 명백한 진리다. 그럼에도 불구하고 많은 사람들이 하나님의 임재가 결여된 채로 기도하는 법을 배우고 있다. 그들은 자신들이 행하고 있는 훈련이야말로 하나님이 원하시는 것이라고 생각한다. 물론 훈련은 그리스도와 동행하는 삶에 있어서 매우 중대한 부분을 차지한다. 그러나 여러 가지 훈련들이 기독교 신앙을 말해주지는 않는다. 기독교신앙은 열정을 통해 알 수 있었다.

기도는 하나님과의 파트너십을 보여주는 최고의 표현이다. 주님의 마음을 발견하고, 그에 따라 기도하는 것은 일종의 모험이다. 하나님과 더불어 기도할 수 있음에도 불구하고(praying with God), 하나님께 기도하면서(praying to God) 인생을 살아가는 사람들이 너무나도 많다. 기도의 응답 그리고 돌파와 더불어 주님과의 친밀함은 우리의 기쁨을 충만케 해주는 원천이 된다.

> 사랑하는 자들아 너희는 너희의 지극히 거룩한 믿음 위에 자신을 세우며 성령으로 기도하며 (유 1:20)

> 모든 기도와 간구를 하되 항상 성령 안에서 기도하고 (엡 6:18)

> 방언을 말하는 자는 자기의 덕을 세우고 (고전 14:4)

기름부으심이 있는 기도를 드릴 때, 우리는 하나님의 마음으로 기도하게 된다. 말과 감정과 선포를 통해 하나님의 마음이 표현되는 것이다. 하나님의 마음을 발견하는 것은 그분의 임재 가운데로 들어가는 확실한 방법이다. 주님과 함께 동역하는 특권은, 하나님의 임재를 모시는 일에 헌신한 사람들에게 부여된 사명의 일부다.

우리는 방언으로 기도할 때 자신의 덕을 세울 수 있으며, 아울러 개인적으로도 힘을 얻는다. 이러한 기도 가운데 하나님의 임재가 우리 위에 부어짐으로써 놀라운 평안과 상쾌함을 경험하게 된다. 나는 사람들이 방언이 은사 중에서도 가장 하찮은 것이라고 힘주어 말할 때마다 매우 안타깝다. 그들은 마치 보다 위대한 은사들을 추구하면서 방언은 당연히 무시해도 된다고 생각하는 듯하다. 만일 자녀들이 내가 준 생일선물이나 크리스마스선물이 다른 것들에 비해 별로 가치 없다고 여기며 관심을 두지 않고 열어보지 않는다면, 기분이 어떻겠는가? 아마도 나는 그들에게 깊이 각인될 만큼 길고 장황한 잔소리를 늘어놓을 것이다.

하나님이 주시는 은사는 모든 것이 아름답고 영광스럽다. 우리가 주님의 온전한 목적 안에서 살아가기 위해서는 그 모든 은사들이 꼭 필요하다. 무엇보다 방언의 은사는 우리가 지속적으로 하나님의 임재 가운데 살아가는 데 있어서 놀라울 정도로 유용하다.

창조적인 아이디어들

내가 이해하기 어려운 미스터리 중 하나는 창조주의 후손들이 창의성을 발휘하지 못하고 사는 것이다. 너무나 많은 신앙인들이 교회에서나 일상생활에서나 창의성을 상실한 채 살아간다. 나는 이런 현상이 비단 지루한 것을 좋아하는 사람들, 혹은 상대를 질식시킬 정도로 통제하기 좋아하는 사람들 때문에 초래되었다고 생각하지는 않는다. 창조성의 결여는 대체로 하나님에 대한 오해에서 비롯된다. 사람들은 혹시라도 잘못될지 모른다는 두려움 때문에, 새로운 일을 시도조차 해보지 못하는 경우가 많다. 그들은 또한 그 일로 인해 혹시라도 하나님을 실망시켜 드릴까 봐 염려한다. 만일 사람들이 하나님의 선하심 안에서 보다 편히 안식할 수 있다면, 아마도 우리는 하나님 앞에서 훨씬 자유롭게 표현할 수 있을 것이다. 주님은 결코 지루하신 분이 아니며, 지금도 여전히 창조적이신 분이다. 따라서 우리도 하나님처럼 창조적이어야 한다.

나는 기도하는 동안에는 으레 종이와 연필을 옆에 챙겨 둔다. 기도하는 동안 받는 아이디어들을 적어두기 위해서다. 한동안 나는 기도하는 중에 다양한 아이디어가 떠오르는 것에 대해 마귀가 생각을 산만하게 하여 방해하는 것으로 여겼었다. 내가 이렇게 생각한 데는 이유가 있다. 그것은 내가 얼마나 오랜 시간 동안 일방적으로 하나님께 말씀드리느냐를 기도의 기준으로 삼았기 때문이다. 그러나 하나님은 자유롭게 상호작용하는 기도를 원하신다.

주님의 임재 안에 머물 때, 우리 안에 창조적인 아이디어들이 풀어진다. 하나님과 함께 시간을 보내는 동안, 나는 전화해주어야 할 사람들을 기억해내고 오랫동안 잊고 있었던 프로젝트들을 상기하곤 한다. 깜빡 잊고 있던 가족과 함께하기로 계획했던 일들을 떠올리는 것도 기도하는 동안이다. 이 분위기 속에서는 여러 가지 아이디어들이 자유롭게 흘러나온다. 왜냐하면 바로 하나님이 창조적이시기 때문이다.

나는 다른 데서는 결코 얻을 수 없었을 아이디어들을 주님의 임재

가운데서 받는다. 문제의 해결책에 관한 것 혹은 격려해주어야 할 사람들에 관한 통찰들도, 모두 하나님과의 교제와 사귐 속에서 주어진다. 그러므로 기도 중에 떠오르는 다양한 아이디어와 생각들을 방해공작이라고 여기며 마귀를 탓하는 것을 중단해야 한다. (대체로 우리는 마귀를 지나치게 크게 생각하고, 하나님을 지나치게 왜소하게 생각한다.) 원수가 우리를 주님의 임재로부터 멀어지게 하려고 작업하는 동안, 우리는 엉뚱한 것을 가지고 마귀 탓만 하고 있을 때가 많다. 실제로 마귀가 옆에 있는 것이 아니라 단지 우리가 하나님 아버지에 대해서, 하나님이 귀하게 여기시는 바에 대해서 오해하고 있는 것인데도 말이다.

기도 중에 떠오르는 아이디어들이 하나님과의 상호작용으로 인한 것임을 알게 되면, 우리는 그 과정을 즐길 수 있다. 나아가서 우리는 이렇게 일상의 사소한 부분들에 대해서까지 개입해주시는 주님께 감사할 수 있을 것이다. 당신에게 중요한 일은 하나님께도 중요하다. 이런 아이디어들은 우리가 하나님과 더불어 상호작용을 나눔으로써 얻는 결실이다. 그러나 내가 이것들을 종이에 기록해두는 까닭은, 다른 일들에 신경 쓰느라 하나님과의 상호작용이라는 특권을 방치하지 않기 위해서다. 종이에 기록해둠으로써 나는 곧바로 주님과의 사귐과 예배로 되돌아갈 수 있다. 또한 기록한 메모들은 일상의 문제들에 대해 방향을 제시해준다.

하나님이 우리 위에 머물러 계시기 때문에, 우리는 세상을 변화시킬 수 있는 새로운 수준의 창조적 아이디어들을 기대할 수 있다. 여기서 내가 사용하는 '창조적'이라는 말은, 비단 그림을 그리거나 노래를 작곡하는 일 등에만 국한되지 않는다.

창조성은 삶의 모든 영역을 만져주시는 창조주의 손길이다. 음악가와 배우가 창조성을 필요로 하는 것만큼이나, 회계사와 변호사도 창조성을 필요로 한다. 당신이 창조주 하나님의 자녀라면, 마땅히 주님의 임재 안에서 공급되는 창조성을 기대할 수 있다.

기도와 예배

시간이 지날수록 기도 가운데 궁핍한 사안들에 대해 아뢰는 일이 점점 줄어들고 있다. 반면에 자신을 너무나도 흔쾌히 전적으로 내어주신 너무도 멋지신 하나님을 발견해가는 일에 점점 더 많은 시간을 할애하고 있다. 약 40년 전, 이 주제에 관하여 데릭 프린스가 했던 이야기가 떠오른다. 그의 말이 내게 끼친 영향은 매우 크고 심오하다. 그는 "만일 당신에게 10분의 기도시간이 주어졌다면, 그중 8분을 예배하는 데 사용하라"고 말하였다. 2분 동안 기도할 수 있다는 것이 정말 놀랍지 않은가?

어느덧 예배는 우리 삶의 가장 중대한 부분이 되었다. 대그룹으로 드리는 예배는 참으로 아름답다. 그러나 예배가 단지 집단적으로만 드려지는 것이라면, 그것은 지극히 피상적인 수준에 머무는 것이 된다. 우리가 그토록 열망하는 변화를 체험하기 위해서는, 개인의 삶 자체가 지속적으로 예배로 드려져야 한다. 우리는 언제나 우리가 예배하는 분의 모습을 닮기 마련이다.

여전히 나는 기도와 중보기도의 중요성과 가치를 믿는다. 또한 기도는 나에게 매우 기쁜 일이다. 그러나 내 마음은 점점 더 기도의 응답보다 훨씬 더 크신 주님의 임재로 향하고 있다. 우리는 날마다 주님을 발견해야 한다. 우리는 주님을 즐거워하고, 계속해서 그분을 새롭게 발견해야 한다. 그렇게 하는 것이 바로 주님의 뜻이다. 내가 주님을 추구할 수 있는 것은 그분이 나를 찾으셨기 때문이다.

5분의 휴식

내 삶에서 의미 있는 시간 중 하나는, 5분간 취하는 휴식이다. 이 짧은 휴식은 언제 어디서나 취할 수 있다. 휴식을 취하는 시간은 유동적이지만, 행위 자체는 늘 동일하다. 만일 내가 사무실에 있다면, 비서에게 앞으로 5분 동안 내게 걸려오는 전화들을 보류해달라고 부탁한다. 그런 다음 자리에 앉은 후 눈을 감은 채, 이렇게 기도한다. "하나님, 제가 조용히 여기에 앉아 있습니다. 오직 주님의 사랑의 대상이 되기 위해서 말입니다." 우리를 향한 주님의 사랑은 너무나도 엄청나다. 그것은 마치 줄기차게 흘러넘치는 나이아가라 폭포와도 같다. 단, 나이아가라 폭포가 너무 작다는 것만 제외하고 말이다. 주님의 사랑을 깨닫고 경험하는 것은, 도저히 말로 표현할 수 없을 정도로 멋진 일이다. 그것을 통해 우리는 모든 두려움이 사라져버리는 부수적인 이익도 누리게 된다.

삶에는 기본적으로 두 가지 감정이 존재한다. 바로 사랑과 두려움이다. 나를 향한 주님의 사랑에 관심을 기울일 때, 그분을 향한 나의 사랑도 계속해서 증가된다. 이것은 영원한 사랑의 축제다. 그 축제에서 나는 주님 안에서 기뻐하고, 주님은 내 안에서 기뻐하신다. 이렇게 하는 동안 주님 안에서 누리는 기쁨은 점점 더 커져만 간다. 주님은 우리의 최고의 기쁨이시며, 우리는 이러한 주님을 가장 소중히 여겨야 한다.

대부분의 신앙인들이 어려서부터 기도에는 엄청난 노동이 수반된다고 생각해왔다. 실제로 나는 그러한 기도의 모델을 귀하게 여긴다. 단, 주님의 임재와 그분과의 깊은 교제에 바탕을 둔 삶에서 우러나오는 경우에 한해서 그러하다. 이러한 기도가 최고의 효과를 발휘할 때는 바로 내가 사랑 안에 거하는 동안이다. 날마다 주님의 임재를 발견하는 것은, 늘 사랑 안에 머물 수 있는 가장 확실한 방법이다.

> 내가 여호와를 항상 내 앞에 모심이여 그가 나의 오른쪽에 계시므로 내가 흔들리지 아니하리로다 (시 16:8)

나는 특별히 다윗의 이 시편을 좋아하는데, 그 이유는 여러 가지다. 이 시편은 주님의 임재를 발견하는 것에 관해 다루고 있다. 시편기자는 마지막 구절인 11절에서 다음과 같이 고백한다. "주의 앞에는 충만한 기쁨이 있고 주의 오른쪽에는 영원한 즐거움이 있나이다." 충만한 기쁨이라고? 어디에 그런 기쁨이 있는가? 바로 주님의 임재 안에 있다! 만일 우리가 집안에 계신 분에 관해 좀더 잘 알게 된다면, 그 집에 머무는 기쁨도 훨씬 더 커질 것이다.

앞에서 언급한 구절이 독특성을 지니는 까닭은 바로 이 개념 때문이다. "내가 여호와를 항상 내 앞에 모심이여." 여기서 '모시다'(set)라는 말은 '두다'라는 뜻이다. 이는 무언가를 마땅히 있어야 할 자리에 두는 경우와도 같다. 다윗은 하나님을 마땅히 자기 앞에 모시는 일을 일상 속에 습관화하였다. 그는 주님을 잘 알게 되기까지, 자신과 함께 계시는 하나님께 늘 관심을 기울였다. 이것이 바로 성경에서 하나님의 임재의 사람으로 최고의 영예를 얻은 다윗이 영위한 삶의 방식이다.

다윗은 살면서 놀라운 업적을 성취했다. 나는 그 모든 것이 바로 그가 하나님의 임재 안에 거하는 삶을 살았기 때문에 가능했다고 생각한다. 그는 자신 안에 거하시는 주님께 관심을 쏟지 않는다면, 삶의 모든 것들로 제자리를 찾게 해주는 기준점을 놓쳐 방향감각을 상실한 채 살게 된다는 것을 아주 잘 알고 있었다.

주님이 말씀하실 때까지 읽으라

예배는 주님의 임재에 관해 배울 수 있는 가장 중요한 방법이다. 이것 못지않게 중요한 방법이 바로 말씀을 통해 하나님과의 만남을 체험하는 것이다. 나는 성경을 너무나 사랑한다. 그동안 내가 들은 하나님의 음성은 대부분 성경말씀을 읽는 동안에 접한 것들이다. 물론 성경을 집중적으로 연구하는 것이 얼마나 중요한지를 알지만, 대체로 나는 단순하게 성경을 읽는 것을 좋아한다. 실제로 언제나 나는 그 일이 즐겁기 때문에 성경을 읽는다.

지난 수십 년간 하나님이 성경을 통해 말씀하신 경우를 헤아리자면 수도 없이 많다. 이제는 방향제시나 위안, 통찰과 지혜가 필요할 때마다 곧바로 성경을 집어 드는 것이 일종의 습관이 되었다. 어떤 일로 인해 골치가 아플 때면, 나는 시편을 펴든다. 시편에는 온갖 감정들이 잘 표현되어 있다. 나는 시편 속에서 내 목소리를 들을 때까지 읽어 내려간다. 그리고 내 마음의 울부짖음을 듣게 되면, 바로 그 지점에서 읽는 것을 멈추고 말씀을 먹는다. 마치 양이 풍요로운 목초지를 발견해낸 것과도 같은 모습으로 말이다. 나는 멈추어 서서 그 경이로운 상호작용, 음성, 실제적인 하나님의 임재를 취한다. 그 순간 하나님의 임재가 성경말씀 안에서, 그리고 성경말씀을 통해서 가시적으로 나타난다.

"그러므로 믿음은 들음에서 나며 들음은 그리스도의 말씀으로 말미암았느니라"(롬 10:17). 이 놀라운 구절에서 내가 특별히 이야기하고 싶은 두 가지 중대한 사실이 있다. 먼저, 믿음은 과거에 들은(having heard) 말씀이 아니라 지금 말씀을 들음(hearing)에서 나온다는 것이다. 또한, 믿음은 반드시 성경말씀을 들음으로써 나오는 것은 아니다. 믿음은 들음에서 나며, 들을 수 있는 능력은 말씀에서 나온다. 지금 듣는 사람은, 위대한 믿음을 얻게 될 가능성이 있는 사람이다. 그런 의미에서 우리의 삶은 하나님의 음성과 결부되어 있다. 사람은 "떡으로만 살 것이 아니요 하나님의 입으로부터 나오는 모든 말씀으로 살 것"(마 4:4)이다.

친교를 위한 공동체

하나님은 교회를 사랑하신다. 또한 이 땅 위에 존재하는 주님의 몸인 교회와 관련된 모든 것들을 사랑하신다. 심지어 교회의 생각, 교회의 잠재가능성까지도 사랑하신다. 실제로 주님은 이 집을 향한 열정이 주님을 삼켰다고까지 말씀하셨다! 주님은 이 땅 위에 있는 이 집(주님의 영원한 처소)에 주님의 힘과 지혜, 그분의 강렬한 감정들을 모두 쏟아부으셨다.

내가 홀로 있을 때 하나님을 경험한 일들은 도무지 값을 매길 수 없을 정도로 귀하다. 그것은 이 세상 그 무엇과도 바꿀 수 없을 정도로 소중한 것들이다. 그러나 지난 수년간 수백 혹은 수천 명이 모인 집회에서 체험했던 놀라운 순간들 또한 그 어느 것과도 바꿀 수 없을 만큼 소중하다. 우리는 이러한 값진 순간들을 통해 영원을 준비한다. 그때가 되면 모든 종족과 언어가 주님을 향한 찬양의 소리를 드높일 것이다. 이 얼마나 엄청난 기쁨인가!

분명 어떤 일들은 개인을 위한 것이다. 그러나 어떤 일들은 너무나 소중하여 어느 한 개인에게만 줄 수 없는 경우가 있다. 이런 것들은 일단의 사람들, 한 몸인 교회에 주어진다. 주님의 임재에 있어서도 오직 집단적인 모임을 통해서만 경험할 수 있는 것들이 있다. 임재가 풀어지는 분량과 임재를 발견하는 분량은, 예수님을 찬양하고 송축하기 위해 연합된 무리의 규모가 클수록 기하급수적으로 늘어난다.

이따금씩 하나님은 오직 무리 속에서만 그분의 임재를 알아차릴 수 있게 하신다. 이는 결코 개인을 거절하시는 것이 아니다. 다만 우리가 주님의 기쁨을 모든 사람과 함께 공유하기를 원하시기 때문이다.

개인적인 역사 만들기

지난 수년 동안 수많은 사람들이 나를 찾아와서 임파테이션(Impartation)을 위한 기도를 해달라고 요청했다. 이는 안수를 통해 사역을 위한 은사를 풀어놓는 기도로서, 종종 예언이 함께 수반된다. 하나님이 그들의 갈망과 내 삶에 임하신 기름부으심을 사용하시어 자원하는 심령을 가진 사람을 감화시키시는 모습을 지켜보는 것은, 내가 누릴 수 있는 참으로 놀라운 특권 중 하나다.

최근 몇 년간 임파테이션의 중요성이 점점 더 증대되고 있는데, 그것은 지극히 당연한 일이다. 그런데 어떤 사람들은 이것을 성공에 이르는 지름길로 여긴다. 성숙은 오직 오랜 시간 동안의 성실한 섬김을 통해서만 이루어질 수 있다. 그러나 즉각적인 만족을 중시하는 현대의 문화 속에서 자란 우리는, 거의 대체로 즉각적인 해답과 결과물을 보기 원한다. 그래서 우리는 종종 '은사는 거저 주어지지만 성숙은 대가를 치러야 한다'는 사실을 잊어버린다.

나는 임파테이션을 주고받는 것이 참으로 놀라운 특권임을 믿는다. 그러나 종종 이것이 남용되는 모습을 본다. 우리 부모님 세대가 아예 임파테이션의 개념 자체를 거부한 까닭도 바로 이러한 남용 때문이었을 것이다. 그러나 지금도 이 놀라운 원리를 통해 부인할 수 없는 열매들이 맺어짐으로써 하나님께 영광을 돌리고 있다. 그러므로 다른 사람의 삶에 임해 있는 놀라운 기름부으심에 접촉하는 법을 배우는 것은, 개인적인 돌파를 위한 매우 중요한 비결이다.

안수함으로써 은사를 풀어놓는 것은 전적으로 하나님이 하시는 일이다. 우리는 결코 자동판매기가 아니다. 자신의 요구를 집어넣고 버튼을 눌러 바라던 은사를 끄집어내는 기계가 아닌 것이다. 어떤 이들은 종종 내가 가지고 있는 은사의 갑절을 원한다고 말하곤 한다. 사실, 그것은 나도 마찬가지다! 그게 그렇게 쉬운 일이라면, 아마도 나는 내 몸에 손을 얹고 이렇게 기도할 것이다. "갑절이 될지어다!" 최근에는 사람들에게 이렇게 말해주고 있다. "저는 당신에게 안수함으로써 하나님의 뜻에 따라 당신의 삶에 기름부으심이 임하도록 해드릴 수 있습니다. 그러나 하나님과 함께 만들어온 저의 역사까지 드릴 수는 없습니다."

개인의 삶에는 어떤 대가를 치르더라도 반드시 계발되고 보호되어야 할 매우 소중한 것이 있다. 그것은 바로 하나님과 함께 빚어온 우리의 개인적인 역사다. 하나님과 함께한다면, 그분은 당신을 통해 역사를 만드실 것이다. 이 역사는 아무도 지켜보지 않는 동안에 만들어진다. 혼자 있을 때의 모습이야말로 진정한 우리의 모습이다. 그 역사는 심령의 부르짖음과 사고방식, 기도내용, 하나님을 얼마나 귀한 분으로 여기는지 등을 통해 드러난다. 우리의 삶은 그 누구도 우리의 희생이나 노력에 대해 박수갈채를 보낼 수 없는 지극히 개인적인 시간 속에서 빚어진다.

하나님의 임재를 모시는 법에 관해 가장 많은 것을 터득하는 때도 바로 이런 순간들이다. 기도해주어야 할 사람도 없고, 섬겨야 할 사람도 없는 순간 말이다. 관계의 수준이 결정되는 시점도 바로 이때다. 내가 지금 이 안에 있는 것은 하나님께 잘 쓰임 받기 위함인가, 아니면 하나님이 하나님이시므로 내가 순복하는 것인가, 인생에서 이보다 더 위대한 영예는 없기 때문인가?

예수님은 물세례를 받으실 때, 성령님과의 만남을 체험하셨다. 그 순간 수많은 군중들이 주님을 지켜보고 있었다. 아마도 그들 중에 지금 무슨 일이 벌어지고 있는지를 알고 있던 사람은 거의 없었을 것이다. 그러나 주님의 가장 위대한 돌파는 밤마다 산에 계실 때, 아무도 지켜보지 않는 동안에 찾아왔다. 주님을 통해 역사가 만들어지기 전에, 먼저 주님 안에서 그분의 역사가 만들어졌다. 주님은 하나님 아버지를 계시하시기 전에, 먼저 하나님 아버지를 사랑하셨다.

Chapter 11

불세례

세례요한은 구약의 선지자들 중 가장 위대한 인물이었다. 책임감이나 기름부으심, 역사에서 차지하는 위상 등 어느 모로 보나 단연코 그는 최고의 선지자였다. 예수님도 이 사실을 언급하신 적이 있다. 마태복음 11장에서 주님은 매우 놀라운 표현으로 요한에 관해 확증해주셨다. 심지어 11장의 절반 이상이 요한에 대한 칭찬으로 할애되고 있다.

요한에 관해서는 할 수 있는 말이 얼마든지 많다. 그는 성령 안에서 엘리야의 능력으로 행하였으며, 천국이 가까이 왔다는 외침을 통해 그동안의 하늘의 침묵에 종지부를 찍었다. 나아가 그는 메시아를 위해 길을 예비하는 특권을 부여받았다. 하지만 요한에 의하면, 그에게는 단 한 가지 매우 중요한 요소가 빠진 상태였다. 그것은 바로 예수님의 세례였다. 이것에 대한 갈망은 예수님이 그에게 물세례를 받으시기 위해 찾아오신 순간 밝히 드러났다.

요한은 어떻게 자신이 주님께 세례를 베풀 수 있는지를 이해하기 위해 고심하였다. 예수님은 조금도 부족한 것이 없는 분이었기 때문이다. 요한은 온전하신 예수님에 비할 때 자신은 턱없이 부족한 존재임을 깨달았다. 그는 마음속의 갈망을 다음과 같이 고백했다. "내가 당신에게서 세례를 받아야 할 터인데"(마 3:14). 흥미롭게도, 이 모든 일들은 요한이 다음과 같이 예언한 직후에 벌어졌다. "그는 성령과 불로 너희에게 세례를 베푸실 것이요"(마 3:11). 이 메시지는 아직도 그의 뇌리에 선명하게 남아 있었다. 그의 고백은 바로 이러한 정황 속에서 이루어진 것이다.

요한은 불세례(성령세례)를 필요로 했을 뿐 아니라 갈망했다. 하나님으로부터 말미암는 이 하나의 필수적인 은사로 말미암아 다음의 말씀이 가능해졌다. "천국에서는 극히 작은 자라도 그보다 크니라"(마 11:11). 요한은 불세례를 받을 수 없었다. 모든 신약의 신자들이 최고로 위대했던 구약의 선지자들보다 더 위대해질 수 있게 된 까닭도, 바로 이 불세례 때문이다. 이것은 전혀 새로운 차원의 불로, 이 불은 곧 주님의 임재다.

하나님과의 만남을 사모하라

예수님은 제자들을 그분이 행하시던 수준의 권세와 능력 가운데로 이끌어가셨다. 앞에서도 언급한 바 있지만, 그들은 주님의 체험이라는 우산 아래에서 기능하였다. 결과적으로 그들은 주님의 대리역할을 수행한 것이다. 그러나 하나님 아버지의 오른편에 앉으시기 위해 이 세상을 떠나가시기 전, 주님은 제자들에게 지난 3년 반 동안 주님과 함께 행해온 것들은 앞으로 도래할 날들을 위해서는 결코 충분치 못하다는 사실을 강조하셨다. 그들은 자신만의 고유한 권세와 능력을 받아야 했다.

마태복음 28장은 우리에게 잘 알려진 최고로 완벽하고도 위대한 사명에 관한 내용을 소개해준다.

> 예수께서 나아와 말씀하여 이르시되 하늘과 땅의 모든 권세를 내게 주셨으니 그러므로 너희는 가서 모든 민족을 제자로 삼아 아버지와 아들과 성령의 이름으로 세례를 베풀고 내가 너희에게 분부한 모든 것을 가르쳐 지키게 하라 볼지어다 내가 세상 끝날까지 너희와 항상 함께 있으리라 하시니라 (마 28:18-20)

본문에서 예수님은 모든 권세가 주님께 있다고 선포하신다. 이는 마귀에게는 아무런 권세도 없음을 분명히 하는 표현이다. 그리고 주님은 제자들에게 사명을 위임하신다. 이것에 내포된 한 가지 비밀이 있다. 그것은 사명과 함께 권세가 주어지고 있다는 점이다. 그런 다음 주님은 그들에게 위로부터 오는 능력으로 옷 입기 전까지 결코 예루살렘을 떠나지 말고 기다리라고 말씀하신다.

권세가 사명과 함께 임하듯, 능력은 주님과의 만남을 통해 임한다. 이는 예수님의 삶에서도 그러했고, 제자들의 삶에서도 마찬가지였다. 따라서 우리의 경우도 전혀 다를 바가 없다. 아무리 많은 훈련과 연구, 훌륭한 사람들과 교제한다 해도 결코 이 한 가지를 보완할 수는 없다. 아무것도 하나님과의 만남을 대체할 수는 없다. 모든 사람이 제각각 자신만의 것을 가져야 한다.

비극적이게도, 수많은 사람들이 하나님과의 만남을 경험하는 데까지는 나아가지 못하고 있다. 그들은 단지 훌륭한 신학에 만족한다. 일단 성경에서 어떤 개념을 발견하면, 우리는 그것을 뒷받침할 만한 개인적인 체험 없이도 다른 이들과 함께 나눌 수 있다. 그러나 진정한 배움은 경험을 통해 주어지는 것이지, 결코 개념 자체로는 얻어질 수 없다. 종종 우리는 성경에 등장하는 하나님과의 만남이 우리에게 일어나기를 바란다는 것만으로도 죄책감을 느낄 수 있다. 그러나 성경에 소개된 다양한 체험의 목록들이 하나님을 모두 담아내지는 못한다. 그것은 단지 하나님을 계시해줄 뿐이다. 다시 말해, 주님은 성경보다 훨씬 더 크신 분이다. 주님은 다른 누군가에게 행하신 것과 정확히 동일한 방식으로 우리에게 행하셔야 한다는 한계에 갇히실 수 없는 분이다. 끊임없이 창조적이신 주님은 매순간 경이로운 방식으로 그분의 존재를 계시해주신다.

수많은 사람들이 깨닫지 못하고 있는 사실이 하나 있다. 그것은 그 이상을 추구해가는 이 여정에서 우리에게 필요한 것은 하나님 앞에서의 자기포기라는 것이다. 이것은 도저히 설명할 수도 없고, 제어하거나 이해할 수 없는 무언가를 끌어당긴다. 우리는 주님이 흔적을 남겨주실 때까지, 가능한 방법들을 모두 동원해서 우리보다 훨씬 더 크신 하나님을 만나야 한다. 그것은 참으로 아름답고, 영광스럽고, 멋진 일이다.

전혀 생각지 못한 방식으로

사역을 통해 더 많은 능력과 기름부으심이 나타나기를 추구하던 시기에 나는 수많은 도시들을 여행했다. 그중에는 토론토도 있다. 하나님은 이러한 새로운 장소에서 집에서 경험하는 것과는 전혀 다른, 삶의 전환점이 될 만한 놀라운 주님과의 만남들을 허락하셨다.

언젠가 한밤중에 일어난 일이다. 그날 밤, 주님을 더 많이 알기 원한다는 오랜 기도에 대한 응답으로 주님이 찾아오셨다. 그러나 그것은 결코 내가 예상하지 못한 방식의 것이었다. 그날 나는 깊은 잠에 빠져 있다가 화들짝 깨어나 정신이 말똥말똥해졌다. 딱히 뭐라고 설명할 수 없는 능력이 내 몸을 관통하며 진동시키고 있었다. 당시 나는 감전사하기 직전의 상태와 같았다. 마치 벽에 설치된 콘센트에 꼽혀 1000볼트의 전기가 내 몸을 타고 흐르고 있는 것만 같았다. 양손과 양발 안에 무언가가 풀어지기라도 한 듯, 조용한 폭발 속에서 나는 손과 발을 사방으로 널브러뜨린 채 누워 있었다. 그 현상을 중단시켜 보려고 애를 쓰면 쓸수록, 상황은 점점 더 악화되었다.

나는 이내 내가 이 씨름에서 이길 가능성이 전혀 없다는 것을 깨달았다. 그것은 내 인생에서 단연 최고로 압도적인 체험이었다. 어떤 음성을 듣거나 환상을 본 것도 아니었다. 그것은 가공되지 않은 진정한 능력, 바로 하나님이셨다. 여러 달에 걸쳐 "하나님, 제가 어떤 대가를 치르더라도 기필코 주님을 더 많이 소유해야겠습니다!"라고 드려온 내 기도에 대한 응답으로 주님이 찾아와주신 것이다!

그 체험을 하기 직전에, 나는 매우 영광스런 시간을 보냈다. 그날 저녁에 나의 친구인 딕 조이스와 함께 집회를 인도했는데, 그해는 1995년이었다. 집회가 끝나갈 무렵, 나는 한 친구를 위해 기도해주었다. 그는 하나님의 임재를 경험하는 일에 어려움을 겪고 있다고 했다. 나는 그 친구에게 하나님이 아주 놀라운 방법으로 그를 만나주실 것 같은 느낌이 든다고 말해주었다. 그리고 주님은 대낮에 찾아오실 수도 있고, 혹은 새벽 3시에 찾아오실 수도 있다고 덧붙였다. 그런데 내 위에 압도적 능력이 임하였던 그날 밤, 시계는 정확히 새벽 3시를 가리키고 있었다. 사실 나는 이 일을 오랫동안 기다리고 있었다.

이 일이 있기 전에 수개월에 걸쳐 나는 주님을 더 많이 소유하기 원한다는 기도를 드리고 있었다. 나는 그것에 대해 어떻게 해야 올바른 기도인지도 확신할 수 없었고, 내 간구가 어떤 교리에 근거하고 있는지도 잘 모르는 상태였다. 다만 내가 알고 있었던 유일한 것은, 내가 하나님을 향한 갈망으로 가득 차 있다는 사실뿐이었다. 나는 밤낮 끊임없이 이 기도제목만을 두고 부르짖고 있었다.

이 거룩한 만남의 순간은 참으로 영광스러웠다. 그러나 결코 유쾌한 경험은 아니었다. 처음에 나는 무척 당혹스러웠다. 물론 혼자 있을 때 일어난 일이라 그 상황을 아는 사람은 나밖에 없었지만 말이다. 그렇게 바닥에 누워 있는 동안, 내 머릿속에 한 장면이 떠올랐다. 그것은 내가 회중 앞에 서 있는 모습이었다. 나는 하나님의 말씀을 선포하고 있었다. (나는 말씀선포하기를 좋아한다.) 그런데 어느 순간에 보니 마치 심각한 신체적 문제라도 있는 듯, 내가 팔다리를 심하게 휘두르고 있었다. 다시 장면이 바뀌었다. 나는 우리 동네의 중심가를 따라 걸어가고 있었다. 그러다가 내가 좋아하는 한 식당 앞에 이르렀을 때, 또다시 팔다리가 걷잡을 수 없이 이리저리 흔들리기 시작했다.

과연 어느 누가 이런 체험이 하나님으로부터 왔음을 믿을 수 있을지는 잘 모르겠다. 나는 야곱을 떠올려보았다. 그는 주님의 천사와 만나는 체험을 했지만, 그로 인해 남은 생애 동안 내내 다리를 절며 살아야 했다. 그 다음 나는 예수님의 어머니 마리아를 떠올려 보았다. 그녀가 체험한 하나님과의 만남은 심지어 약혼자마저 믿어주지 않았다. 물론 나중에 한 천사의 방문을 통해 요셉의 생각이 달라지긴 했지만 말이다. 결국 그리스도를 출산하기는 했지만, 이후로 살아가는 동안 그녀는 사생아를 낳은 여자라는 오명에서 헤어나올 수 없었다. 이 두 가지 경우를 통해 하나님의 은총에 대한 천국의 관점과 이 세상의 관점이 사뭇 다를 수가 있다는 사실이 점점 명확하게 깨달아졌다. 하나님을 더 많이 소유하기 원한다는 나의 기도는, 반드시 치러야 할 대가를 수반하고 있었다.

순간 눈물이 흘러내려 베갯잇을 적시기 시작했다. 그리고 지난 몇 달 동안에 드려온 기도들이 떠올랐다. 나는 그 기도들과 방금 전 내 머리를 스치고 지나간 장면들을 대조해보았다. 그때 문득 하나님은 맞바꾸기를 원하신다는 사실이 제일 먼저 깨달아졌다. 주님은 나의 체면과 더 충만한 임재를 교환하기 원하셨다. 이러한 만남의 목적이 무엇인지에 관해서는 설명하기가 매우 어렵다. 단지 나는 그냥 알게 된다고 말할 수 있을 뿐이다. 하나님이 가장 중요하게 여기시는 그 한 가지에 손을 대셨을 때, 당신은 주님의 목적이 무엇인지를 그냥 명확히 알아차리게 된다. 그리하여 다른 모든 실제들은 그 목적의 그림자에 묻혀 희미해지고 만다.

한참 울다 보니 내가 더이상 되돌아갈 수 없는 지점에 이르렀음을 알게 되었다. 나는 울부짖으며 기꺼이 주님께 복종하였다. "하나님, 더 많이, 더 많이 원합니다! 어떤 대가를 치르더라도 주님을 더 많이 소유해야겠습니다! 제가 품위를 잃는다 해도 그 대신 주님을 얻을 수만 있다면, 저는 기쁜 마음으로 이 대가를 치르겠습니다. 다만 제게 더 충만하게 임하여 주십시오!"

능력이 계속해서 파도처럼 몰려왔다. 이런 현상은 그날 밤 내내 지속되었다. 나는 울면서 주님께 기도를 드렸다. "주님, 더 많이, 더 많이요. 제게 더 충만하게 임해 주세요." 정확히 아침 6시 38분이 되자 그 현상이 멈추었다. 침상에서 일어났을 때, 나는 더할 나위 없이 상쾌한 기분을 느꼈다. 이 체험은 이튿날 밤과 그 다음날 밤에도 지속되었다. 그러한 현상은 잠자리에 들자마자 시작되곤 했다.

전혀 다른 두 번의 경험

하나님과 주님의 백성들과의 흥미로운 만남에 관한 이야기들은 얼마나 많은지 모른다. 그러므로 단 하나의 체험을 기준 삼아 모든 사람에게 적용하는 것은 잘못된 태도다. 내 삶을 변화시켜 놓은 하나님과의 만남 중 가장 획기적이었던 것이 두 가지가 있다. 그런데 이 두 가지 사건은 달라도 너무 달랐다. 앞에서 나는 내가 감전되듯 주님의 임재에 압도되었던 체험에 관해 이야기하였다. 또 하나의 체험은 어찌나 미묘하였던지 놓쳐버릴 수도 있었지만, 다행히도 잘 포착하였다. 그 이유는 내가 '돌이켜 왔기'(turned aside) 때문이다. 성경은 이렇게 말씀한다. "여호와께서 그가 보려고 돌이켜 오는(turned aside) 것을 보신지라 하나님이 떨기나무 가운데서 그를 불러 이르시되"(출 3:4).

내가 돌이켜서 확인해야 했던 불붙은 떨기나무는 한 성경구절이었다. 성령님이 어느 순간 내게 한 성경구절을 또렷이 부각시켜 주셨다. 나는 잠시 멈추어서 그 구절에 관해 곰곰 생각해보았다. '과연 하나님은 내게 무엇을 말씀하시려는 것일까?' 그때는 1979년 5월이었는데, 그 경험은 이후로 나를 완전히 변화시켜 놓았다. 그것은 사실 아주 미미한 출발, 마치 씨앗과도 같은 작은 출발이었다. 그러나 그 사건은 지금까지도 계속해서 증가되고 있으며, 줄곧 내 생각과 삶의 방식에 어마어마한 영향력을 미치고 있다. (그날 주신 성경구절은 이사야 60장 1-19절이었다. 하나님은 이 말씀을 통해 교회의 목적과 본질에 관해 알려주셨다.)

당신이 경험한 하나님과의 만남이 너무 특별해서 내 안에 거룩한 질투를 불러일으킬 수도 있다. 그러나 주님이 내 안에서 행하신 일을 당신 안에서 행하신 일과 비교하여 판단하는 것은 결코 건강한 모습이 아니다. 앞에서 소개한 강력한 임재를 경험을 하는 동안, 나는 과연 두 번 다시 침대에서 일어날 수 있을지조차 확신할 수 없었다. 그때는 마치 내 몸의 모든 순환기들이 망가져버려서 더이상 정상적인 인간으로 살아갈 능력마저 상실해버린 듯한 느낌이었다. 물론 실제로 그런 일은 일어나지는 않았다. 그러나 이것을 깨달았을 때는 내가 이미 "어떤 대가를 치르더라도 주님을 더 많이 원합니다"라는 기도를 드린 후였다.

사실 하나님과의 만남이 얼마나 극단적이었느냐 하는 것은 중요하지 않다. 중요한 것은, 하나님이 그 체험을 통해 우리를 얼마나 소유하셨느냐 하는 점이다. 주님의 임재를 우리에게 얼마나 맡겨주실 수 있으신가 하는 것이 관건이다. 예수님은 인간으로 살아가시면서, 매우 실제적인 삶의 스타일을 보여주셨다. 그러므로 우리는 그런 삶이 불가능하다고 생각할 수도 없고, 더이상 피해갈 수도 없다. 성령님의 임재를 훌륭하게 운반하는 일은 얼마든지 가능하다. 그것은 하나님 아버지께서 우리에게 그분의 모습을 계시해주셨기 때문이다. 그러므로 거룩한 목적을 추구해가는 여정도 충분히 성공적일 수 있다. 예수님께서 행하신 그대로 하는 것이, 바로 요한복음 20장 21절에서 주님이 우리에게 사명을 위임하실 때 염두에 두셨던 바다.

집중해야 할 한 가지

나는 시편 37편을 매우 좋아한다. 그래서 기회가 있을 때마다 시편 37편을 펴들고는 몇 번이고 반복해서 먹고 또 먹는다. 이 말씀을 읽으면서, 나는 주님을 기다린다는 것이 원래 내가 생각했던 바와는 전혀 다른 뜻을 지니고 있음을 깨달았다. 기다린다는 것은 막연히 가만히 앉아 있는 것을 말하지 않는다. 이 말의 의미는 "나는 너희들을 만날 것이며"(렘 29:14)라고 약속하신 분을 고대하면서 대기하고 있는 적극적인 모습을 통해 보다 선명하게 드러난다. 주님은 우리에게 발견되기를 원하신다. 이를 위해 우리는 주님을 발견할 수 있는 자리에서 그분을 열심히 찾아야 한다. 그곳은 우리 안에 계시는 주님이 누구신지, 또한 주님 안에 있는 우리가 누구인지에 대한 확신에서 비롯되는 안식의 자리다.

7절에서는 이렇게 말씀한다. "여호와 앞에 잠잠하고 참고 기다리라"(rest in the Lord and wait patiently for Him). 잠잠히 쉬는 모습은 참으로 아름답다. 그 상황에서는 더이상 자신의 능력을 입증하기 위해 애써야 한다는 압박감을 느끼지 않아도 되며, 스스로에 대해 만족하여 편안한 상태다. (구원받기 전만 해도 우리는 정체성을 찾기 위해 열심히 노력했다. 그래야만 받아들여질 수 있다고 생각했기 때문이다. 그러나 구원받은 후에 우리는 이미 받아들여진 존재임을 알게 되었다. 이것이 우리의 정체성이다. 우리의 성취도 바로 이러한 실제로부터 말미암는다.)

'참고'(patiently)라는 말에는 두 가지 뜻이 담겨 있다. 그것은 '아기를 낳을 때의 고통' 혹은 '춤추며 빙글빙글 돌기'이다. 이 두 가지는 모두 엄청난 집중력과 힘을 필요로 하는 행위들이다. 우리는 단호한 결단력과 집중력을 가지고 하나님을 기다려야 한다. 이는 야곱이 천사와 씨름하던 모습과도 매우 흡사하다. 또한 엘리야의 겉옷을 얻기 위해 애쓰던 엘리사에게서도 이와 동일한 모습을 발견할 수 있다.

삶에는 다양한 계절들이 존재한다. 때로는 수많은 활동에 몸담고 있는 것이 좋으면서도 수용 가능할 때가 있다. 반면에 그것이 치명적일 때도 있다. 한번은 내가 캘리포니아 북부에서 출발하여 고속도로를 타고 캘리포니아 남부로 향하고 있었다. 그러던 중 갑자기 베이커스필드 남부에서 모래먼지 폭풍을 만나게 되었다. 순간 시야가 먼지폭풍으로 인해 완전히 흐려졌다. 고속도로 전체가 먼지폭풍으로 뒤덮여 있었다. 당시 다른 차들이 내 차 바로 뒤에서 따라오고 있었다. 만약 내가 갑작스럽게 차를 세우기라도 하면, 엄청난 참사가 벌어질 수도 있는 상황이었다. 먼지바람에 휩싸여 있는 동안, 나는 드문드문 고속도로 양쪽을 질주하고 있는 자동차들과 트럭들을 희미하게 볼 수 있었다. 차 안에서 사람들이 미친 듯이 흔들어대는 모습도 보였다.

운전하면서 친구들과 함께 수다를 떨거나 음악을 듣는 것은 얼마든지 가능한 일이다. 그러나 이런 먼지폭풍이 이는 순간에는 그런 행위들이 매우 치명적일 수 있다. 오로지 달리고 있는 차선 전방에만 시선을 집중한 채 조심조심 속도를 내어 빠져나가는 동안, 차 안에는 그야말로 완벽한 정적이 흘렀다. 마침내 약 1~2분 후에야 비로소 나는 그 끔찍한 죽음의 바람 속을 가까스로 통과해 나올 수 있었다. 그것은 진정 하나님의 은혜였다.

집중적으로 초점을 맞출 때, 당신이 볼 수 있는 것과 보려고 하는 것은 제한을 받는다. 그 순간 당신은 많은 것들을 놓쳐버리고 보지 못할 것이다. 그러나 한편으로는 당신이 간절히 갈망하는 것에 대해서는 훨씬 더 명료한 시각을 갖게 될 것이다. 절제란 다른 수천 가지의 목소리들에 대해 'No'라고 말할 수 있는 능력이 아니다. 절제는 다른 나머지 선택사항들에 대해 미처 반응할 수 없을 정도로 한 가지 일에만 너무나도 철저하게 'Yes'라고 할 수 있는 능력이다.

성령님은 우리에게 주어진 가장 위대한 선물이시다. 따라서 성령님이야말로 우리의 유일한 초점이 되어야 한다. 이런 사실을 염두에 둘

때, 우리는 이 세상에서 우리의 목적을 재정의해주는 특별한 만남에 집중하게 된다. 그것은 바로 불세례다. 우리는 불타오르기 위해 이 세상에 태어났다. 물론 우리의 관심을 주님이 아닌 체험 자체로 돌려버릴 위험성이 내재되어 있기는 하지만, 그 일은 충분히 위험을 무릅쓸 가치가 있다. 아무리 많은 기적들을 체험했을지라도, 아무리 많은 통찰을 갖고 있을지라도, 개인적으로 아무리 큰 성취를 이루었을지라도 이 불세례를 향한 마음의 부르짖음은 결코 만족시킬 수 없다. 이 불세례에 대해 많은 이들이 그저 빨리 해치우고 싶어 하지만, 종종 이 일에는 매우 심오한 과정이 수반된다. 120명의 문도들에게 있어 불세례는 열흘간에 걸친 지속적인 기도였다. 내게 있어서 불세례는 8개월에 걸친 기도기간이었다. 이 기간 동안 나는 실제로 밤새도록 기도했다. 그것은 밤에 기도하기 위해 일어났다는 말이 아니라, 밤새 기도하면서 깨어 있었다는 뜻이다.

이처럼 초점을 단일화시킬 때, 이에 대한 보상은 반드시 주어진다. 나는 개인적으로 이러한 만남들이 일회적인 사건으로만 끝나서는 안 된다고 생각한다. 우리는 하나님과의 만남들을 지속적으로 체험해야 한다. 그럼으로써 마음이 재정비되어 하나님을 더 많이 소유할 수 있는 사람이 되어야 한다.

사람들은 자신이 소중하게 여기는 것을 지켜내려고 노력한다. 하나님이 우리에게 맡기시는 임재의 분량은 우리가 그것을 지키기 위해 얼마나 애쓰느냐에 따라 달라질 것이다.

역사적인 만남들

엠마오로 향하여 걸어가고 있던 두 제자에게 예수님이 나타나셨다. 주님은 그리스도께서 왜 죽으셔야 했는지에 관하여 성경말씀을 통해 설명해주셨다. 그들은 아직 그분이 예수님이신지를 알아차리지 못했지만, 그럼에도 불구하고 주님께 저녁이라도 드시고 머물다 가시라고 간청하였다. 그러다가 주님이 떡을 떼어주실 때 그들의 눈이 열렸고, 그 순간 주님은 자취를 감추셨다. 이때 그들이 보여준 반응은 내가 성경 전체에서 가장 좋아하는 구절들 중 하나다. "길에서 우리에게 말씀하시고 우리에게 성경을 풀어 주실 때에 우리 속에서 마음이 뜨겁지 아니하더냐"(눅 24:32). 주님을 더 많이 소유하기 위해 헌신해온 사람들의 삶에서 예수님이 역사하신 내용을 다룬 이야기를 읽을 때, 나도 이 두 사람과 동일한 경험을 하곤 한다.

이제 하나님의 사람들에 관한 이야기들을 몇 가지 소개하고자 한다. 이 이야기들은 헤아릴 수 없이 많은 사례들 가운데 극히 일부에 불과하다.

* 드와이트 무디

마침내 무디는 사라 쿡과 함께 기도해오던 것에 대한 돌파를 경험하게 되었다. 그것은 그가 영국으로 떠나기 바로 직전의 일이었다. 두 번째로 가는 이번 여행은 가장 중요한 의미를 지니고 있었다. 토레이는 무디의 인생 가운데 이루어진 이 중대한 진전에 관해 다음과 같이 말하고 있다.

오래지 않아 영국으로의 여행을 떠나기 전 어느 날, 그는 뉴욕의 월스트리트를 따라 걷고 있었다. (무디 씨는 이 이야기를 거의 한 적이 없으므로, 나도 말하기가 매우 망설여진다.) 그의 기도가 응답된 것은 바로 분주함과 웅성거림으로 가득한 거리의 한복판에서였다. 거리를 따라 걸어 내려가는 동안 하나님의 권능이 그에게 임하였다. 그는 서둘러 친구의 집으로 발걸음을 재촉했다. 그는 친구에게 혼자 있고 싶다고 부탁한 뒤, 빈 방에 들어가 여러 시간을 홀로 있었다. 마침내 주님의 성령이 그에게 임하셨고, 그의 영혼은 기쁨으로 충만해졌다. 주체할 수 없는 기쁨으로 인해, 심지어 그는 주님께 손을 좀 거두어달라고까지 요청하였다. 넘치는 기쁨 때문에 마치 그 자리에서 죽을 것만 같았기 때문이다. 방을 나설 때 그에게는 성령의 권능이 임해 있었다. 그 후 북부 런던에서 하나님은 그를 통해 강력하게 역사하셨다. 수백 명의 사람들이 교회로 몰려왔고, 그 이후로 줄곧 그는 참으로 굉장한 운동에 초청받기 시작했다.

무디는 그 체험에 대해 다음과 같이 기술하고 있다.

나는 성령으로 충만해지기를 원하며 하나님께 부르짖고 있었다. 그러던 어느 날, 뉴욕 시에서의 일이다. 오, 그 얼마나 멋진 날인지! 그 일을 어떻게 묘사해야 좋을지 잘 모르겠다. 그 일에 관해 다른 사람에게 거론해본 적도 거의 없다. 입으로 말하기에는 너무도 거룩한 경험이었기 때문이다. 바울도 다른 사람에게는 한 번도 말한 적이 없는 14년 동안의 경험을 가지고 있었다. 내가 말할 수 있는 유일한 것은, 하나님이 나에게 주님을 계시해주셨다는 사실이다. 주님의 사랑이 어찌나 강력했던지, 심지어 나는 주님께 그분의 손을 잠시 보류해달라고 말씀드려야 했을 정도다.

그런 다음 나는 다시 설교 자리로 갔다. 설교의 내용은 이전과 다를 바가 없었다. 어떤 새로운 진리들을 소개한 것도 아니었다. 그런데도 수백 명의 사람들이 회심하였다. 당신이 내게 온 세상을 준다 해도, 이제 나는 그 복된 체험 이전으로는 결코 되돌아가지 않을 것이다. 온 세상은 그 체험에 비하면 새발의 피에 불과하다.

* **이반 로버츠**

이반은 줄곧 주님과의 보다 더 친밀한 관계를 추구하고 있었다. 모리아채플의 윌리엄 데이비스 집사는 이반에게 기도집회에 빠지지 말고 나와야 한다고 충고해주었다. 혹시라도 성령님이 임하시기라도 하면, 이를 놓쳐버릴 수가 있기 때문이었다. 그리하여 이반은 성실하게 기도모임에 참석하였다. 월요일과 수요일에는 모리아의 저녁모임에, 화요일에는 피스가에서의 모임에, 목요일과 금요일에는 다른 곳에서 열리는 기도모임과 성경강좌에 열심히 참석하였다. 그는 13년 동안이나 이렇게 성령님의 강력한 방문을 사모하며 신실하게 기도하고 있었다.

1904년의 어느 봄날 학교에 가기 전, 그는 후일 '변화산의 체험'이라고 일컬은 체험을 하게 되었다. 주님이 어찌나 놀랍고 압도적으로 계시해주셨는지, 그는 거룩한 두려움으로 충만해졌다. 이 경험 이후로 그는 일정기간 동안 제어할 수 없을 정도로 온몸이 진동하는 시간들을 통과하였다. 마침내 그의 가족들이 우려를 표명하기 시작했다. 4주 동안이나 하나님은 매일 밤 이반을 방문해주셨다. 가족들은 그에게 그가 겪고 있는 체험에 관해 말해달라고 다그쳤으나, 그의 대답은 한결같았다. 그저 말로 형언할 수 없는 일일 뿐이라는 말이 전부였다. 이제 대학 입학 시험 준비를 위해 뉴캐슬 에믈린의 예비학교에 진학할 시점이 점점 다가오고 있었다. 그는 혹시라도 주님과의 귀한 만남들을 놓치게 되는 것은 아닌가 하며 걱정하고 있었다.

이 무렵 학교에서 몇 마일 정도 떨어진 블라이내너흐에서 세스 조슈아라는 이름의 복음전도자가 집회를 인도하고 있었다. 1904년 9월 29일 목요일 아침, 이반 로버츠와 다른 19명의 젊은이들이 그 집회에 참석했다. 그들 중에는 이반의 친구였던 시드니 에반스도 포함되어 있었다. 집회장소로 가는 도중에 이 작은 무리들은 주님의 감동을 받아 다음과 같이 노래하기 시작했다. "임하시네, 임하시네, 성령의 권능. 나는 받네, 나는 받네, 성령의 권능."

7시 집회에 참석하는 동안 이반은 깊은 감동을 받았고, 예배시간이 끝나갈 즈음에는 완전히 압도되고 말았다. 세스 조슈아가 "오, 주님, 우리를 굴복시켜 주옵소서"라고 말했을 때, 이반은 너무나도 강하게 압도되어 더이상 아무 소리도 들을 수 없게 되었다. 나중에 그는 성령님이 자신에게 이렇게 속삭여 주셨다고 간증했다. "네게 필요한 것이 바로 이것이다." 그는 울부짖었다. "오, 주님, 저를 굴복시켜 주십시오." 그러나 불이 떨어지지는 않았다.

9시 집회에서는 중보기도의 영이 회중 위에 강력하게 임하고 있었다. 그런데 이반에게서 갑자스럽게 기도가 터져 나왔다. 잠시 후 성령님은 그 기도를 공개적으로 하라고 말씀하셨다. 그는 주체할 수 없는 눈물로 뒤범벅이 된 채 이렇게 울부짖기 시작했다. "저를 굴복시켜 주십시오! 저를 굴복시켜 주십시오! 저를 굴복시켜 주십시오! 우리를 굴복시켜 주십시오!" 그런 후에 매우 강력한 성령세례가 그에게 임하였다. 이반의 마음은 갈보리의 사랑, 그리고 갈보리를 향한 사랑으로 충만해졌다.

그날 밤에 들었던 십자가의 메시지는 이반의 마음속에 너무도 깊이 아로새겨졌다. 머지않아 그가 인도하게 될 위대한 부흥의 주제도 다름 아닌 바로 십자가에 관한 메시지였다. 그날 밤부터 이반 로버츠는 오직 한 가지 '영혼 구원'에만 초점을 맞추기 시작했다. 역사가들은 그날 밤을 가리켜 '블라이내너흐에서의 위대한 집회'라고 일컫는다.

이 일이 있은 후 얼마 지나지 않은 어느 새벽이었다. 이반의 룸메이트이자 가장 친한 친구였던 시드니 에반스가 방에 들어갔다가, 이반의 얼굴이 거룩한 빛으로 밝게 빛나는 모습을 보게 되었다. 깜짝 놀란 그는 무슨 일이냐고 물어보았다. 이반은 방금 전에 본 환상에 관해 말해 주었다. 그는 환상 중에 웨일즈 전체가 하늘로 들려 올라가는 모습을 보았다고 했다. 그런 다음 이반은 다음과 같이 예언하였다. "우리는 이제 곧 가장 강력한 부흥을 보게 될 거야. 성령님이 바로 지금 임하고 계셔. 우리는 준비해야 해. 우리는 작은 그룹을 구성해서 전국 방방곡곡을 다니면서 복음을 전해야 해." 이쯤에서 갑자기 그는 예언을 멈추고는 꿰뚫는 듯한 강렬한 눈빛으로 이렇게 외쳤다. "너는 하나님이 우리에게 십만 명의 영혼을 지금 당장 주실 수 있을 거라고 믿니?" 순간 주님의 임재가 시드니를 어찌나 강력하게 사로잡았던지, 그는 이반의 말을 믿지 않을 수가 없었다.

얼마 후, 예배당에 앉아 있는 동안 이반은 한 환상을 보았다. 환상 중에 그의 오랜 친구들을 보았는데, 다른 수많은 젊은이들이 한목소리로 이렇게 외쳤다. "이 사람들에게 가십시오!" 그는 주님께 기도했다. "주님, 정말 이것이 주님의 뜻이라면 가겠습니다." 그러자 예배당 전체가 밝은 빛으로 가득 찼다. 그 빛이 얼마나 눈부시던지, 그는 강대상에 서 있는 사역자의 모습을 아주 어렴풋하게만 볼 수 있었다. 그는 깊이 고뇌하면서 과연 이 환상이 주님으로부터 온 것인지를 확증하기 원했다. 이 일에 관해 지도교사와 상의했을 때, 그가 부르심에 순종할 수 있도록 격려해 주었다.

* 멜 태리

1960년대 중반, 태리는 한 장로교회의 예배당에 앉아 있었다. 당시 교회에 모인 사람들은 기도하고 있었다. 그때 갑자기 성령님이 그 장소를 강타하셨다. 강력한 돌풍이 방안을 가득 채웠고, 실제로 모든 이들이 그 바람소리를 듣기 시작했다. 잠시 후 마을의 화재경보가 울리기 시작했고, 지역의 소방관들이 그 건물을 향해 돌진해 들어왔다. 놀랍게도 교회는 분명 화염에 휩싸여 있었으나, 실제로 타지는 않았다. 그날 수많은 사람들이 구원을 받았다. 단 수십 명으로 시작된 일이었지만, 이 일은 그 후로 계속해서 전 세계에 영향을 미치게 된다.

* **세벤느 산맥의 예언자들**

　17세기 프랑스 세벤느 산맥의 예언자들은 집단적인 성령의 부흥운동에 관한 연구에 있어서 매우 흥미로운 사례를 제공해준다. 1688년 세벤느 산맥에서 하나님에 대한 각성이 시작될 즈음, 16살의 이사보 뱅쌍은 황홀경 등을 체험하기 시작했다. 그녀는 몸을 흔들거나 실신한 상태에서, 이전에는 전혀 알지 못했던 성경구절들을 인용하거나 예언하기도 했다. 심지어 때로는 수면상태에서 설교를 하거나 노래를 부르기도 했다. 그녀는 수많은 사람들에게 영향을 주었고, 많은 이들이 그녀로 인해 회개하고 돌아왔다. 그 마을의 수십 명의 사람들이 예언적 은사로 불타오르고 있었다. 이 소식이 퍼지면서 방문자들이 그 지역으로 몰려들었다.

　그 후로 세벤느 산맥에서 수많은 사람들이 천사의 방문을 경험하였고, 때로는 하늘의 빛이 임하는 집회를 열기도 했다. 그곳에서는 구체적인 지식의 말씀을 흔하게 접할 수 있었고, 모든 이가 거룩에 대한 갈망으로 가득 차 있었다. 사람들은 기도와 금식을 시작했다. 그들의 집회는 놀라울 정도로 자발적으로 이루어졌을 뿐 아니라, 아울러 생동감 넘치고 거침없이 표현하는 경배를 특징으로 하였다. 믿는 이들에게는 손에 잡힐 듯한 가시적인 하나님의 임재도 나타났다.

* **모라비안 교도들**

　독일 헤른후트의 모라비안 교도들은, 니콜라우스 폰 진젠도르프 백작의 영토에 살고 있었던 약 3백 명가량의 망명자들이었다. 1727년에 그들 사이에 놀라운 성령의 부흥운동이 임하였다. 그들은 이렇게 고백했다. "우리는 하나님의 손을 보았습니다. 주님이 행하시는 기사들을 목격하였습니다. 성령세례를 받았던 구름같이 허다한 선조들이 우리를 내려다보고 있었습니다. 성령님이 우리에게 임하셨고, 그 시기에는 놀라운 표적들과 기사들이 일어났습니다. 그때로부터 지금까지 거의 단 하루도 빠짐없이 우리는 주님의 전능하신 역사하심을 목격하고 있습니다."

* 조지 휫필드

휫필드는 조나단 에드워드에 의해 시작된 대각성운동에서 중요한 역할을 감당하였다. 그의 선교사역을 통해 수많은 사람들이 구원받았다. 그는 라디오나 텔레비전을 사용하지 않고도 6백만 명에게 복음을 전한 것으로 추정되고 있다. 종종 휫필드가 이끌었던 집회들은 감정적인 표현이 지배적인 예배라는 이유로 비난을 받곤 했다. 존 웨슬리는 1793년에 휫필드와 함께했던 한 기도모임에 관해 다음과 같이 서술하였다. 그 기도모임에서 하나님의 영이 그들 위에 임하셨다.

"새벽 3시 무렵, 우리는 계속해서 기도에 힘쓰고 있었다. 바로 그때 하나님의 권능이 우리 위에 강력하게 임하셨다. 사람들은 엄청난 기쁨으로 인해 함성을 질러댔고, 많은 사람들이 바닥으로 쓰러졌다. 위엄 있는 하나님의 임재로 인한 경이로움과 놀라움에서 어느 정도 회복되자마자, 우리는 갑자기 한목소리로 '오, 하나님, 주님을 찬양합니다. 당신은 우리의 주님이십니다'라고 찬양하기 시작했다."

여기서 우리가 반드시 이해해야 할 사실이 있다. 지금 우리는 하나님으로부터 온 체험을 현란하게 꾸미기 위한 감정적인 노력이나 고군분투, 과장 등에 관해 이야기하는 것이 아니다. 이것은 갑작스럽게 찾아온 부인할 수 없는 놀라운 주님의 주권에 관해 말해주고 있는 사건이다.

* 윌리엄 시무어

성령님이 로스앤젤레스에 임하시기 시작했다. 사람들은 완전히 충만해져서 방언을 하며 거리로 나아갔다. 수많은 무리들이 시무어가 작은 공동체를 이루어 지내는 곳에서 열린 가정 집회에 모여들기 시작했다. 얼마 지나지 않아 그들은 입구 쪽 베란다에 서서 복음을 선포하였다. 사람들은 거리를 가득 메운 채 그들의 설교를 듣고 있었다. 마침내 그들은 아주사 거리 312번지에 위치한 낡은 마구간으로 장소를 옮겨갔다. 1906년 오순절운동이 공식적으로 태동된 곳이 바로 이 마구간이다.

그곳에서 사람들이 바닥에 쓰러져서 우는 모습을 흔하게 볼 수 있었다. 그들은 으레 방언으로 기도하곤 했다. 웃기도 했고, 갑작스런 경련을 일으키기도 했고, 춤추며 소리를 지르기도 했다. 때로는 아무 말도 하지 않은 채 여러 시간동안 주님을 기다리는 모습도 볼 수 있었다. 시무어는 종종 무릎을 꿇고 설교하곤 했다.

은사주의적 역사가 로버츠 리어든은 다음과 같이 쓰고 있다. "아무도 그곳에서 이루어진 모든 기적을 일일이 기록해둘 수는 없었을 것이다." 잔 G. 레이크는 윌리엄 시무어에 관해 이렇게 말했다. "나는 시무어만큼 삶 가운데 하나님을 충만하게 소유했던 사람을 만나본 적이 없다."

기도는 밤낮을 불문하고 하루 종일 지속되었다. 심지어 아주사 거리에는 소방관들이 파견되어 있을 정도였다. 왜냐하면 사람들이 실제로 '불'을 목격하곤 했기 때문이다. 그 불은 건물의 외면에 임재해 계신 가시적인 하나님의 영광이었다. 이와 유사한 현상들은 무수히 많은 부흥운동들 가운데서 발견되고 있다. 1970년대 멜 태리의 기록에 따르면, 인도네시아 부흥운동에서도 소방관들이 '영광의 불' 때문에 출동했다고 한다. 주변 모든 사람들이 이 영광의 불을 육안으로 볼 수 있었던 것이다.

부흥에 대한 소식이 널리 퍼지면서, 세계 전역에서 온 선교사들이 그 불을 받기 위해 아주사거리로 모여들기 시작했다. 그 건물에서 몇 블록이나 떨어진 곳에 있었던 사람들도 강력한 주님의 임재에 압도되어 바닥에 쓰러지고, 구원을 받고, 방언을 하기 시작했다. 아무도 그들을 위해 기도해주지 않았는데도 말이다. 그들은 당시 무슨 일이 일어나고 있는지조차 알지 못했다. 가끔은 교구민들이 거리로 쏟아져 나와 작은 기름병을 들고 와서는 문을 두드리며 병든 자들을 위해 기도해달라고 요청하기도 하였다.

시무어는 집회를 인도할 때마다 무엇보다도 먼저 하나님의 임재를 북돋는 일에 힘을 쏟았다. 그리고 누구든지 성령의 인도하심을 느끼면, 자리에서 일어나 기도나 선포를 시작하곤 했다. 만일 그 사람에게서 기름부으심이 감지되지 않으면, 가볍게 어깨를 두드림으로써 조용히 시키기도 했다. 참으로 집회의 인도자는 하나님의 영이셨다.

* 잔 G. 레이크
20세기의 강력한 치유사역자였던 잔 G. 레이크는 자신의 경험을 이

렇게 기록하고 있다.

어느 날 오후 무렵, 한 사역자 형제로부터 전화를 받았다. 그는 몸이 아픈 한 여인을 심방하려고 하는데 함께 동행해줄 수 있느냐고 물었다. 그 집에 도착했을 때, 휠체어에 앉아 있는 한 여인의 모습이 들어왔다. 그녀는 염증성 류머티즘으로 인해 모든 관절이 고정되어 움직이지 못하고 있었다. 그녀는 벌써 10년째 그 질병을 앓아오고 있었다. 내 친구는 대화를 나누면서 그녀가 기도를 받을 수 있도록 준비시키고 있었다.

그러는 동안 나는 널찍한 방의 맞은편에 놓여 있던 낮은 의자에 앉아 있었다. 내 영혼은 도저히 말로 표현할 수 없는 깊은 갈망으로 하나님께 부르짖고 있었다. 그 순간 마치 따뜻한 열대성 소나기를 맞은 듯한 느낌이 들었다. 그것은 내 위로 떨어지고 있었던 것이 아니라, 나를 관통하여 지나갔다. 그 영향력으로 인해 내 영과 혼과 몸은 이제껏 한 번도 경험해본 적이 없는 깊고 고요한 평안 가운데로 빠져들었다. 언제나 활발하게 가동되던 뇌마저도 더할 나위 없이 평온해졌다. 하나님의 임재에 대한 경외감이 나를 내리덮고 있었다. 나는 그것이 하나님이심을 알았다.

몇 분인가가 지나갔다. 사실 시간이 얼마나 지났는지는 잘 모르겠다. 성령님이 이렇게 말씀하셨다. "내가 네 기도를 들었다. 내가 네 눈물을 보았다. 너는 지금 성령으로 세례를 받고 있다." 그런 다음 능력의 전류들이 머리끝에서부터 발끝까지 내 존재 전체를 강하게 관통하기 시작했다. 능력으로 인한 충격은 점점 더 빨라지고 강력해졌다. 이 능력의 전류들은 마치 내 머리 위로 떨어져서 몸을 관통한 후 발을 통해 바닥으로 흘러가고 있는 듯했다. 능력이 어찌나 강하던지 내 몸은 매우 격렬하게 진동하기 시작했다. 만약 이렇게 깊고 낮은 의자에 앉아 있지 않았더라면, 바닥에 그대로 고꾸라졌을지도 모른다.

바로 그 순간 친구가 손짓하여 나를 부르는 모습이 보였다. 그 아픈 여인을 위해 함께 기도해주자는 요청이었다. 여인과의 대화에 몰두해 있던 친구는 방금 전 내 안에서 무슨 일이 일어나고 있었는지를 전혀 눈치 채지 못하였다. 나는 그가 있는 데로 가기 위해 자리에서 일어났다. 하지만 몸이 여전히 심하게 떨리고 있었기 때문에 방을 똑바로 가로질러 가기가 여간 힘든 것이 아니었다. 특히 양손과 팔의 진동을 제어하기가 너무도 힘들었다. 따라서 나는 양손으로 그 아픈 여인에게 안수하는 것은 지혜롭지 못한 처사라는 생각이 들었다. 그녀에게 불쾌감을 줄 수도 있기 때문이다.

문득 한 가지 아이디어가 떠올랐다. 내 손가락 끝을 환자의 정수리 부분에 가볍게 갖다 댄다면, 그로 인해 그녀가 진동을 하더라도 그리 기분이 상하지는 않을 것 같았다. 그리하여 나는 그렇게 했다. 그러자 갑자기 거룩한 능력의 전류가 나를 관통하여 흐르더니, 잠시 후에 이 여인을 관통하여 흐르기 시작했다. 그녀는 아무 말도 하지 않았으나, 몸을 관통하여 흐르는 전류로 인해 깜짝 놀라는 표정이 역력하였다.

그녀와 이야기를 나누는 동안 친구는 내내 무릎을 꿇고 대화에 깊이 몰입해 있었다. 그는 자리에서 일어나면서 이렇게 말했다. "자, 이제 기도합시다. 주님이 반드시 당신을 치유해주실 겁니다." 그는 그렇게 말하면서 그녀의 손을 잡았다. 그들의 양손이 맞닿자마자, 바로 그 순간 역동적인 능력이 갑자기 나를 관통하여 흐르고, 이어서 그 아픈 여인을 관통하여 흘렀다. 계속해서 그 전류는 그녀와 손을 맞잡고 있던 내 친구 속으로 관통해 들어갔다. 능력이 어찌나 빠르고 강력하던지, 내 친구는 그만 그대로 바닥에 고꾸라지고 말았다. 그는 벌떡 일어나더니 기쁨과 놀라움으로 가득 찬 눈길로 나를 바라보며 말했다. "주님을 찬양합니다. 존, 주님이 자네에게 성령세례를 베풀어주셨어!"

그런 다음 그는 오랜 세월 동안 불구였던 그녀의 양손을 잡았다. 그러자 꽉 쥐어져 있던 주먹이 풀렸고, 관절들이 움직이기 시작했다. 가장 먼저는 손가락들이 움직였고, 그 다음으로 손과 손목, 팔꿈치와 어깨 순으로 움직이기 시작했다.

이상은 모두 겉으로 드러난 가시적인 현상들이었다. 그러나 오! 내 영을 관통하여 지나고 있던 그 형용할 수 없는 짜릿한 기쁨을 어찌 다 묘사할 수 있겠는가? 내 영혼을 전율시킨 하나님의 임재와 평강을 그 누가 이해할 수 있겠는가? 그 이후로 벌써 10여 년이 지났지만, 그 순간에 느꼈던 경외감은 여전히 내 영혼에 머물러 있다. 그때의 체험은 예수님이 말씀하신 바를 참으로 잘 보여주고 있었다. "내가 주는 물은 그 속에서 영생하도록 솟아나는 샘물이 되리라"(요 4:14). 결코 마르지 않는 그 샘물이 내 영과 혼과 몸을 통해 밤낮으로 끊임없이 흐르고 있다. 그 샘물은 하나님의 능력 안에서 헤아릴 수 없이 많은 사람들에게 구원과 치유와 성령세례를 가져다주었다.

※ 찰스 피니

찰스 피니는 미국 역사 가운데 가장 위대한 부흥운동가 중 한 명이다. 그는 참된 회개에 관한 설교와 부흥으로 잘 알려져 있다. 하지만 찰스 피니는 위대한 사회개혁가이기도 했다. 그의 설교 전반에 걸쳐 강력하게 메아리치고 있던 두 가지 주제는, 노예해방과 여성의 인권문제였다.

부흥운동의 목적은 의심할 나위 없이 사람들을 예수 그리스도께로 인도하는 것이었다. 그러나 그의 목표는 단순히 교회들을 새로운 교인으로 가득 채우는 것만이 아니었다. 그는 자신의 설교를 통한 열매가 지속적인 효과를 지니려면 반드시 심오한 문화적 변혁이 수반되어야 한다고 믿었다. 이 점은 복음을 전파하는 모든 참된 설교자들이 반드시 명심해야 할 사실이기도 하다. 그러나 이 책의 주제와 부합하여, 다른 것들보다 훨씬 더 두드러진 한 이야기를 소개하기로 하겠다. 그는 이 비범한 체험에 관해 자신의 자서전에 기록해두었다.

어느 날 아침, 그는 식사를 마친 후 친척이 운영하는 공장 안으로 들어갔다. 그곳에는 젊은 여인들이 빼곡히 들어앉아 방적기와 베틀 등을 사용하여 일하고 있었다. 그들 중 유달리 두 사람이 그의 눈에 들어왔다. 그들은 다소 초조한 기색이었으나 애써 웃음으로 이를 감추고 있는 듯했다. 그는 아무 말도 하지 않은 채 다만 그들에게 조금 더 가까이 다가갔다. 그런데 그중 한 명이 옷감을 수선할 수 없을 정도로 심하게 몸을 떨고 있었다. 그들과의 거리가 2-3미터가량 떨어진 지점에 이르렀을 때, 갑자기 그들은 울음을 터뜨리며 바닥에 털썩 주저앉았다. 오래지 않아 그 방에 있던 거의 모든 노동자들이 울기 시작했다.

공장의 소유주는 아직 예수를 믿지는 않고 있었으나, 이것이 매우 거룩한 순간임을 알아차렸다. 그는 노동자들이 그리스도께 돌아올 수 있도록 잠시 공장 문을 닫게 하고 찰스 피니에게 설교를 부탁했다. 갑작스럽게 터져 나온 이 작은 부흥운동은 여러 날 동안 지속되었다. 놀랍게도 이 기간에 공장에 있었던 거의 모든 사람들이 회심하였다. 이 모든 일들은 단 한 사람에게서 출발하였다. 그는 하나님의 영이 머물러 계시기를 매우 기뻐하셨던 사람이었다. 그로 인해 단 한 마디의 말도 없이, 방에 가득했던 직공들이 성령의 임재로 인해 회개하기에 이르렀다. 이로써 부흥이 태동되었다.

물론 이와 동일한 일들이 날마다 반복되어 일어나지는 않았다. 그러나 만일 주님이 우리를 보다 더 깊은 갈망 가운데로 점점 더 이끌어 가시고자 한다면, 과연 우리가 달리 할 수 있을 게 무엇이겠는가? 이 간증은 하나님의 역사 속에 들어 있다. 이 일을 통해 하나님은 주님을 잘 모시는 사람들을 통해 주변에 어떻게 영향을 미치기 원하시는지를 잘 드러내주셨다.

* 스미스 위글스워스

드디어 이번 장의 마지막 이야기이자, 동시에 내가 매우 좋아하는 이야기를 소개하겠다. 이것은 내가 교회사 전체를 통틀어 가장 좋아하는 사례이다. 스미스 위글스워스는 하나님의 임재의 사람이었다.

오후의 특별모임에는 우리 형제들과 함께 기도하는 11명의 리더들이 있었다. 그 복음전도자가 기도하기 시작하였고, 기도가 계속되는 동안 사람들은 자신이 지닌 영성의 분량에 따라 한 사람씩 밖으로 나가기 시작했다. 하나님의 권능이 방안을 가득 메운 그 분위기 안에 도저히 그대로 남아 있을 수가 없었기 때문이다.

그 현장에 있던 누군가로부터 이 이야기를 전해들은 한 작가가 속으로 만일 기회가 온다면, 다른 모든 사람들이 나가더라도 자신만은 기어코 남아 있겠다고 맹세했다. 어느 날 한 모임에서, 한 번도 방문해본 적이 없는 뉴질랜드의 한 마을을 위해 기도하라는 부르심에 순종하여 기도하는 중이었다. 그러자 다른 모임에서와 같은 상황이 벌어지기 시작했다.

잠시 후 그 나이든 성도가 목소리를 높이기 시작하자, 참으로 신기하게도 사람들이 움직이기 시작했다. 거룩한 기운이 그 자리를 가득 메웠기 때문이다. 방안이 거룩해지고, 하나님의 권능이 묵직하게 느껴지기 시작했다. 그 작가가 의연한 자세로 자신은 결코 나가지 않겠다고 다짐하고 있는 동안, 마지막으로 남아 있던 다른 한 사람이 버티고 버티다 못해 마침내 방을 떠나갔다. 임재의 무게는 점점 더해져서, 도저히 더이상 자리를 지키고 있을 수가 없을 정도였다. 영혼의 수문들이 열리면서 그의 눈에서는 폭포수와 같은 눈물이 하염없이 쏟아져 내렸다. 걷잡을 수 없이 눈물이 흘러내리는 가운데, 그는 더이상 밖으로 나가지 않으면 그 자리에서 죽을 것만 같았다. 결국 지극히 비범한 방식으로 하나님을 알고 있었던 단 한 사람만이 홀로 남아, 숨조차 쉬기 어려운 분위기 속에 푹 잠겨 있었다.

주목하라

나는 당신이 이 이야기들을 읽으면서 주목해주었으면 하는 것이 있다. 그것은 이 심오한 개인적인 만남들이 결국 한 도시나 지역, 혹은 나라 전체에 영향을 주는 부흥운동들과 사회변혁, 나아가 하나님의 임재에 대한 인식의 확산으로 이어졌다는 사실이다. 이러한 체험들은 그들의 삶에 관련된 모든 요소들에 영향을 주었을 뿐 아니라, 궁극적으로는 그들을 둘러싼 주변 환경들에도 영향을 미쳤다.

역사적으로 이루어진 문화적 변혁들은, 비단 사람들이 공직에 입문하여 자신의 깨달음대로 변화를 일으켰기 때문에 이루어진 것이 아니다. 물론 이러한 일도 충분히 좋은 것이지만, 이보다 훨씬 더 나은 무언가가 있다. 그것은 바로 하나님의 임재다. 지극히 평범한 사람들이 믿음의 영웅이 된 것은 그들의 은사나 지성, 혹은 혈통 때문이 아니었다. 그들이 영웅이 될 수 있었던 것은, 그들에게 가장 위대한 선물이신 성령님이 얼마나 귀하신 분인지를 터득했기 때문이었다.

이제 어떻게 할 것인가?

이러한 이야기들을 읽을 때마다 나는 마치 고속도로에서 만난 먼지 폭풍의 상황 속으로 막 들어온 듯한 느낌이 든다. 물론 혹시 사고라도 날까봐 전방만을 똑바로 주시해야 했던 그때처럼 사고의 위험을 느낀다는 말이 아니다. 나는 다른 일들(보다 덜 중요한 일들)에 몰두함으로써, 정작 하나님께 사로잡힌 이유였던 목적을 잃어버릴 수도 있었다는 것을 깨닫는다. 이 이야기들은 하나님이 오늘날 우리의 삶에 예비해두신 것이 무엇인지를 예언해주는 간증들이다. 따라서 이것들은 아주 좋은 선례가 되고 있다. 천국의 법정은 이런 믿음의 영웅들이 보여준 온갖 유형의 삶이 누구나 누릴 수 있는 것이라고 최종적으로 결론지었다.

오랫동안 이어져온 약속들이 바로 오늘날 우리를 통해 성취될 것이다. 그러기 위해 우리는 우리의 영원한 목적이 무엇인지를 발견해야 한다. 우리는 주님의 영원한 처소가 되기 위해 선택된 자들이다. 우리는 주님의 임재를 모시기 위해 선택되었다.

Chapter 1 궁극적인 사명

1) 베드로의 치유와 그림자의 기름부으심에 관한 이야기가 어떤 과정을 통해 퍼져나갔는지는, 단지 추측만 할 수 있을 뿐이다. 그 결과는 궁극적인 초점이 되기도 하고, 그렇지 않기도 한다.

Chapter 3 무가치하다는 거짓말

2) 이 주제에 관해서는 에릭 존슨(Eric Johnson)과 빌 존슨(Bill Johnson)이 쓴 《Momentum: What God Starts Never Ends》를 읽어보기 바란다. 이 책은 Destiny Image Publishers에서 출판되었다.

3) 사울 왕은 골리앗과 싸우기 위해 전쟁터로 나가려는 다윗에게 자신의 갑옷을 입혀주려고 하였다. 그러나 체격이 제법 컸던 사울의 갑옷이 체구가 작은 소년이었던 다윗에게 맞을 리가 없었다(삼상 17:38-39). 이 이야기는 우리가 우리 자신을 향하신 하나님의 뜻을 이행하기 위해 다른 사람의 임무나 은사에 애써 끼워 맞추려고 고군분투하는 모습을 상징한다. 그러나 이러한 노력들은 사실 아무런 소용이 없다.

Chapter 4 임재의 능력

4) 《New American Standard Exhaustive Concordance》에서 인용하였다.

5) 《The Spirit-Filled Life Bible》, p.357.

Chapter 5 구약의 예시들

6) 이 개념에 관해서는 나의 책 《하나님과 꿈꾸기》(Dreaming with God) 제 10장에서 다루고 있다. 169페이지 이후를 참조하라.

Chapter 6 오랜 울부짖음에 대한 응답

7) 이 주제에 관해 매우 탁월하게 다루고 있는 책으로는, 밥과 조엘 킬패트릭(Bob and Joel Kilpatrick)이 쓴 《The Art of Being You: How to Live as God's Masterpiece》이 있다. 이 책은 Zondervan Publishing에서 출판되었다.

8) 이 주제에 관하여 가장 집중적으로 다룬 저서로서, 내가 쓴 《하나님을 얼굴로 보리라》(Face to Face with God)를 참조하라. 이 책은 Strang Publishing에서 출판되었다.

Chapter 7 궁극적인 원형

9) 내가 아는 한 마이크 비클(Mike Bickle)의 '국제기도의 집'(IHOP-The International House of Prayer, 캔자스시티에 본부를 두고 있다)이야말로 이것에 관해 오늘날 찾아볼 수 있는 최고의 모델이다. 이곳은 참으로 놀라운 사역단체다. 그곳에서는 예배와 중보기도가 이미 십여 년 전부터 지금까지 줄곧 쉼 없이 드려지고 있다.

10) 내가 아는 한, 레이 휴즈(Ray Hughes)가 이 주제에 관하여 가장 훌륭하게 다루었다. 그의 자료들은 http://selahministries.com으로 가면 찾아볼 수 있다. 나는 레이와 그의 자료들을 기쁘게 추천하는 바다.

11) 역사적으로, 종교는 좋은 의미로 사용되었다. 그러나 최근에는 능력 없이 형식만 있는 기독교, 혹은 생명 없이 의식만 있는 기독교를 묘사하기 위한 용어로 사용되고 있다. 나는 후자의 의미로 이 단어를 사용하였다.

순전한 나드 도서안내 02-574-6702

No.	도서명	저자	정가
1	존 비비어의 승리〈개정판〉	존 비비어	12,000
2	교회를 뒤흔드는 악령을 대적하라	프랜시스 프랜지팬	5,000
3	교회를 어지럽히는 험담의 악령을 추방하라	프랜시스 프랜지팬	5,000
4	영분별〈개정판〉	프랜시스 프랜지팬	4,000
5	그리스도인의 삶의 비결〈개정판〉	진 에드워드	9,000
6	존 비비어의 친밀감〈개정판〉	존 비비어	16,000
7	내게 신선한 기름을 부으셨나이다	허 철	9,000
8	내어드림〈개정판〉	프랑소와 페늘롱	7,000
9	존 비비어의 축복의 통로〈개정판〉	존 비비어	8,000
10	부서트리고 무너트리는 기름부으심	바바라 J. 요더	8,000
11	사도적 사역	릭 조이너	12,000
12	사사기	잔느 귀용	7,000
13	상한 마음을 치유하는 기도	마크 & 패티 버클러	15,000
14	상한 영의 치유 1	존 & 폴라 샌드포드	17,000
15	상한 영의 치유 2	존 & 폴라 샌드포드	13,000
16	성령님을 아는 놀라운 지식	허 철	10,000
17	속사람의 변화 1	존 & 폴라 샌드포드	11,000
18	속사람의 변화 2	존 & 폴라 샌드포드	13,000
19	신부의 중보기도	게리 윈스	11,000
20	아가서	잔느 귀용	11,000
21	악의 속박으로부터의 자유	릭 조이너	9,000
22	여정의 시작	릭 조이너	13,000
23	영광스러운 교회에 보내는 메시지 1	릭 조이너	10,000
24	영적 전투의 세 영역〈개정판〉	프랜시스 프랜지팬	11,000
25	예레미야	잔느 귀용	6,000
26	예수 그리스도와의 친밀함	잔느 귀용	7,000
27	예수님을 닮은 삶의 능력〈개정판〉	프랜시스 프랜지팬	12,000
28	예수님을 향한 열정〈개정판〉	마이크 비클	12,000
29	잔느 귀용의 요한계시록〈개정판〉	잔느 귀용	13,000
30	저주에서 축복으로	데릭 프린스	6,000
31	주님, 내 마음을 열어주소서	캐티 오츠 & 로버트 폴 램	9,000
32	지구상에서 가장 강력한 기도	피터 호로빈	7,500
33	축사사역과 내적치유의 이해 가이드	존 & 마크 샌드포드	20,000
34	출애굽기	잔느 귀용	10,000
35	하나님과 동행하는 사람들〈개정판〉	샨 볼츠	9,000
36	하나님과 사람에게 더욱 사랑스러운 자	듀안 벤더 클럭	10,000
37	하나님과의 연합	잔느 귀용	7,000
38	하나님을 연인으로 사랑하는 즐거움	마이크 비클	13,000
39	하나님의 아름다움을 바라보는 축복	허 철	10,000
40	하나님의 요새〈개정판〉	프랜시스 프랜지팬	9,000
41	하나님의 장군의 일기〈개정판〉	잔 G. 레이크	6,000
42	항상 배가하는 믿음〈개정판〉	스미스 위글스워스	13,000
43	항상 부족함이 없으리로다	롤랜드 & 하이디 베이커	10,000
44	혼돈으로부터의 자유	릭 조이너	5,000
45	혼의 묶임을 파쇄하라	빌 & 수 뱅크스	10,000
46	존 비비어의 회개〈개정판〉	존 비비어	11,000
47	부활	벤 R. 피터스	8,000
48	거절의 상처를 치유하시는 하나님	데릭 프린스	6,000
49	존 비비어의 분별력〈개정판〉	존 비비어	13,000
50	통제 불능의 상황에서도 난 즐겁기만 하다	리사 비비어	12,000
51	어린이와 십대를 위한 축사사역	빌 뱅크스	11,000
52	빛은 어둠 속에 있다	패트리샤 킹	10,000
53	목적으로 나아가는 길	드보라 조이너 존슨	8,000
54	지도자의 넘어짐과 회복	웨이드 굿데일	12,000
55	하나님의 일곱 영	키이스 밀러	13,000
56	너희 지체를 의의 병기로 하나님께 드리라	허 철	8,000
57	세계를 변화시키는 능력	릭 조이너	12,000

순전한 나드 도서안내 www.purenard.co.kr

No.	도서명	저자	정가
58	왕의 자녀의 초자연적인 삶	빌 존슨 & 크리스 밸러턴	13,000
59	믿음으로 산 증인들	허 철	12,000
60	욥기	잔느 귀용	13,000
61	나라를 변화시킨 비전: 윌리엄 테넌트의 영적인 유산	존 한센	8,000
62	세상을 다스리는 권세의 회복	레베카 그린우드	10,000
63	창세기 주석	잔느 귀용	12,000
64	하나님의 강	더치 쉬츠	13,000
65	당신의 운명을 장악하라	알렌 키란	13,000
66	자살	로렌 타운젠드	10,000
67	그리스도인의 영적혁명	패트리샤 킹	11,000
68	초자연적 중보기도	레이첼 힉슨	13,000
69	나는 하나님의 음성을 듣는다	킴 클레멘트	11,000
70	하나님의 초자연적인 능력	바비 코너	11,000
71	사랑하는 하나님	마이크 비클	15,000
72	일곱 교회 이기는 자에게 주시는 축복	허 철	9,000
73	초자연적 경험의 신비	짐 골 & 줄리아 로렌	13,000
74	웃겨야 살아난다	피터 와그너	8,000
75	폭풍의 전사	마헤쉬 & 보니 차브다	13,000
76	천국 보좌로부터 온 전략	샌디 프리드	11,000
77	속죄	데릭 프린스	13,000
78	신의 성품에 참예하는 자	허 철	8,000
79	예언, 꿈, 그리고 전도	덕 애디슨	13,000
80	아가페, 사랑의 길	밥 멈포드	13,000
81	불타오르는 사랑	스티브 해리슨	12,000
82	능력, 성결, 그리고 전도	랜디 클락	13,000
83	종교의 영	토미 펨라이트	11,000
84	예기치 못한 사랑	스티브 J. 힐	10,000
85	모르드개의 통곡	로버트 스턴스	13,500
86	1세기 교회사	릭 조이너	12,000
87	예수님의 얼굴〈개정판〉	데이비드 E. 테일러	13,000
88	토기장이 하나님	마크 핸비	8,000
89	존중의 문화〈개정판〉	대니 실크	13,000
90	제발 좀 성장하라!	데이비드 레이븐힐	11,000
91	정치의 영	파이살 말릭	12,000
92	치유 사역 훈련 지침서	랜디 클락	12,000
93	헤븐	데이비드 E. 테일러	13,000
94	더 크라이	키스 허드슨	11,000
95	천국 여행	리타 베넷	14,000
96	파수 기도의 숨은 능력	마헤쉬 & 보니 차브다	13,000
97	지저스 컬처	배닝 립스처	12,000
98	넘치는 기름부음	허 철	10,000
99	거룩한 대면	그래함 쿡	23,000
100	믿음을 넘어선 기적	데이브 헤스	10,000
101	영적 전쟁의 일곱 영	제임스 A. 더함	13,000
102	영적 전쟁의 승리	제임스 A. 더함	13,000
103	기적의 방을 만들라	마헤쉬 & 보니 차브다	12,000
104	개인적 예언자	미키 로빈슨	13,000
105	어둠의 영을 축사하라	짐 골	13,000
106	보좌를 향하여	폴 빌하이머	10,000
107	적그리스도의 영을 정복하라	샌디 프리드	13,000
108	성령님 알기	마헤쉬 & 보니 차브다	12,000
109	십자가의 권능	마헤쉬 & 보니 차브다	13,000
110	성령이 이끄시는 성공	대니 존슨	13,000
111	축복의 능력	케리 커크우드	13,000
112	하나님의 호흡	래리 랜돌프	11,000
113	아름다운 상처	룩 홀터	11,000
114	하나님의 길	덕 애디슨	13,000

순전한 나드 도서안내 www.purenard.co.kr

No.	도서명	저자	정가
115	천국 체험	주디 프랭클린 & 베니 존슨	12,000
116	당신의 사명을 깨우라	M. K. 코미	11,000
117	기독교의 유혹	질 섀넌	25,000
118	우리가 몰랐던 천국의 자녀양육법	대니 실크	12,000
119	임재의 능력	매트 소거	12,000
120	예수의 책	마이클 코울리아노스	13,000
121	신앙의 기초 세우기	래리 크레이더	13,000
122	내 인생을 바꿔 줄 최고의 여행	제이 스튜어트	12,000
123	시간 & 영원	조슈아 밀즈	10,000
124	하이디 베이커의 사랑	하이디 & 롤랜드 베이커	13,000
125	하나님의 임재	빌 존슨	15,000
126	하나님의 갈망	제임스 A. 더함	14,000
127	형통의 문을 여는 31가지 선포기도	케빈 & 케티 바스코니	5,000
128	춤추는 하나님의 손	제임스 말로니	37,000
129	참소자를 잠잠케 하라	샌디 프리드	13,000
130	영광이란 무엇인가?	폴 맨워링	14,000
131	내일의 기름부음	R. T. 켄달	13,000
132	영적 전투를 위한 전신갑주	크리스 밸러턴	12,000
133	성령을 소멸치 않는 삶	R. T. 켄달	13,000
134	초자연적인 삶	아담 F. 톰슨	10,000
135	한계를 돌파하라	샌디 프리드	13,000
136	블러드문	마크 빌츠	11,000
137	구약에서 일어난 모든 일들	윌리엄 H. 마티	13,000
138	신약에서 일어난 모든 일들	윌리엄 H. 마티	11,000
139	드보라 군대	제인 해몬	14,000
140	거룩한 불	R. T. 켄달	13,000
141	당신의 자녀를 향한 하나님의 65가지 약속	마이크 슈리브	8,000
142	무슬림 소녀, 예수님을 만나다	사마 하비브 & 보디 타이니	13,000
143	스미스 위글스워스의 병 고침(개정판)	스미스 위글스워스	12,000
144	뇌의 스위치를 켜라	캐롤라인 리프	13,000
145	약속된 시간	제임스 A. 더함	13,000
146	실패를 딛고 일어서는 믿음	샌디 프리드	12,000
147	스미스 위글스워스의 성령의 은사(개정판)	스미스 위글스워스	13,000
148	끝날 때까지 끝난 것이 아니다	R. T. 켄달	15,000
149	완전한 기억	마이클 A. 댄포스	10,000
150	금촛대 중보자들 1	제임스 말로니	15,000
151	금촛대 중보자들 2	제임스 말로니	13,000
152	금촛대 중보자들 3	제임스 말로니	13,000
153	질투	R. T. 켄달	14,000
154	사탄의 전략	페리 스톤	14,000
155	죽음에서 생명으로	라인하르트 본케	12,000
156	올바른 생각의 힘	케리 커크우드	12,000
157	부흥의 거장들	빌 존슨 & 제니퍼 미스코브	25,000
158	악의 삼겹줄을 파쇄하라(개정판)	샌디 프리드	12,000
159	지옥의 실체와 하나님의 열심	메리 캐서린 백스터	12,000
160	문지기들이여 일어나라	제임스 A. 더함	15,000
161	안식년의 비밀	조나단 칸	15,000
162	교회를 깨우는 한밤의 외침	R. T. 켄달	15,000
163	하나님의 시간표	마크 빌츠	12,000
164	예루살렘의 평화를 위해 기도하라	탐 헤스	13,000
165	유대적 관점으로 본 룻기	다이앤 A. 맥닐	13,000
166	폭풍을 향해 노래하라	디모데 D. 존슨	13,000
167	영광의 세대	브루스 D. 알렌	15,000
168	영적 분위기를 바꾸라	다우나 드 실바	12,000
169	하나님을 홀로 두지 말라	행크 쿠네맨	14,000
170	하나님이 디자인하신 완전한 나	캐롤라인 리프	20,000
171	대적의 문을 취하라(개정증보판)	신디 제이콥스	15,000

순전한 나드 도서안내 www.purenard.co.kr

No.	도서명	저자	정가
172	R. T. 켄달의 임재	R. T. 켄달	13,000
173	영성가의 기도	찰리 샴프	10,000
174	과거로부터의 자유〈개정판〉	존 로렌 & 폴라 샌드포드	14,000
175	하나님의 불	제임스 A. 더함	15,000
176	일상에 임한 하나님의 영광	브루스 D. 알렌	14,000
177	일곱 산에 관한 예언〈개정판〉	조니 엔로우	15,000
178	마지막 시대 마지막 주자	타드 스미스	13,000
179	주의 선하신 치유 능력	크리스 고어	13,000
180	건강한 생활 핸드북	로라 해리스 스미스	15,000
181	더 높은 부르심	제임스 말로니	12,000
182	레위기, 민수기, 신명기〈개정판〉	잔느 귀용	14,000
183	당신도 예언할 수 있다〈개정판〉	스티브 탐슨	14,000
184	생각하고 배우고 성공하라	캐롤라인 리프	15,000
185	기적을 풀어내는 예언적 파노라마	제임스 말로니	13,000
186	케빈 제다이의 초자연적 재정	케빈 제다이	14,000
187	적그리스도와 마지막 때 분별하기	마크 빌츠	13,000
188	마음을 견고히 하라	빌 존슨	9,000
189	천국으로부터 받아 누리기	케빈 제다이	13,000
190	모든 것이 당신에게 유리하게 되어 있다	케빈 제다이	15,000
191	징조 II	조나단 칸	18,000
192	데릭 프린스의 교만과 겸손	데릭 프린스	10,000
193	유다의 사자	랍비 커트 A. 슈나이더	15,000
194	십자가의 왕도〈개정판〉	프랑소와 페늘롱	9,000
195	하나님의 임재 안으로 들어가기	데릭 프린스	11,000
196	원뉴맨성경 신약	윌리엄 J. 모포드	50,000
197	One Thing(원띵)	샘 스톰스	15,000